南粵出版社

命運學新論

以中華傳統文化與前沿科學的視角解讀

黃偉哲 著

天
人
地

前　言

人的生命只是一個過程，生命的運行過程即命運，人生的頭等大事是命運。每個人均期望一生能有好命運，然而好命運的定義因人而異：世界觀、人生觀、價值觀不同的人，對好命運的定義必有差別。每個人的命運都與眾不同，即每個人的生命運行過程都是獨一無二的程式。一個人的命運由許多因素決定，簡單而言是由天、地、人三大系統的運行結果所決定。任何人均無法擺脫這三大系統的制約，所以改變不了命運的大趨勢；只能通過調整自己的人體系統、活動及行為而營造更加和諧暢通的生命運程；運用知識與智慧，可以改進自身的生命狀態或迴避命運之中的不利因素而改善命運。有命運意識的人，在命運的大運程中能夠恰當地調整自己，使自己的命運朝著更理想的程式運行。這即是說，只要有命運意識，每個人都可以通過自我調整而取得更好的命運。

自古至今，人們持續不懈地探索命運的真相，改變命運的願望是人類永恒的追求。任何人若想要改變命運，不僅必須清晰地認知命運真相，而且應當把握正確的命運觀。歷來，許多人對命運的認知都是來自片面性或局部性的視角，因此形成的命運觀是具有主觀性或局限性的觀念；不少人都是以粗獷的視角或有限的時空審視命運，因此認知的結果不是全面及真實的命運。認知命運真相不是一件容易的事，探索命運更是個巨大的系統工程。然而，有中華傳統文化所積澱的豐厚思想智慧，有近代科學文化所累積的大量科學知識，探索命運的系統工程就有了可供運用的充沛資源。深信古今文化的結合，是探索命運真相的正確方向與最佳途徑。

為此，本書試圖透過對“命運真相”的新論述，以科學思維分析命運的成因，以新的視窗觀察探知命運的真相。同時提倡確立一個不同於以往的命運觀。書中提出的觀點：認為唯有基於人體、大自然及宇宙天體三大系統的大視野與整體觀才能正確地認知命運，與此同時提出了全新的“天地人”命運觀。本書論述的依據：以微觀的視角及宏觀的大視野審視命運的過程，從全方位、整體觀的角度精準、全面地認識命運。此書闡述的話題涉及傳統文化中的儒道佛文化、玄學文化等，還融匯現代文化中的各類科學及相關知識。通過古今文化的融合，將傳統文化中的實踐成果及智慧結晶，同現代文化中的科技知識及科學理論相結合；相信這兩方面文化融合的結果，基本上可以清楚地解讀命運真相及“天地人”命運觀。

“命運”是個大議題，涉及“天地人”大系統，以當今人類有限的知識還是不可能完全透徹地解釋所有議題；其中還有許多未解的疑問，只能留待未來科學新發現與新認知再作破解。本書藉助傳統文化的成果及智慧，融合現代科學的知識及思維，開啟對“命運”的新認知並且解讀或破解命運的部分奧秘。對其中未解的奧秘與疑問，書中暫時以猜想或保留的方式擱置下來，留待將來出現科學新發現與新認知後再作解說。此書的論述希望能夠起到拋磚引玉的作用，吸引各類相關學者及志趣相近之士共同探索研究。書中牽涉的範圍非常廣泛，而所述的內容卻非常有限，唯有力求表述的話題儘量精簡，務求能夠清晰地表達出核心思想。

孔子曰：“不知命，無以為君子也”。知命，一層含意是知自己，即知道自己的生命狀態，所謂“人貴有自知之明”；另一層含意則是知天命，即懂得天體宇宙的規律。知命，對一個人、一個家庭以至一個國家民族都具有極其重大的意義。一個人在成長之初，若是能夠在師長的指導之下認知命運及發掘天賦，事前做出相應的人生規劃及適時地發揮天賦，則這個人將會邁向更加通達的人生道路並且未來必將擁有更好的命運。一個人在人生歷程中，若是能夠依照預定的人生規劃自我調整命運，保持命運意識，善於改善命運，則這個人將會經歷更暢順、更成功的人生歷程，並且其人生過程必將贏得更好的命運。同樣，一個國家民族，若是能夠正確地認知自身的國情與國運，科學地制定發展規劃及戰略目標，選擇正確的生存發展道路及與時俱進地調整國策，則這個國家民族必將贏得國運的繁榮昌盛與長治久安。

目錄

第一章 論生命的本質

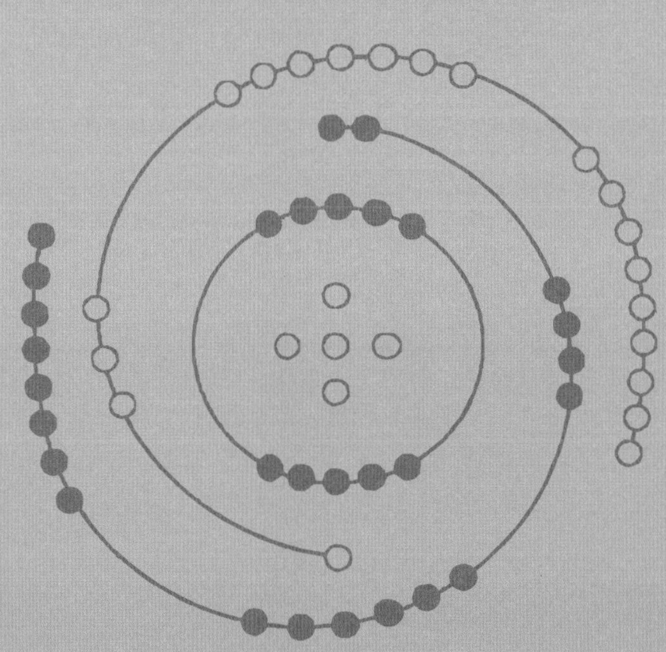

宇宙最大的奇跡，莫過於生命的出現

宇宙之大無窮無盡，萬事萬物無奇不有。而最大的奇跡，莫過於生命的出現。至今為止，人類所知道宇宙之中只有地球之上存在生命現象。地球之外還沒有發現類似的生命現象。雖然許多學者深信宇宙之中會有其他生命的存在，很多科學家也不懈地尋找外星之中可能存在的生命，但是至今還沒有獲得其他外星生命存在的證據。

自古以來，人類鍥而不捨地想要瞭解宇宙和生命的奧秘。客觀而言，要瞭解宇宙必須瞭解生命現象，而要瞭解生命現象必須瞭解宇宙，宇宙和生命是統一的全息體。在地球上，人們的周圍存在各種生命活動和現象：從一棵小草至各種植物，從一隻小蟲至各類動物等。表面看來生命存在似乎是很平常的事情，而這一切司空見慣的現象，如果從深層的思維去審視生命活動和現象，其實生命的存在是極不平凡的事情。

（一）認知生命淺說

1. 生命的特徵

所有生命體，都能夠進行體內和體外的能量交換和訊息交流。能量交換方面，如：生命體的內循環，表現在體內的水分、營養、分泌物的流動。生命體的外循環，表現在體外與周圍事物、自然界以及天體運動的各種互動。所有生命體，都保持不斷的繁衍。生物體通過自身的遺傳基因，將遺傳密碼和訊息傳遞給新一代，由此實現生命的延續性。訊息交流方面，如：生命體本身具有接收訊息和反饋訊息的能力，而非生命體本身則並不具備這種功能。植物、動物和其他生物，都能在不同程度上接受訊息和反饋訊息。生命體的級別有低中高級之分，主要意義在於訊息的交流能力和交流水準的差別。人之所以是高級生命，自稱是萬物之靈，在於人體有接收和反饋複雜訊息的能力，並且能夠進行複雜的訊息交流。而低級生命體接收與反饋訊息的能力比較弱，與外界訊息交流的形式比較簡單，其訊息流量顯然有限。

任何生命體，每時每刻都在進行能量交換與訊息交流。一方面，是體內生理運動產生的能量交換與訊息交流；另一方面，是體外與周圍環境互動形成的能量交換與訊息交流。所有生命體都是由肌體和靈體結合而形成，當兩者結合的時候，生命現象便呈現出來；當兩者分離的時候，生命現象便走向消亡。所有生命的肌體形態都大不相同，靈體的體現也大不一樣。或者說不同的肌體與相應的靈體結合，才出現不同的生命體。人是高級的生命體，在傳統上人的靈體稱為“靈魂”，其他生物的靈體只稱為“靈識”。用一個類比：生命體的肌體類似電腦的硬件，靈體類似電腦的軟件。

2. 生命的級別

生命有不同的級別，有低級、中級和高級的差別。不同級別的生命有不同的表徵。生命級別可以將之分為五種：知覺、感覺、思維、智慧和悟覺的生命體。

知覺的生命——知覺是對訊息的感知。所有生命體都有知覺，對不同的訊息有不同的感知能力。生命體的感知範圍越是寬闊，其生命等級就越是高等。植物、低等生物、動物都是生命體，都有不同程度的感知能力。植物的知覺，如：向日葵有光覺，含羞草有觸覺……；低等生物的知覺，如：蚯蚓有觸覺……；動物的知覺，如：鼓魚用魚膘感應聲音，蟒蛇有靈敏的溫度感知……；以及存在其他知覺更加豐富的動物。

感覺的生命——感覺是對訊息的區分。較高等的生命體才有明顯的感覺，對不同的訊息有分辨的能力。感覺能力的強弱，體現出生命等級的高低。有明顯感覺的生命體都屬於動物界。如：候鳥能感知地球磁場，並且將其用於確定遷徙路線；蝙蝠能感知超聲波，並且將其用於辨別周圍環境；大象能感知超低聲波，並且可與十公里內的同伴通話。許多例子說明，某些生命體對特定訊息具有特別強的感知能力，甚至遠遠超過人類。

思維的生命——思維是對認識和經驗中的訊息作出分辨和選擇。有思維能力的生命體屬於高等的生命，只是不同生命體的思維水準有高低的差別。某些動物有簡單的思維能力，唯有人類才有複雜的思維能力。有較高思維能力的動物，例如：黑猩猩懂得加工樹枝做工具用於捕捉螞蟻，章魚懂得用身上的吸盤打開玻璃瓶蓋，海豚有自我意識並且能用名字互相稱呼對方。這些表現，是高等生命體與普通生命體有別的標誌之一。

智慧的生命——智慧是透過常規的思維、利用知識和經驗的能力。人之所以是地球上的最高級生命體並稱為萬物之靈，最重要的是人除了具有知覺、感覺和思維之外，還擁有高級智慧。這種高級智慧，是其他生命體所不具備的天賦。正常的人都擁有智慧，只是智慧水準有高、中、低不同等級的差別。中等智慧的人屬於大多數，俗稱“普通人、凡人”等；高等智慧的人畢竟屬於少數，則被稱為“高人、聖人或偉人”等。

悟覺的生命——悟覺是具有超越常人的感知、思維和智慧。有高層的思維和智慧的人未必即有很高的悟性。有超凡的靈性、超俗的悟性的人更是極少數，這類人統稱為“奇人或者神人”等。這類人，不僅有超凡的知覺、感覺、思維及智慧，還有跨越時空的感知能力而能全息地感悟宇宙萬事萬物。

在宇宙中，沒有發現更高級文明之前，人是宇宙中最高級的生命體。一個人，記憶好、思維強、掌握豐富的專業知識，只是某些方面的專家。這類人士，如果缺少高深的智慧，也只能是屬於“有識之士”；如果有高思維和高智慧，則會成為傑出的人物。在不同領域中，有高思維和高智慧的各種各類傑出人物，都是偉大的政治家、軍事家、科學家、藝術家和企業家等等。所以，思維和智慧是一個人所屬層次高低的決定因素。參照前面對生命級別的分類，可以簡單地試將所有人劃分為三個層次：

普通的人——擁有一般的知識、經驗、記憶及思維能力。普通人的比例佔絕大多數，不僅知識、經驗、記憶力都比較有限，而且思維力只是一般水準。

傑出的人——擁有豐富的知識、經驗和記憶之外，更有高於普通人的思維和智慧。有高思維和高智慧的人畢竟是少數，一個人的知識、經驗再多，記憶力再強大也是非常有限。根據研究的結論：一個專家的知識量最多也只是能夠記憶六萬個單位。一個有高思維高智慧的人，通過智慧進行精準的思維，能夠最佳地利用知識和經驗。可以說，高智慧是知識和經驗的倍增器。

超常的人——擁有傑出的人所具備的條件之外，還具有極高的智慧和悟覺。這類人乃是極少數。

3. 生存的本能

所有生命體都有兩個共同的特性：一是具有追求生存的本性；二是具有生存的本能。在生命的過程中，無論是人類世界、動物界還是植物界都體現了這種特性。例如：植物的枝葉，本能地趨向陽光最充足的空間，這樣有利於光合作用；植物的根莖，本能地伸展向水分充足的土壤，這有利於吸收水分和養分。動物的生存本能也是如此：海洋中的魚群，跟隨海水的洋流而游動；陸地上的動物，向水源和食物豐富的地方遷移；天上的候鳥，向氣候適宜和食物豐富的地方遷徙。這些行為，都體現了生存的本性和本能。

人作為高級的生命體，既有生存的本性，也有生存的本能，更有生存的意識。人追求更好的生存資源和條件是生存本能的自然體現，人改造生存環境和創造有利條件是生存意識的體現，這是人類與其他生命體的根本區別。人類在不斷的生存實踐中，認識了生存之道並強化了生存能力。

人的生存能力有兩層含義：其一，是身體生理方面：具體表現在健康狀態，如體力體質、身體適應力、疾病的抵抗力等等，這些是生命力強弱的指標。其二，是精神智力方面：具體表現在精神狀態，如認知、記憶、思維和創造力等等，是認識自然界、宇宙規律與改造生存條件的能力。

一個人的生存能力是生命力和生存力的總和。在古代，即使一個人的身體強壯，但是生存知識和智慧不足，缺少足夠的科學知識以預防和抵禦各種災禍（疾病或自然災害），未能開發足夠的生活資料及創造合適的生活環境，這只能說明生命力強而生存力不足。在現代，由於每個人擁有更多的知識和智慧，掌握豐富的科學知識以預防和抵禦各種災禍（疾病或自然災害），能夠取得更為豐富的生活資料（物質和醫療）及創造更適合的生活環境，大大地增強了人們的生命力和生存力。這說明人的生命力和生存力都得到了極大的加強。從古今人均壽命的巨大差別，可以更清楚地看到生存能力的變化。

相關統計資料顯示，中國人的平均壽命，先秦時期是 18 歲，兩漢時期是 22 歲，唐朝時期是 27 歲，宋朝時期是 30 歲，清朝時期是 33 歲，民國時期是 35 歲，1949 年以來，1950 年是 54 歲，1978 年是 66 歲，2000 年是 71.4 歲，2020 年是 77.9 歲。人均壽命大幅度的變化，說明隨著知識科技水準的提高，人類的生存能力不斷地增強。由於腦力勞動和體力勞動的原因，也許現在人不及古代人的體質強壯，但是現代人普遍的知識和智力遠高於古代人，所以現代人的綜合生存能力比古代人高出許多。

當今社會中，掌握更多的生存資源與財富，只是意味著持有更多的生存能量，但並不等於擁有更強的生存能力。當今社會中，掌握更多的資訊及知識，只是意味著把握更多的機會及方法發掘生存能量，但並不等於掌握更多的生存資源與財富。雖然，利用資訊及知識可以創造資源與財富，但是需要有智慧發揮作用，才能令其轉化為資源與財富。有的人知識水平不高，但善於把握時機藉助人才發掘資源和財富；而有的人知識水平很高，反而缺乏資源財富與生存能力。資源財富與生存能力呈現的這種現象，與知識水平高低沒有絕對的關係，而與個人的智慧、機遇和命運相關。一個人生存能量的多與少，並不等於生存能力的高與低。一個人的生存過程猶如長途行車，而持有的生存能量，類似車子儲存的油量。駕車行駛首先需要加足油量，還應選好路線、安全行駛等才能順利到達目的地。同樣，人生旅程不僅應當儲存資源財富以保證足夠的生存能量，還應當規劃人生、提升知識與身體素質等方面的生存能力，才能順利經歷人生旅程。

4. 生命的局限

人處於大自然和宇宙之中，首要的事情是生存。只有良好的生存狀態和持續的生命活力，才有其他方面的作為及意義。有個佛家信徒說：四大皆空，肚子不能空。這句話非常客觀和實際。無論什麼人，持有再高的信仰、抱有再大的理想，只有生存得到保障才能有所作為；而只有真正認知宇宙和生命的真諦，才能真正明白生存的目的和人生的意義。

自古以來，所有的聖人或者智者均以有限的生命，鍥而不捨地探索宇宙人生的真諦。無論是宗教啟示、哲學思悟或者科學探索的結果，至今人類仍然無法真正知道宇宙的真相。人類之所以無法徹底瞭解宇宙，是因為人的本身存在著許多局限性：人的壽命有限，還有活動範圍、感知能力、知識智慧、時空限制等方面存在著局限性。

壽命的局限性：每個人的生命過程都極其短暫。一個人的壽命極限大約為 150 年，這是現有科學理論上最長的壽命。正常情況下，一個人的壽命是 100 年左右。而中華民族的文明史是七八千年左右，人類起源的歷史是 300 萬年左右，地球誕生到現在估計為 46 億年，宇宙宇宙的誕生至今估計為 260 億年。這一系列的時間比例，如果以尺度來衡量，其比例大約是：1 厘米（為 100 年），1 米（為 7000 至 1 萬年），300 米（為 300 萬年），460 公里（為 46 億年），2600 公里（為 260 億萬年）。由此可見，一個人的生命長短，甚至一個民族的歷史長短，對比地球和宇宙的歷史長短，是多麼的微不足道！

活動的極限性：人的活動範圍極其有限。古人類依靠自身的肌體，在自然界的活動空間一般局限於幾十上百公里的範圍之內；農業文明時期，人類利用馬匹或船隻為交通工具，在自然界的活動擴大到幾百上千公里的範圍；到工業文明時期，人類發明了機械為交通工具，在自然界的活動範圍擴大至全球；當代，人類發明了太空的交通工具，活動範圍由地表至天空甚至伸向太空之中；未來，人類將會飛出外太空的太陽系甚至銀河系。對無限的宇宙，目前人類的活動範圍還是極其有限。

感知的局限性：人通過五官的感知，認識宇宙中的萬事萬物。人的五官之中眼睛是最為重要的感應器。眼睛的視覺感知所收集的訊息最豐富，與生存活動關係重大。人的眼睛只感知到可見光，由於眼睛對紅外光、紫外光等其他光譜沒有視覺感知，因此人的視覺感知能力是極其有限的。除了眼睛以外，人的其他器官，如：耳朵、鼻子、舌頭、身體的感知能力也是相當有限的。很多事物真實地存在，人的器官卻無法全部感知得到。可以想像，宇宙中還存在著其他方式的物質和能量，很多都是人的五官無從感知和無法接收的訊息。也即是說，宇宙中還存在著非常多人所不知的事物及訊息，需要由特殊的感應器探測才能得到感知及收到訊息。可見，人的五官感應器還是非常有局限性的。現代科學家所間接探知的暗物質和暗能量，都是人體無法直接感知的事物。

知識的局限性：人的知識來自於生活實踐中所獲得的資訊，掌握多少資訊與知識在於人體的感知能力及大腦的記憶力。人的生活實踐再多也有時間限制，學到的知識量再廣也是極其有限，所吸收資訊再多也受記憶限制，所以累積的訊息量也是很有限的。記憶力再強、學識再淵博的人，所掌握的知識無非是分類中的分支及分支中的分科而已。時至今日，人類開發出來的知識量空前龐大，衍生知識的速度急速增長，知識庫的存量以數量級膨脹。儘管如此，相對浩瀚宇宙中的萬事萬物，全人類所掌握的知識在宇宙之中只是滄海一粟。

智能的局限性：人所學習和吸收的各種資訊，經過大腦思維之後進行整理、分析、過濾和儲存，這是人的智慧運作過程。人的大腦只能進行間歇性和有限度的思維，不可能像電腦那樣連續性和長時間地工作。還有，人腦的運算速度已經不及簡單的計算器，遠比不上電腦，更比不上大型的超級計算機。所有人工智能，例如計算器、電腦、記憶器、感應器、超級計算機等全部由人類所創造，這一切可以被視為人體智慧的外化和延伸。這說明人類通過創造力，能夠大幅度地放大自身的智慧。

時空的局限性：在人類生存的地球上、太陽系內，即是生存在有限的時空之中。在太陽系外還有銀河系以及無數的星團和星系。對太陽系外的一切，人類所知道的更是少之又少。

人類生存於地球中，地球存在於宇宙中。

人類“下載”了地球和宇宙的資訊，人與宇宙息息相關。

由於人體受自身結構和生存時空的制約，所以存在著種種的局限性。因為人有感知的局限性，所以不可能以有限的感知結果瞭解全息的宇宙。人有時空的局限性，所以不可能在有限的時空中瞭解無限的宇宙。除非，人能夠超越人體和時空的制約。如何超越？這是未來科學探索的議題。

5. 認識論評說

認知宇宙事物，以不同時空角度和不同的認知方式會得到不同的結論。簡單的例子：古人所認知的地面是平的，後人所認知的地球是圓的，地面是弧形的。這兩種認知結果沒有絕對的對與錯，只是因為立足不同的空間位置和採用不同的感知方式得到不同的結論而已。古人通過地表的平面視角和直觀的感覺而認知地面是平的，後人以天上的立體視角和思維感知而認知地面是弧形的。從這個例子說明，對宇宙事物的認知有片面與全面、局部與整體的區別，對與錯、虛與實都是相對的。如何認識宇宙萬事萬物，歷來有多種方式及各種理論。最為多數人所知的認識論是：唯心論、唯物論和唯識論。

（1）唯心論的核心思想是以意識為第一性。就是以人（宇宙觀測者）的意識和意念為中心，來識別宇宙中的所有事物。唯心論主要有三類：宗教唯心論、主觀唯心論和客觀唯心論。

宗教唯心論認為，物質世界是由上帝創造或者天神主宰的世界。主觀唯心論強調意識第一性，代表性的名言是法國哲學家笛卡爾所說：我思故我在。客觀唯心論認為，一切存在都是絕對精神的某種形式。

近代科學的蓬勃發展，在科學角度上普遍認為唯心論是不科學的迷信理論，但是在宗教信仰的角度上不少人仍然堅持宗教唯心論。這裏，我們不是做哲學思辨，也不想討論唯心論的對或錯的問題，而是要明晰以唯心論的方法所認識的宇宙是不是全面、真實的宇宙。

第一，宗教唯心論有其思維依據。相信物質世界經由上帝創造的人，通過生活實踐中得到無數的啟示，確信上帝藉助這些啟示告訴世人，萬事萬物被巧妙地安排，絕不是人的能力可以做到的事。相信神靈主宰物質世界的人，在生活經驗中接受了許多不可思議的事情啟發，發現這些現象不是人為的事。這些事實說明，相信宗教唯心論的人，並非沒有思維依據。在自然科學空前發達的今天，仍然有不少人甚至科學家、哲學家接受宗教唯心論並且持有某種宗教信仰。

第二，宗教唯心論有科學啟示的意義。宗教中的上帝和神靈，可以是人類對宇宙中未知主裁者的統稱，可以不必是人的形態或者人的特徵。上古時期，古人知道太陽對人的生存有著巨大影響，將太陽視為神靈而產生太陽神崇拜。這是初級的宗教唯心論。幾千年前，人們感知宇宙中確實存在著某種神秘的感應力影響著人的生存狀態，因而產生上帝或者神靈的信仰。這是更高級的宗教唯心論。在未來科學更加發達的時代，人類可能會清楚地明白上帝與神靈的真相。好像今天的科學知識，認識了太陽活動與輻射影響著人類，揭開了古人膜拜的太陽神真相。

第三，宗教唯心論有超前的科學啟示。宗教理論中，有許多觀念和論述超出常規的認知，對此現代科學不可能解釋清楚而且令人覺得不可思議。這些經典理論是經歷漫長時間，經過許多人事的反覆驗證才能夠得到肯定和傳承。其中的觀念和論述，相信是極少數的先知者從超常感知中獲得體驗的結論，而不是人為杜撰或者是憑空臆造的論斷。也許是極少數的宗教先知者，能夠感知到大多數人無法感知的事物，而這些神奇的事物在宇宙中又是真實的存在，因此只能以宗教信仰的形式告訴世人。怎樣破解和理解這些觀念和論述，需要未來科學的新發現和新成果，才能作出令所有人更加信服的解說。

（2）唯物論的核心思想是以物質為第一性。唯物論認為宇宙由物質所構成，物質決定精神意識，精神意識是物質的反應。物質變化是宇宙中所有事物變化與現象的根本原因。

現代科學的蓬勃發展，令人普遍認為只有唯物論才是瞭解宇宙事物變化的唯一正確方法，只有以唯物論的立場所觀察的宇宙規律才是真理。然而，無論從實踐經驗或者最新科學研究，都有力地證明唯物論存在片面性。以下，我們進一步討論唯物論的片面性與局限性：

第一，唯物論的物質定義受質疑。唯物論所指的物質定義是什麼？這是一個大問題。最早，物質的定義是固體、液體和氣體性質的物質；之後，物質的定義包含分子、原子、質子、中子、電子、光子和夸克等粒子性質的物質；此後，物質的定義是否應當擴大至包括暗物質、反物質等等。現在，有關暗物質和暗能量是前沿科學探索的話題。最新的科學探索發現了暗物質的存在，但是還不瞭解暗物質的本質。根據科學上的推測，組成宇宙的總物質之中（所有星體星系），可見的物質只佔宇宙物質總量的小部分（約佔 5% 左右），其餘不可見的暗物質和暗能量佔宇宙物質總量的大部分（約佔 95% 左右）。由此可見，唯物論所定義的物質是人體觀測和感知到的物質，我們所認識的宇宙只是人體可觀測和感知的物質宇宙。而關於反物質，美國航天局的新證據證實宇宙存在過反物質。有科學家猜測可能存在著與物質宇宙對稱的反物質宇宙。那麼，我們人類將怎樣用唯物論認識宇宙？

第二，唯物論中觀測者的合格性受質疑。人認識宇宙事物的過程，是以自身的五官（物質性感應器）直接觀測和感知而認識宇宙之中的事物，或者藉助儀器（物質性感測器）間接觀測和感知而認識宇宙之中的事物。在這個過程中，觀測者與被觀測對象都屬於物質的範疇。這種情形，類似收音器只能接收到音頻的資訊而接收不了視頻的資訊。在這種情況下，唯物論者所認識的只是物質宇宙，而認識不了其他性質的宇宙（反物質或者暗物質的宇宙）。所以，用唯物論認識的宇宙是相當片面的和有限的宇宙。

人是宇宙事物的觀測者，人體的感知能力卻相當弱小和有限。在物質的範疇內，由於人體器官的局限以至感知能力受到限制，所感知到的資訊非常有限，因而觀測的結果必然有很多缺失。例如：人的聲覺器官（耳朵）只能感知音頻範圍的事物，而某些動物可以感知超音頻範圍的事物；人的視覺器官只能感知可見光範圍的事物，而某些動物可以感知可見光範圍之外的事物。人的其他感知器官也一樣，只能感知某些範圍之內的事物。在物質的範疇內，人的感知能力也只能感知到部分事物。在暗物質及其他範疇內，人體器官的感知能力更無法感知其中的事物。

那麼，既然人體器官感知不到暗物質，為什麼能夠知道有暗物質的存在？那是因為，科學家在觀測物質宇宙的變化之後，作出邏輯推理和思維分析才悟知有暗物質存在的事實。

從以上論述得到的結論：唯物論者所認識的宇宙，只是以有限的感知能力及在有限的觀察範圍之內所認識的局部宇宙。

（3）唯識論是佛教觀察和認識宇宙萬事萬物的理論。唯識論認為：人與宇宙是互相關聯、互相依存的關係。有宇宙的存在，才有人的存在，人的出現是為了宇宙的存在。人與宇宙緊密相關，要瞭解人本身必須認知宇宙，要瞭解宇宙必須認知人自己。

唯識論的認知方法：首先是識別人（宇宙觀測者），其次是識別被觀測的對象（宇宙事物）。用全新的方式解讀唯識論中的五位百法，使人明白該認識論才是最完美可信的理論。令人最為讚歎的是：唯識論認識宇宙事物的方法與過程，具有絕對的嚴謹性和精確性，甚至超前於今天的科學認知與論證的方法。用唯識論的方法方式認識宇宙事物可得到全息性及整體性的資訊，以唯心論和唯物論的方法方式不可能達到這樣的認知結果。我們可以列出許多例證對此作出充分的肯定：唯識論是十分高明的認識論。

第一，識別宇宙事物的觀測者（人）。唯識論的第一位講的是心法，即是講人的五個感應器（五官）及其功能。其中，不僅講述人體五官加大腦的六識（眼識、耳識、鼻識、舌識、身識加意識），而且指出人體普通的六識之外還存在著第七識的末那識和第八識的阿賴耶識。唯識論指出人體的識別能力，從五官六識提升至八識（末那識及阿賴耶識），這堪稱是超高的智慧。阿賴耶識是宇宙的本源，包容了宇宙中的全部資訊。現代，自然科學家通過前六識只能觀測、感知、識別局部的宇宙事物，自然科學是運用物質的感應器觀測及研究物質宇宙的科學，也可以說自然科學是物質性的科學。宇宙中存在超物質的事物，用自然科學的方法必然無法識別和解釋。比如，時間與空間是超物質的事物，自然科學面對不同時空中的事物，不可能作出全方位的識別。阿賴耶識所識別的宇宙事物，不僅包括非物質性的事物，還涵蓋暗物質之類的事物。唯識論的第二位是講“心所有法”，不僅對觀測者作出識別而且對觀測的結果作出識別。人體的感應器接收到各種事物的資訊時，人體感應器會與事物發生訊息交感與共振，從而產生各種心理及精神行為。對此，唯識論的方法不但要對宇宙觀測者的人體感應器作出識別，而且還要對被觀測的事物及觀察結果作出識別。

第二，識別宇宙中被觀測的物體。唯識論中的第三位是講“色法”，即是講物質的現象。人體的不同感應器，接收來自不同物質所發出的相應訊息。人體的不同感應器是：眼、耳、鼻、舌、身，接收到物質發出的對應訊息是：色、聲、香、味、觸。人體的眼睛是光的感應器，可接收來自不同物體所發出各種顏色的光；眼和色兩者之間是感應訊息與發出資訊的對應關係，是感應器與感應物質、受感應與感應體的對應關係。其他的關係也一樣，是感應器與感應物質的對應，如：耳和空气的對應關係等。人體器官在感知事物的過程中，通過眼睛獲得的信息量最多，所以色代表所有物質及現象，這是一種簡潔的表達。

第三，識別非物質性的觀測物體。唯識論中的第四位講“不相應法”，即是指非物質性的物體。例如：衡量時間長短，對比空間大小，比較數量多少等等。作為觀測對象的時間、空間、數量之類屬於非物質性質，因為沒有具體的物質可供觀測。對於這類非物質性的物體的識別能力，是人在生活實踐中的感應（心法）、心理（心所法）以及物質現象（色法）的綜合識別結果。

第四，識別宇宙事物的絕對真相。唯識論的第五位講“無為法”，即是講怎樣排除干擾與障礙，觀測所得的結果才能絕對正確，才是宇宙真相。在觀測宇宙事物的過程中，出現資訊干擾的原因是：觀測者的心理活動、精神活動與外來訊息互感互動，因受到干擾的影響會令接收的訊息有所失誤，這必然影響觀測者的心識、認知及識別結果。觀測者猶如一部視頻資訊接收器，接收器有內置的固有頻率。當外來訊息的頻率與之發生互相干擾時，便會出現訊息混亂的視頻，即視頻上必然出現失真或交錯的影像。在觀測宇宙事物的過程中，出現訊息障礙的原因有如：觀測者長期累積起錯誤訊息形成錯覺時，接收的外來訊息必然是不清或錯亂的。好像眼睛長期蒙上模糊的薄膜，會令視覺感知不清，導致無法識別或者錯誤識別事物。

唯識論的“無為法”中提出各種方法，包括怎樣排除干擾以及清除障礙，怎樣準確識別訊息，才能接收到宇宙事物的純真訊息。這些方法，如：以虛空淨化混亂的訊息，用智慧選擇純真的訊息及熄滅煩雜的訊息。通過禪定，可以過濾內在煩雜的訊息和遮罩外來干擾的訊息。在沒有訊息干擾和障礙的狀態下，才能夠準確地感知宇宙的真實訊息，認識宇宙的結果也就是近乎絕對正確的宇宙真相。人對宇宙事物的感知與識別結果經常是片面和錯誤的。例如，古人日常看到日出日落，以為太陽是環繞地球轉，後來證明這是錯誤的認知。現在科學認識的時間觀，認為時間是一維的（過去、現在、未來），這將被證明是錯誤的認知。時間是相對及多維的現象，這不僅可以得到理解而且能夠用科學進行解釋。未來，當人類對宇宙事物有更高的認知，將會發現如今的某些科學觀念是錯誤的認知，其錯誤的根本原因是人類生活在片面以及局限的時空之中。

從前面所論述的三種認識論，可以看出：第一，唯心論之中，有一部分認知被認為帶有宗教性和迷信性的色彩，而另一部分認知則被認為具有科學意義，甚至屬於超前科學。如果有人說唯心論是錯誤的認識論，但其另一面卻是正確的認知。第二，唯物論在現代科學中，目前被很多人認為是科學性、正確性的認知，但是其中也存在著片面性和局限性的認知甚至是錯誤的

人類對命運的思考，從來就沒有停止過

認知。如果有人說唯物論是正確的認識論，但是卻有其缺陷性的一面。第三，唯識論能稱為較為全面和徹底的認識論。在認知宇宙事物的過程中，人類必經的三個階段：從糾正錯誤的認知，到相對真實的認知，再到接近絕對真實的認知。人類認識天體的過程：最初，人類以為日出日落的現象是太陽繞地球轉；其後，認知日出日落的現象是地球在自轉同時圍繞太陽公轉；最後，認知的結果是地球自轉同時圍繞太陽公轉，並且太陽系圍繞銀河系旋轉。

怎樣認識宇宙事物是絕對重要的事，關係到所認知的宇宙事物是否真實無誤，以及所認知的宇宙是否屬於宇宙真相。人類有接近絕對正確的認知，才能夠擁有高等的智慧，才能夠轉識成智。這樣，人類才能超越平凡的台階，昇華至超級智慧的境界。現代，人類的認知思路與方向，正朝著唯識學的方向發展。當今，人類的前沿科學正向暗物質、暗能量、超光速、量子力學等方面探索。這是人類認知高度的跨越，既跨過唯心論也越過唯物論的認知，並且正在實踐及驗證唯識論的真理。今天，人類認知的視覺和觸覺已經伸出地球並且伸展向太空，甚至正伸向遙遠的星際之中。明日，人類實現星際旅行也許只在彈指之間，成為毫不為奇的事情。自古以來，許多神話傳說或者宗教傳說，通過人類的智慧和創造力的進步而正在轉化為現實。唯心論、唯物論與唯識論，是人類認知宇宙過程中所經歷的三道大門：第一道門，人類以觀測者為中心而認知宇宙事物；第二道門，人類以觀測對象為中心而認知宇宙事物；第三道門，人類將觀測者和被觀察物體緊密地結合起來進而認知宇宙事物。由此可見，唯心論和唯物論都沒有錯也沒有全對，只是唯識論才是圓滿的認識論，以唯識論的方法才能認知全息的宇宙。

（二）生命現象概述

生命現象是自然規律和宇宙法則的體現，宇宙法則主導著自然規律與生命運動的過程。為什麼所有生命的存在都呈現週期性的生命現象？是因為生命週期現象的形成，乃是天體運轉的緣故。為什麼所有生命體都能夠生生不息地繁衍，綿延不斷地繼續下去？原因是宇宙不斷膨脹和演進。中國古代有句名言：上天有好生之德。這句話的另一種解讀是，宇宙法則是有利於生命繁衍與發展的法則，宇宙大趨勢朝向生命進化與升級的方向演化。地球從出現生命開始，生命進化從簡單形式到複雜形式、從低級生命到高級生命的進程，都是宇宙法則所主導和宇宙演化所推動的結果。生命的奧秘跟浩瀚的宇宙一樣，不僅廣無邊際而且深不可測。要想更多地知道生命的真相，必須深入地瞭解宇宙的真相：其一，因為生命運動是宇宙天體運轉所感應的結果，生命力從天體運轉中獲得動力。其二，應該徹底地瞭解生命與天體的關係，因為生命現象是宇宙天體法則的具體體現。

生命過程表現的幾種現象值得透視與探測：

1. 生命有限性

這是一切生命體都要遵守的規律。在自然界，沒有長生不老的生命。雖然各類型物種透過繁衍的方式可以延續存在，但是每一個獨立的生命體卻不能夠永久長盛，更避不開最終衰亡的結果。現有對植物的存活期所知：壽命最短的植物只有幾個星期，非洲沙漠的短命菊就是其中一種；壽命較短的植物只能存活二三個月，非州木賊、瓦松與羅合帶等植物屬於這種類別；壽命最長的植物能活幾千年，如銀杏、紅杉、巨杉之類的樹。非州西部有一棵龍血樹存活了 8000 多年，瑞典于默奧大學科學家於 2014 年發現一株挪威雪山杉存活了 9500 年，這應當是樹中的老壽星。由此可見，植物的壽命長短有極大的差別。至目前為止對動物的存活時間所知，壽命最短的動物是一種白色的飛蛾，生命只有 24 小時，所以有個成語"朝生暮死"，就是就是指稱這種小動物；壽命很短的動物是蜉蝣，通常能活兩三天最多也只能活 8—21 天；生命比較長的動物是鱷魚，能活 200 歲。此外，烏龜能活 250 歲，斑鼋能活 400 歲。最長的壽命冠軍都生活在水裏：錦鯉能活 226 歲，北極圓蛤能活 500 歲以上，南極洲海綿能活 1550 歲，巨桶海綿能活 2300 歲，黑角珊瑚能活 4265 歲。

最長壽命的人有多大年齡？傳說是中國一位老中醫，名字叫李青雲（1677—1933），是個素食主義者，活了 256 歲。另外，有記載的是中國長壽氣功養生家，名字叫李慶遠（1679—1935），被列入吉尼斯世界紀錄大全。這兩種說法，所指的可能是同屬一個人，姓名的發音也很相近。無論哪種生命，植物、動物或者人類，所有生命體的存活都有時間性。生命的長短是由什麼因素所決定？從各類物種的生命週期變化過程，可以給人明確的啟示。

2. 生命週期性

這是一個生命體正常經歷生命的全過程，一切生命體都有所屬物種的生命週期。植物界、生命體都要經歷發芽、生根、生長、開花、結果和枯萎的階段。植物的生命週期，隨著物種不同而有極大差別。季節性植物的生命週期只有兩三個月，年度性植物的生命週期不超出 12 個月，銀河年大季節性植物的生命週期可達幾千年。從不同植物所經歷的生滅變化，可以看出制約生命週期的源動力是天體運行的結果。以季節性花卉為例，有個很有趣的現象，每年農曆有 24 個節氣，每 15 天為一個節氣，每 5 天為一個候。在立春、春分、立夏、夏至、立秋、秋分、立冬、冬至等 8 個重要的節氣中，每個節氣的 3 個候都有相應品種的花卉依照順序綻開；之後，這些花卉也依照順序凋謝。在 8 個節氣中，有 24 個候，有 24 種花卉按照順序地花開花謝。這種現象，明顯地表現出地球運轉的氣候轉換，制約著花卉的生滅。許多季節性的植物，之所以只在某個季節之中生長，是因為它們的生命週期受到太陽和地球運行的氣候氣溫變化所制約。那麼，對於幾千年壽命的植物而言，又怎樣解釋其生命週期與天體運行的關係？這類超長壽命的植物，幾千年的生命週期相當於銀河年之中的一個大季節。太陽圍繞銀河中心運行一周大約 2.25 至 2.5 億年，而銀河年一個大季節為 6000 年左右。這類超長壽命的植物，其生命週期受到太陽系與銀河系運行過程制約，是屬於一種大季節性的植物。從直觀的角度看，季節性植物的生命週期受制於氣候氣溫的變化，但是最終的原因是受制於天體運行的結果，天體運行是產生氣候氣溫變化的根本原因。

受天體運行制約的生命週期，不但體現在季節性植物生命過程而且體現在季節性的動物生滅過程。動物界的生命過程，都要經歷孕育、誕生、成長、成熟、衰老與死亡的各個階段。不同物種的動物，其壽命也有很大的差別。季節性的動物，猶如春蠶、秋蟬之類的動物只生長於某個季節，生命週期也只是幾個月的時間而已。還有，某些動物的生命週期，只有幾天至一個月，如蒼蠅的壽命是 15 天至 25 天，明顯是受月亮變化的制約，即是生命週期受月亮和地球運行的制約。

無論是植物或者動物，其生命週期受制於每日、每月、某個季節或者年度的變化。受單一天體運行的制約，是月亮繞地球的運行、地球繞太陽運行、太陽系繞銀河系運行的其中某個運行週期。這種現象，明顯又直觀地表現出生命週期與天體運行週期，存在著直接或者間接的關聯。而其他某些植物或者動物，其生命週期的變動規律之所以並未明顯地表現出生命週期與天體運行存在著密切關聯，是因為其生命週期不是受單一而是受多重的天體運行週期所制約。這種情況下，多重天體運行週期對生命週期制約的內在關係顯得比較複雜與隱蔽。無論如何，生命週期與天體運行相關聯，天體運行制約各種的生命週期，這是確實存在的事實。

人的壽命也應當是受制於天體運行週期。既然天體運行週期制約所有生物的生命週期，人類必然不會是例外的生命體。進入 20 世紀以來，人的壽命大幅度急劇地增長，這個現象又應當怎樣解釋？根據中國歷史記載的相關人均壽命的資料，顯示不同歷史時期的平均壽命頗有不同：先秦 18 歲，兩漢 22 歲，唐朝 27 歲，宋朝 30 歲，清朝 33 歲，民國 35 歲，1949 年以來，1957 年 57 歲，1981 年 67 歲，2001 年 72 歲，2011 年之後估計是 80 歲。

從這些統計數字可以看出，中國人的平均壽命正在不斷地增長。是什麼原因促使人的壽命得到了大幅度的增長？總的原因是，科技與生活水平的進步，根本的原因是人類智慧的進化。人類經由智慧的提升，掌握了大量的科技知識，從而減少了許多生存危機同時增強了生存能力。由於人類利用科技知識，提高生活質量、增加物質資源和改善生存環境，並且利用科技知識抵禦疾病、自然災害以及各種生存危機的威脅，而近代人類通過資訊傳播與交流，促使知識大量增加，智慧大幅度提高，因此能夠化解各種人為的矛盾並避免發生大型的衝突，這一切都使得人的生存狀態得到改善，並且平均壽命不斷增長。醫學上，無論是古代中醫或者是現代西醫，觀點一致認為人的自然壽命（中醫稱：天年）應該是 120 歲。這個自然壽命可以視為人的生命週期。有歷史記錄以來，為什麼中國人的人均壽命都遠遠低於 120 歲這個自然壽命？最大的因素是疾病、災難與戰爭。這類自然與人為的因素製造了生存危機，削減大部分人的自然壽命，才會形成資料顯示的如此之大的壽命差距。

3. 生命的輪替

生命現象之中，除了生命的週期性之外生命輪替是另一個重要的現象。生命輪替的本質，是生命體繁衍下一代並將生命資訊遺傳於新一代。有生命輪替才有生命的延續與物種的存在，否則，當某種生命的壽命結束之後該物種便會滅絕。新老生命之間，通過遺傳基因的繼承與傳遞進行新舊的交接，所以遺傳基因是新老生命交接的紐帶。老一代的生命，在繁衍過程中通過遺傳基因將自身的生命資訊傳遞給下一代。這樣一代代地輪替的結果，使得生命得到延續。生命輪替的過程，不同生命形式有不同的還原繁衍形式。就如佛家所指，生命誕生有四種不同形式：胎生、卵生、濕生和化生。無論經由哪種形式誕生的新生命，均攜帶著上一代的生命資訊並且融入了自身的生命資訊而獲得新生延續。就像旅行者背負起兩個行囊，開啟新一輪的生命旅程。生命輪替有兩方面重要而玄妙的意義：一方面，有生命輪替才有生生不息的繁衍，有限的生命從輪替中獲得永恒的存在。另一方面，有新舊生命的輪替，才可以讓生命不斷地演化與升級，從低級生命向更高級生命進化。生命輪替是所有生命具有的現象，如果沒有生命輪替便不會有生命的延續與物種的存在；如果沒有生命的進化與升級，生命體會永遠處在低級的狀態。生命輪替是造物者非常巧妙的安排，為所有生命體做出巧奪天工的設計。這項傑作，不能不令人深感歎絕。

人的壽命是否能夠超越生命週期的極限？有科學家認為，不久的將來生命科學的發展可以使人的壽命達到 150 歲。甚至有人預測，通過抵抗衰老的基因改造，可以使人的壽命達到 500 歲。這個歲數超越人的自然壽命，而且突破人類的生命週期。每個人的壽命不盡相同，究竟是什麼因素決定一個人的壽命長短？相信是遺傳基因、生理狀態、生存環境、以及天體運行四大因素的制約。終極的原因是由天體運行所決定。人的壽命若想超越生命週期的限制，必須避開人體生理、大自然和天體運行的制約，避開越多的不利條件則壽命必然越長。有什麼依據預示避開天體運行週期的制約，可以超越生命週期的極限而達到延長生命的目的？以植物改造為例，用人工方法可以改變植物的基因、氣溫環境及生長條件等，這樣可以延長植物正常的生長期甚至跨越生長季節，這就是超越生命週期。以生物改造為例，科學家已經用操控基因的方法延緩衰老，可以令一種蛔蟲的壽命延長 6 倍。

4. 生命的輪迴

生命輪迴是佛家理論中的重要學說。生命輪迴是有情生命的肌體死亡之後，生命的精神意識將仍然繼續存在。通過輪迴轉世之後，精神意識依附於新生命體之上，開始另一輪的生命旅程。這裏所說的有情生命，是指有心識的生命體。植物之類的草木，則不屬於這個範疇。也就是說，只有具備心識的有情生命體，才有生命輪迴這回事。這是佛家對生命輪迴學說的簡略闡述。佛家還對這個生命輪迴學說作出嚴格的論證：以同類事物的因果，推論現在的精神意識是之前意識的連續，以至是前世意識的連續。這種意識流類似水流、電流、物質流和訊息流、時空流等，前後相續不斷。其次，現今的識別和回憶都與先前的意識相連，知識經驗的累積都是前後意識的連續，由此證明意識流是事實。還有從人或者動物的本能及實性得到的論證，如：初生嬰兒和初生動物的哺乳天性等事實，論證生命有前世的實踐活動。再者，佛教中的靈童轉世及民間的種種案例，說明許多兒童有前世的記憶，由此驗證人有前世今生的事實。佛家通過推理及事例，證明生命輪迴學說的可信度和真實性。此外，現代的精神科、心理科的醫學研究，也在許多案例中證明有前世今生這回事。

這裏應該特別指出佛家的生命輪迴學說，在以前都被視為不可理解的宗教話題，而今其中一部分事實已經得到現代科學的理解與證實。但是其中尚有許多議題，現代科學還無法理解和解釋。相信這些未解的議題，能夠隨著未來科學的發展逐步得到驗證與破解。

生命輪迴與生命輪替概念不同。如果用一個類比：在生命輪迴中，生命意識類似一部電腦中所儲存的私人軟件：當這部電腦的硬件老化或損壞必須更換時，只要將原有的個人軟件輸入另外一部新電腦的硬件之中，就可以重新啟動原來的基本程序；原有的電腦硬件因為失去功能只能廢棄，而原有的軟件可以攜帶之前的訊息參與全新的電腦運行。在生命輪迴轉世中，意識流好比是軟件程序，不管轉換過多少代的電腦硬件或者運行中的程序有任何載入及改動，軟件還是保存著前代電腦中的最基本的運行程序。在生命輪替中，生命體的機體類似一部電腦的硬件。由於電腦硬件具有使用壽命的限制，為了保證軟件能夠通過電腦硬件持續運行，需要在舊型號的基礎上研發生產新一代電腦硬件；當電腦硬件老化至淘汰時，已經有研發生產的新一代電腦，保證有電腦硬件與軟件的持續運行。

生命輪迴是生命現象中最神秘的話題，也是最有探索意義的議題。這是人生最重要的議題之一，關係到人生持有什麼宇宙觀與人生觀的頭等大事。雖然有部分人相信生命輪迴，但是至今卻還不能從現代科學方法中準確地驗證生命輪迴。儘管有部分人不相信生命輪迴，但是無法完全否定許多有關的事實。也許未來有新的科技發展，能夠對此作出證實。科學將會證明，佛家的生命輪迴說，是經過幾千年不斷的實踐、驗證，才得到確立的理論。

5. 參考性案例

無論宗教上的驗證，科學上的證據，或者民間的事例，有許多案例證實存在著生命輪迴這回事。以下是小部分參考性案例：

（1）宗教上的驗證

佛教認定有生命輪迴之說，理論上佛教認定的生命輪迴是六度輪迴：人不僅會在不同世代之間輪迴轉世，也會在人與其他生命體（低級生命的動物或者比人高級的生命體）之間進行輪迴轉世。佛教還提出三世因果觀，人有前世、今生和來世的因果，因為有生命輪迴必然就會有因果。這是佛教的先驗論，屬於宗教信仰上的理論。

佛教認為，存在生命輪迴。例如，藏傳佛教通過活佛轉世和轉世靈童的經過與現象，作出生命輪迴的印證。根據佛教記載，許多活佛在圓寂之後出現的種種奇異徵兆，預示投胎轉世的方向和地方等，與之後尋找轉世靈童的情況相當吻合。有人認為這屬於巧合的事，還不能絕對證明生命輪迴。但是藏傳佛教對此有很多明確記載，如找到轉世靈童的種種表現：既有前世記憶，還能夠準確地認識活佛生前所用的念珠、辨別活佛在生用過的真假遺物，甚至懂得朗誦活佛生前讀過的經文等等。

佛教認為：五六歲之前的兒童處於靈魂交接期，生前的記憶猶存，訊息尚未中斷，所以尋找轉世靈童時均以這個年齡段的兒童為對象。科學探索的結果，也表明多數有清晰的前生記憶的案例都出現在兒童時期。這兩方面的認知可謂相當吻合。

（2）科學上的證據

在世界上，研究生命輪迴的科學家和學者不少。其中，最為引人關注的兩位科學家，當屬伊安 · 史蒂文森和布萊恩 · 魏斯。

伊安 · 史蒂文森是當代輪迴學說創始人，曾撰寫《往世回憶的證據》等多本著作。伊安 · 史蒂文森用了 40 多年的時間，從世界各地的不同國家或地區收集及驗證了 3000 多個案例，以之證實有生命輪迴之事。他以兒童為主要研究對象，總結出結論：2—4 歲的兒童，有清晰的前世記憶，7—8 歲之後記憶便逐漸衰退。其次，他還研究人體的胎記、體徵缺陷等，都與前世相關，並指出這些研究結果都是輪迴案例的直觀證據。

布萊恩 · 魏斯是美國耶魯大學醫學博士、精神科主治醫師，以著作《前世今生》而聞名。魏斯在書中闡述了許多實例，其中有個病例是患有心理疾病的女子凱瑟琳的治療案例。魏斯用催眠療法，令該名女子回溯其前世的記憶。這個治療過程，不僅完全改善病人凱薩琳的病情，而且對魏斯的科學觀產生了巨大的改變。其他數千個治療實例，令魏斯確信有生命輪迴的事實。

最終，他鼓起勇氣冒著專業聲譽受損的風險，透露了正統科學之外還有超出科學認知的事物。

還有，瑪里奧博士研究人類輪迴學，發現有動物輪迴為人的個案；瑞士女教授斯佩克發現已經逝世的丈夫，輪迴為鸚鵡；西剛博士研究輪迴學，認為人類與其他有生命的星球之間存在生物輪迴。

（3）民間的例證

古今中外，民間之中有無數生命輪迴的例證。這些真實例證可信度非常高，絕非杜撰和訛傳出來。以下是有據可查的例子：

再生人現象：湖南發現 100 多個再生人輪迴轉世的消息震驚全國。位於湖南與廣西交界的通道侗族自治縣坪陽鄉，經過統計有 100 多個再生人。根據調查，這些再生人清楚地記得前世的經歷。自出生下來的 1—3 歲，從會講話開始便會說出前世的姓名、住處、做過的事、鄰居親戚以及如何生死，甚至找到前生駐地以及下葬之處，更甚者找到前世的親人再續前緣等等。有記者採訪了許多具體案例，證明這些案例的真實性。坪陽鄉因為再生人群體的現象，被人稱為再生人村。幾位權威專家教授經過實地考察，排除是人為炒作或者扯謊的行為；同時肯定這種現象有研究價值，並且提議設立再生人觀察站。相關專家考察和研究的結論是“肯定再生人現象，但未有科學依據。”

綜合所述，無論是來自宗教的體驗、科學的證據或者民間的案例，均令人無法輕易否定有生命輪迴的事實。即使以人類現有的科學方法，尚未能正確地解釋這些有關生命輪迴的現象，還未能完全探明生命輪迴的來龍去脈。然而，隨著人類對未知領域（暗物質、暗能量等）的新發現及科技水平的提高，生命奧秘和生命輪迴的現象最終將會得到破解。

第二章 論人生與命運

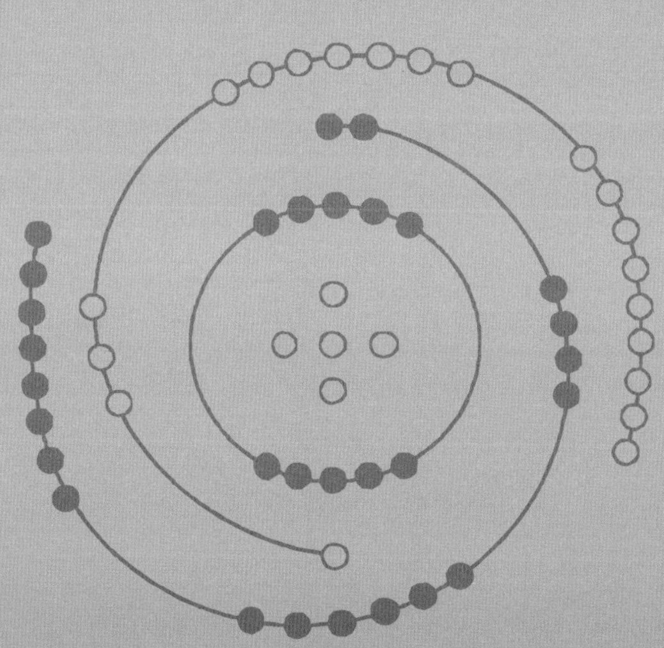

任何生命體在自然界的生物鏈中，都是獨一無二的存在

在宇宙中，所有生命的出現都是非凡的奇跡；無論是低級生命或者是高級生命，其存在對整個宇宙都具有特殊的意義。所有生命體，在地球上競相展現其生命存在的形式，在自然界全力地扮演自身應有的角色。任何生命體在自然界的生物鏈中，都是獨一無二的存在。

生命的意義是什麼？對低級生命體的意義是有知覺，所有生物包括植物都具有知覺；對初級生命體的意義是有感覺，所有動物都具有感覺；對較高級生命體的意義是有思維，多數哺乳類或者靈長類動物都有思維；對最高級生命體的意義是有智慧與悟覺，人不僅有知覺、感覺、思維還具有悟覺，所以人成為地球上最高級的生命體。

生命的意義對人而言，不只在於五官的知覺，也不止於五官的感覺，而是在於對宇宙萬物的思維，更是在於對生命過程所呈現的智慧與悟覺。生存是生命的根本，有了良好的生存狀態才有生命意義以及其他意義。任何人，首先追求的是生存，懂得生存之道，具備生存能力；其次追求的，是生命價值和人生價值。

生命價值對人而言，不僅在於怎樣去感受生命，而且在於怎樣去創造生命價值。如果，只以人體器官去感受及體驗生命，意味著生命的價值限於感覺。例如：如果人的耳朵只用於感知各種不同的聲音，聽覺帶給人的生命價值是有限的；如果用心和耳朵去感受美妙的音樂（有音調、音色、旋律、節奏），那麼，有思想感情的聽覺會增大生命的價值。所以，音樂家更能夠從聽覺上體驗和提升自己的生命價值。如果眼睛的視角總是朝向陰暗和負面的事物，那麼視覺感受的負訊息、負能量會削減生命價值；如果人的眼睛多看陽光和美好的事物，那麼視覺感受的正訊息、正能量會提升生命價值。藝術家更能夠從聽覺上和視覺上的體驗和昇華，進而得到更高的生命價值。如果，人的大腦思維只用於思考繁雜的小事，那麼思維感知帶給人生的只是低層次的生命價值；如果，大腦思維用於提高人類認知的新發現或新發明，那麼思維感知帶給人生的是更高層次的生命價值。所以，科學家能夠從思維感知中體驗更高層次的生命價值。

衡量生命價值的大小，不只是有怎樣的感覺，也不只是有多少感受，而是對宇宙事物的感覺是否昇華到思維、智慧和悟覺上的感知。要追求更大的生命價值，如何生存是生命之中的首要話題。任何人，在生存的過程中首先追求的是良好、可靠的生存保障，其次是開發自身的生命潛力，然後才能夠創造更高的生命價值。

怎樣創造更大的生命價值？在於怎樣體驗和感受生命存在，怎樣開發自身的生命潛能。一件翡翠石頭，開採之時被感覺是件石頭，打開之後被發覺是件寶石，精雕之後才令人感悟是件瑰寶。只有真正領悟生命價值，才會有意識提升生命價值，才會有主觀意願探索及追求人生價值。

（一）人生的價值

人生價值是什麼？視乎以怎樣的宇宙觀、人生觀及價值觀去面對人生，以怎樣的角度、尺度及標準去衡量人生。人生價值，是一個難以衡量且複雜的價值體系。

宇宙概說觀：主要有宗教宇宙觀及科學宇宙觀，還有唯物及唯心主義宇宙觀等。無論是宗教觀念或者是科學觀念，都是建構宇宙觀的基礎。雖然各種宗教信仰不同，因而形成的價值觀有差異，但是長久以來各種宗教觀念基本沒有改變，各種宗教宇宙觀也基本上沒有變化。反而由於科學的高速發展，促使科學宇宙觀發生了很大的改變。近代，由於許多科學新發現顛覆了人的傳統認知，所以科學宇宙觀也因此面臨著顛覆性的變化。當代，科學界對宇宙有新的發現和新的論述：

例子一，平行宇宙：美國科學團隊表示，已經發現平行宇宙真實存在的證據。科學家在地球南極觀察發現及通過資料分析，認為地球南極存在時空之門，是平行宇宙的入口。

例子二，多重宇宙：科學家認為，我們的宇宙與多重宇宙同時存在。科學家得出結論，人在死亡之後會進入另外一個宇宙；軀體在一個宇宙死亡，而意識會到另一個宇宙繼續活下去。

例子三，醫學教授羅伯特．蘭扎在量子科學基礎上，通過非常多的理論和現實資料，論證死亡並非一切的終點，只是一個超脫現實的幻象。當身體中的細胞完全停止活動，超脫身體的意識訊息仍然活躍，即靈魂還存在。蘭扎曾經被《時代週刊》評為全球 100 名最具影響力的人之一。

以上關於宇宙及生命的例子，具有可靠的科學依據。這種新的科學宇宙觀和生命觀，與宗教宇宙觀和生命觀之間，似乎有某種程度上的交集和巧合。

人生觀概說：每個人都持有各自的人生觀，每個歷史時期會出現不同主流的人生觀。持有怎樣的人生觀，必會影響著一個人的人生目標、人生道路和生活方式，最終必然深深地影響個人的命運。評論人生觀，難以評說哪種是對或是錯，差別只能說是否來自於準確認知，或者評價是低俗或高尚。每個人的人生觀，都是建立在宇宙觀的根基上，取向會受到社會主流人生觀的影響，也會隨著人生經歷而改變。隨著科技的進步發展，科學宇宙觀也跟著改變；科技推動時代演變，主流人生觀也跟著發生改變。

不同時期的主流人生觀有很大差別。例如，

戰爭動亂時期，和平安定主義是社會主流人生觀。在這個時期，多數人會更加深刻地體會到，和平安定與生存同樣的重要，沒有和平安定的生存，人生沒有實質上的意義。

經濟發展時期，追逐財富是社會主流人生觀。在這個時期，多數人的思想重心是追求金錢財富，認為擁有越多的金錢財富人生就有越大的價值。

社會繁榮時期，享樂主義成為社會主流人生觀。這個時期，多數人會把享樂放在首要位置，缺乏危機意識而盡情地享受人生，認為唯有享受人生才不枉此生，才不會白費人生價值。

價值觀概說：每個人的宇宙觀和人生觀決定自己持有的價值觀，挑選自己的價值工具和尺度，用它來衡量一切事物的價值。用什麼工具和尺度，衡量出來的結果必然不同。例如：

以權力的尺度衡量人生價值，國家領袖和大國元首之類的人物，因權力和影響力而擁有最高的人生價值；以科學尺度衡量人生價值，世界上偉大的科學家與發明家，因巨大的科學成就而擁有最高的人生價值；以藝術尺度衡量人生價值，有高超造詣的藝術家，因藝術上的成就而擁有最高的人生價值；以財富尺度衡量人生價值，世界或地區的富豪級人物，因巨額的財富而獲得最大的人生價值。就是說，以不同的衡量工具，能夠得出不同的結果。

還有，任何事物有短期或長期的價值，有局部或普惠的價值，有形和無形的價值。物質性的產物都有壽命的期限，所以大多數存在短期的價值。精神性的產物幾乎沒有壽命期限，所以大多數存在長期的價值。比喻而言，一件工業產品的價值會受到使用壽命的限制，一件優質藝術品的價值幾乎不受欣賞期的限制。這是短期價值和長期價值的區別。還有，有些事物只適合部分人的需求，而有些事物服務於所有人的需要。這是局部價值與普惠性價值的分別。

每個人的價值觀，不僅受主流價值觀的影響，也受外部資訊的操控，且價值觀受不良資訊的影響很容易被扭曲。例如，經濟發展時期，拜金主義是社會主流價值觀，加上大量資訊的渲染，所以金錢財富至上成為大多數人的價值觀。看待事物的價值，金錢財富成為主要的衡量工具和尺度。無疑，金錢財富非常重要，對一個人是生存質量的重要保障，對一個家庭是生活安定的可靠保證，對一個社會是穩定發展的重要資源。然而，沒有正大的宇宙觀和人生觀指引，被金錢財富扭曲的價值觀，對金錢財富的來源和去向，失去正當、合法及合理的界定準則，會引來個人、家庭及社會的許多惡性問題。

財富觀是價值觀的重要組成部分。正確的財富觀，能夠讓人以“取之有道，用之有道”的準則看待財富；相反，不正確的財富觀因為會令人以不當的方法方式取得財富及利用財富而招來禍患。自古至今，金錢財富是最令人重視和敏感的事。金錢財富既會給人帶來好處，也會給人招惹災禍。哪裏有金錢財富，哪裏就有繁榮景象；哪裏有大財富，哪裏就會引來大災難。例如：中東地區，原來只是貧瘠的沙漠。自從發現大量石油之後，既為中東人民帶來滾滾的財富，也為中東人民帶來幾十年的戰爭災難。

（二）人生的目標

人生過程中，每個人都有自己的人生目標及追求。雖然人生目標因人而異，但是終極目標都是一樣的，即每個人都希望獲得美好的生活和幸福的人生。這個目標人人一樣，沒有這個目標，人生便失去追求的價值。人，自從離開娘胎降生世上之始，就在醜陋和美好之間徘徊，在痛苦和幸福之中掙扎。儘管人生沒有絕對的美好與幸福，但是人人都希望能夠摒除醜陋而擁抱美好，個個都希望能夠解除痛苦而獲得幸福的人生。究竟應該有怎樣的條件，人生才能活得美好和幸福？首先必須有一個良好的社會環境，其次必須走一條正確的人生道路。

1. 建構美好社會

古今中外，諸子百家以及各門宗教，提出各種建構良好社會環境的理念及方法，希望能夠實現建立美好社會的目標。歷史證明，無論任何理論和方法，都無法實現長期的美好社會。根本的原因是，社會發展不斷變動，美好社會是相對的。任何理論和方法，都有時間性和空間性，也都有時代局限性。

法家提出，社會之所以不安定，是因為人們的行為，引起社會動亂不安。法家認為，人性本惡，人對慾望永不滿足，所以應該實行法治來維持社會的秩序。法家的法治思想只能適用於亂世，所以自古以來才有“亂世用重典”的講法。

儒家提出，要維持社會和諧應該奉行禮教：人們有了道德，社會自然安定。儒家認為，人的本性向善，可以通過教化提升道德；認為統治者應該實行仁政，應該以德治來維持社會秩序。儒家的禮教思想的確非常崇高，但是適用於物質文明和精神文明已經達到一定高度的社會。

佛家提出，人的無知無明，是一切煩惱痛苦的根源；一切社會問題的根本，是人的問題。佛家認為，人必須有大情大智，才能從人生的痛苦中解脫出來。佛家慈悲為懷的思想的確非常宏大，人必須有高度的教化和悟覺才能成為大情大智者。

近代革命家提出，由於社會制度不合理，才產生社會矛盾和階級對立，這是社會動盪不安的根源。要建立更美好的社會，應當以階級鬥爭的方式推翻不合理的社會制度。革命家的鬥爭思想，也只是適用於文明轉型或者歷史大變革時期。

現代政治家提出，實行自由民主制度的社會才是美好的社會。有各種自由，人們可以追求自己的生活方式；有民主制度，人們可以選擇自己的利益和理想。西方政治家所提出的自由民主制度，並不是沒有缺陷，也不是適應所有國家。實行自由民主制度，必須要有經濟發達和教育發達的社會基礎，才有相對的自由民主可言。

以上的例子，無論是宗教家、思想家或者政治家都共同認為，人的本身問題是決定能否建構美好社會的唯一原因。然而如果更深層地探視會發現：為什麼人在生存中有痛苦和危機，為什麼社會之中有衝突和戰爭？這些問題，不只出自於人的本身，更是來自於因天體系統運行的變動而引發的各種社會矛盾與衝突。天體變動，引起地球氣候變化、自然災害、地震活動、生態環境惡化、瘟疫蔓延等一連串災難。面臨生存危機時，人類沒有足夠的知識和能力去應對便會激發出階級矛盾及社會動亂。

古代，人類的科技知識落後，大的天災是導致社會動盪、戰亂發生以及更朝換代的根本原因。幾千年的歷史經驗表明，發生社會變局及更朝換代的週期大約是 300 年，國運興衰與天文運動週期密切相關。這幾乎是逃避不了的國家規律。每當天體運行而引發天災，人類通常在沒有足夠的知識和智慧去化解天災帶來的生存危機的狀態下，有的國家民族為了自己的生存，會將碰到的危機轉嫁給其他國家民族。這種國家民族轉移危機的多數形式，就是戰爭。歷史上，戰爭發生的表面原因是權力鬥爭或者是意識形態衝突，最深層的起源則是天體運行引起的種種變故，導致了生存危機和社會矛盾的爆發。人類若能擁有足夠的知識和智慧，不單可以化解天災所引發的生存危機，而且有能力創造出更充裕的生存資源。如果這樣，社會矛盾可以得到緩和，民族之間的衝突可以得到平息。在面對天體運行引起的種種變故時，國家民族之間，應當是互相協調共同應對危機，而不是互相轉嫁危機。

當代，人類的科技知識比較發達，具有較高的預測及應對天災的能力。例如，天文預測、氣象預測、防治疫症等方面的科技知識，大大降低了人類的生存危機。一個世紀以來，人類社會發生了巨大的變化。這種變化主要起因是人類科技知識的高速發展。什麼原因誘發人類智慧出現突變性的進化及科技知識量的爆炸性湧現？有人認為，是天體系統突變的原因，如：太空中超新星爆炸，產生的能量和訊息輻射到地球，催化了人類智慧的進化。天體系統的變動和人類社會的變化，究竟有著什麼因果關係值得我們深入去探索？只有對此有更深層的瞭解，人類才能以更高的智慧去認識人與宇宙的關係。

隨著對天體變動和自然災害的認識加深，增強了人類對自然災害的預測能力以及應對生存危機的能力。人類生存危機降低，社會矛盾自然減少，社會關係趨向和諧。由此可見，建構美好社會的根本條件是：一、人類要有高度的知識和智慧；二、人與天地系統必須和諧協調。這樣，建構美好社會的長遠目標才能實現。

良好的社會環境是幸福人生的基本條件。猶如，有良好的陽光、空氣、水分和土壤，花草才生長得美麗茂盛。追求幸福人生是所有人的目標，所以共同建構美好社會是全人類的天職。隨著人類的進步，全球政治、經濟、文化一體化，地域的隔閡會被逐步瓦解，國界的限制會被逐步消除，大同世界的人類大社會將會取代國家民族的小社會。人類開啟全球化時代是歷史的大趨勢，不是任何國家或者個人的意志可以改變的。隨著科技和智慧的高速發展，人類有能力大幅降低生存危機的風險，也有深度意識加強合作共同應對危機。當所有人都覺悟起來的時候，人類才能擁有公平、合理、和諧美好的社會環境。

2. 追求幸福人生

宇宙賦予人類生存的條件，也賦予人們追求幸福的權利。這是所有人與生俱來的神聖權利。宇宙運行的大法則和大趨勢，可以視為宇宙的最高意志。在宇宙意志之下，任何人，追求生存和幸福的權利是不可被侵犯的。高尚的人，為自己創造幸福的同時也能夠為他人帶來幸福，這種行為是應受推崇的美德。任何人，在為自己謀求幸福的過程中，只要不是為了自己的幸福而造成他人的痛苦，其作為都屬於個人的自由。也許某些行為，暫時不為世俗觀念所接受或者不為現行的道德觀念所包容，也不應當遭受歧視和排斥。畢竟，人類社會發展的過程，某些世俗觀念會改變，有些道德觀念會更新，社會規則也會不斷修改。只要符合宇宙大法則的思想觀念、道德標準，就是追求幸福人生的準則。

雖然宇宙賦予人類有生存權和幸福權，但是這些權利屢屢被歪曲或者篡改。歷史上，出現過很多愚昧的故事和殘酷的事件，曾經上演了一幕幕的人生悲劇，其中犧牲了不少人的幸福人生。在近代，有的人因為無知和世俗的偏見，剝奪了許多人追求幸福人生的機會；有部分人為了自己的私利，以道德的囚籠約束他人追求幸福的自由；也有少數社會階層為了維持既有的權利，以不合理的社會法規剝奪其他人的權益。在當代，有的先進國家為了維持自身生存發展的絕對優勢，不惜採用一切不正當的手段，扼殺其他國家民族追求生存與幸福的機會。這明顯地違反了宇宙賦予人類神聖的生存權和幸福權。無論是個人或者國家，出於無知或無意而損害他人幸福、造成他人痛苦的行為都是罪過；出於私利和野心而轉移危機、嫁禍他人的行為都是罪惡。

人具有共同的本能和天性，也必然具有共同的生存力和幸福感。人有共同追求的兩件大事：第一是積聚生存能力，第二是創造幸福人生。有足夠的生存能力才能有幸福人生，所以生存能力是幸福人生的基礎。幸福人生的標準是什麼？幸福與否是個人的人生體驗，幸福感是因人而異的體驗結果。人既然有共同的天性，也必然對幸福有共同的基本準則。這個基本準則可以稱為普世幸福觀。

中國古代，傳統的普世幸福觀有三個內容，簡稱“福、祿、壽”。這三個字，既簡潔又概括地表達了幸福的基本準則——

福，主要是指家庭興旺，子孫眾多等。今天的解讀，福可以理解為家庭和諧、子女成才、事業興旺等。

祿，主要是指俸祿豐厚、身家富裕。古代的高官厚祿，表示權力和財富是相關的，官職高低與財富收入是相應的關係。今天的解讀，祿的含意是經濟收入及持有財富。

壽，主要是指較長的壽命。今天的解讀，壽不僅意味著壽命的長短，還包括健康的生理、心理和精神。

以上衡量幸福的三項基本準則，符合古代農業文明的社會環境、社會特性和社會形式。例如，中國古代是農業社會，生產力低、生存力弱、人口繁衍不足，傳宗接代成為幸福的重要指標。

當今，現代的幸福觀應該包含三方面，生命狀態、生存狀況和生存質量。這三項準則與傳統幸福觀本質上沒有區別，只是以現代社會的角度賦以時代的內涵。時代在改變而人的天性不會變；社會在進步而人的基本需求也不會變，這三項準則，符合當今的社會環境——

生命狀態，包括體質、精神、健康和壽命等。

生存狀況，包括技能、工作能力、事業成就、知識智慧和創造力等。

生存質量，包括物質生活的金錢財富，精神生活的家庭婚姻，社會關係等。

顯然，現代幸福觀的內容要比傳統幸福觀的內容複雜得多。今天的社會，已經是信息化的社會，人類的社會供求與社會關係變得相對複雜；人們的幸福觀有更多具體內涵實屬必然。儘管時代不同，幸福觀的差別也只是衡量的指標不同，但是基本準則不會變化。古代由於生產力低下物質極度匱乏，所以物質財富是幸福的重要指標。還有，古代因為人口稀少，生命繁衍和生命延續是人生的大事，所以傳宗接代和人丁興旺也是幸福的重要指標。現在由於社會生產力大幅提高令物質相對豐富，人們的物質需求得到基本滿足而對精神生活有更多更高的追求，所以精神財富在幸福指標中佔有更大的比例。

3. 人生的三要素

幸福人生唯有依靠自己去追求，沒有誰可以包辦代替或給予施捨。決定幸福程度的高低在於三個要素：生命力、生存能力和生存質量。這三項要素，達到基本水準就是生存得到基本保障；三項要素得到提高則是得到更好的生存與發展；三項要素水準越高就是生存發展的狀態越好，就能活得越幸福。三大要素應當均衡，才能夠擁有完滿的幸福人生。例如，一個人的五臟六腑健康均衡，才會有真正健康的身體。簡而言之，一個人的生命力、生存能力及生存質量是相生相成的關係；生命力旺盛的人，才有強大的生存能力，也才能營造良好的生存質量；反過來，生存質量也會影響生存能力和生命力。就是說，生命力、生存能力、生存水準三者是互相關聯並且相輔相成的。如果，這三個要素不均衡，肯定不可能擁有完滿的幸福人生。今天的經濟社會，追求物質財富是絕大多數人的主要目標；但是只有大量的物質財富而沒有身心健康，絕對沒有幸福人生可言。除了三個要素必須均衡之外，每個要素中的具體指標也應當均衡，才能夠有完美的幸福人生。例如生命力，壽命長而體質弱則難以發揮強大的生存能力，也就難以營造優良的生存質量。由此可見，有的人在某些方面非常成功，卻未必真正擁有幸福人生。

幸福指標的高低，決定於先天因素和後天因素。先天體質魄力健壯的人，生命力必然比較高。先天智力聰明的人，生存能力必然比較強。先天有較多物質財富的人，生存條件和生存質量必然比較好。雖然，先天的因素會影響人的綜合指數，但是不應當阻礙一個人對幸福人生的追求。先天因素的不足經過後天的努力，同樣可以獲得美好的幸福人生。某些極端的例子可以說明這種現象。某些人，身體存在某種先天缺陷但是經過自己不懈的努力，創造出學術上和事業上大成功。這意味著，其生存能力大幅提高，能夠帶動生存條件大幅改變。

幸福指標的高低，對所有人都沒有絕對的標準，全在於個人經歷怎樣的體驗。同樣的幸福指標，以不同的智慧去體驗，會得到不一樣的結果。有的人，從多姿多彩的人生中體驗幸福；而有的人，也可以在平淡的人生中體驗幸福。有的人注重追求物質上的幸福感，而有的人，更在乎精神上的幸福感。幸福感的高低，在於以怎樣的悟覺去感受人生。有一句詩，“夕陽無限好，只是近黃昏。”有人將它改為，“夕陽無限好，妙在近黃昏。”同樣的夕陽和黃昏，卻引發了不一樣的心態。一種感受是，黃昏的夕陽像年暮的人生一樣，令人悲觀歎息；另一種感悟是，黃昏的夕陽與年暮的人生，同樣是最美妙的時刻。兩種截然不同的感悟和境界，給予人心靈上的啟示：幸福人生不僅要從生活之中追求，還應當從心靈上追求；幸福感可以通過智慧放大，也可以在感悟中昇華。這樣的追求、放大與昇華，可以使幸福感更高、人生路更美。

人類誕生在宇宙中，傳承了宇宙的基因，承載著宇宙的資訊和程式。人類的天性就是宇宙的天性，追求幸福人生應當視為宇宙的意識。在一切生命中，宇宙賦予人類高級的智力，說明人應當活得幸福、活得有智慧、活得有悟覺。

（三）人生的目的

人生而為人，生存是過程，但生存不等於是人生的目標。人，為什麼生存，為什麼而活著？這是個古老而永恒的問題，永遠是人生之中最重要的問題。這是所有人均要面對並且必須回答的問題。一個人，只瞭解豐富的知識是為學者，能明白根本的道理才是智者。人生的目的是什麼？歷來的答案很多，有來自宗教的教化，有來自宇宙的啟示，也有來自現實生活的答案。無論有多少答案，圓滿和正確的答案應當只有一個。

1. 宗教的啟示

基督教認為，人的出生就是帶著原罪而來，人生過程應接受神的懲罰，人活著必須向神懺悔和贖罪；只有相信基督才會得到上帝的眷顧，最終才能進入西方極樂世界。佛教認為，人的出生帶著前世所造的業障而來，人生過程要經過六道輪迴洗清一切業障，才能脫離輪迴之苦；人生過程充滿煩惱痛苦，人生就像在茫茫苦海之中浮沉，只有經過修行消除業障求得解脫，才能渡過苦海到達幸福彼岸。伊斯蘭教認為，人的出生是真主派來世上代為治理大地的，人生過程是在真主的意志和判斷之下确定的，人活著應當接受先知傳達真主的啟示行善和遵守信義；當最終審判日到來時，真主按照每個人的生前表現作出判決，為善者永進天園，為惡者永入火獄。三大宗教所展現的信念相同，概括有三點：一、為人應該行善除惡；二、人生不僅為今生還應當為來生而活；三、人生有前世、今生還有來世。

2. 宇宙的啟示

根據“人擇原理”，在宇宙中出現人類，需要符合許多極端精確而且苛刻的條件。無論是在微觀的物質世界或者是在宇觀的天體之中，存在著許多專門為人類生存而設定的獨特條件。最簡單的事例：地球上有人類，自然界中就有水、空氣、陽光、必要的物質以及恰當的溫度等等。這一切恰到好處的條件，都是為人的生存而設定。宇宙選擇了人類，也為人的生存和發展創造了恰到好處的條件。

3. 世俗的回答

許多人不明白人為什麼來到世上，也不知道人是否有前生來世。人活在世上無非一百幾十年，應當及時行樂享受人生，為今天的幸福和快樂而活；對於人是否有前生來世，無從知道也無需理會。有一部分人，活在物質充斥的迷宮中，流連忘返而找不到出口；也有些人，在資訊交錯的世界中，活得心煩意亂不知所措。今時今日，社會上存在著一股很大的風向是追逐財富、物慾橫流，慾望掩蓋了一切。

人生的目的是什麼？各有各自的回答，各種觀點差別很大。根本的差別是以什麼人生觀看待人生。特別是人是否有前世、今生和來世，是否相信有前世、今生、來世這回事。這涉及到有限人生和永恒人生兩種不同的信念，會令人作出完全不同的價值判斷，這將影響一個人抱著怎樣的人生目的。

持有限人生信念的人，認為人生旅途結束之後沒有來世的新旅程，今生過得好就是最終的人生目的。抱著這種觀念的人，往往會產生消極的人生觀，覺得人生就像曇花一現，再美也只是一百幾十年的瞬間；任何人活得再精彩，其結局都是一樣以悲哀收場。由於抱著這種觀念，覺得人生短暫的同時會產生盲目的人生觀；會認為人生好像乘坐沒有目的地的飛機，漫無天際地飛行而不知道何時降落，最後的結局將是燃油耗盡而墜毀，這就會令人感到極度不安和恐懼。現實生活中，不少人因為消極人生觀和盲目人生觀，沉醉於眼前安樂的生活或者沉溺於物質慾望之中，而失去清醒的意識。還有，年紀輕的人會以為人生時間還很漫長而對人生信馬由韁，但隨著年紀變大及體態變老才深刻地感受到迷茫和焦慮。抱持這種信念的人會認為，如果人的一生還要為生存而拚搏，為生活磨難而苦惱，或者為虛幻的目標而苦苦掙扎，那真是愚蠢之極。所以，抱持有限人生信念的人，容易以得過且過的心態，以今朝有酒今朝醉的行為，面對自己的人生。

在這種觀念下，經常會伴生出自私和貪婪的人。這類人認為生命有限，最終人生沒有希望，無所顧忌地為所欲為；為滿足自身的慾望會急功近利地攫取所需，只要對自己有利便會不擇手段地爭取達到目的；有的人，甚至做出損人利己的事也在所不惜；更甚者可以無視社會道德和社會責任而為所欲為。

但是，在有限人生的觀念下，即使一生在安樂之中度過，最終還是要跌進恐怖的深淵。

在現實生活中，可以從三個層面看到這類現象：一是個人層面，許多罪惡和犯罪行為產生於個人對慾望的過度追求，為了個人利益和財富不顧他人利益和社會責任。二是社會層面，主流社會以追求物質滿足為最高目標，社會性地過度消耗自然資源；為滿足人類社會需求，掠奪性地開發自然資源，對未來的生存環境產生致命的傷害。三是國家層面，強勢的國家民族為自己的利益，置其他國家民族及全人類利益於不顧，以政治、軍事、經濟或金融方式，向其他國家強行轉嫁危機及攫取財富，損人利己而且沒有國家道義。

持永恒人生信念的人，相信人生旅途結束之後還有來世的新旅程，今生要活得有意義還要樂於助人和善待他人，來生也會得到好的回報。持這種信念的人往往會產生積極的人生觀，覺得人生還有未來，今生只是漫長旅途中的一段行程而已。這樣的人會活得樂觀與坦然。這好比長途旅行，經過水路、陸路，或空中航線，乘坐不同的交通工具，停留在不同的中轉站，最終會到達完美的目的地。持這種觀念的人，會產生勇敢有為的人生觀，將人生過程視同在大海中航行；認為航道之中，有順流也有暗湧，既有風平浪靜也會有狂風巨浪；明白航船朝著既定的目的地航行，而不是在茫茫大海中隨波漂流；有預期的方向和港口，即使航行中碰上驚濤駭浪，也會堅持方向直至航船靠向港口。持著永恒人生的信念的人，無論人生過程遇到多大的痛苦和災難，都有信心和勇氣面對一切，堅持到達終極的人生目標。

在這種觀念下，會伴生出寬宏大度而且心地善良的人。這類人，認為生命永恒並且對未來充滿嚮往，對人生充滿希望。在宗教的啟示下，堅信生命可以永恒，會修行自己和善待他人，相信人生最終可以達到圓滿境界。這類人，相信今生只是人生應走的目標之一；今生的所作所為，是善是惡都與來生有關聯，與人生終極的結果相關聯。有宗教信仰的人都持有敬畏之心，做事有所為和有所不為，不會為所欲為和做損人利己的事，甚至樂於參與拯世救人的善事。既然認為有來世，當下所做的事不僅為了今生還為來世及子孫後代。這種行為，不是純粹出於道德觀念，更是出於宏大的人生信念。

總而言之，要問人生目的是什麼，回答前必須明白兩件事，今生之後是否還有來世？人生終極的歸宿在哪裏？這兩件事關乎每個人的人生大事，又是所有人都想知道的事。

第一，今生之後是否還有來世？從三方面探知和引證，也許從中可以幫助人們尋找答案的一二。其一，宗教的理論認定今生之後還會有來世。這個答案不是純粹宗教信仰，而是有宗教歷史記載及體驗。在人類科技尚不發達的時代，宗教的論述難以被一般人所理解，只能先以信仰的方式去接受。當今科學知識與科技水平昌盛的時代，宗教的某些理論已經可以通過現代科學知識與科技手段得到理解和解釋。令人恍然大悟的是，宗教中的某些見解竟然超前於當前科學，在此可以稱為前科學。其次，民間之中悠久的生活實踐並保留前世今生的大量記錄。這些記錄，為探索前世今生的關係，提供許多可供參考的佐證。其三，現代科學研究的結果證實有些人保留著前生的記憶。從種種的案例可推斷：既然存在著前世的記憶說明真有前世來生這回事，既然有前世今生也必然有今生來世之事。雖然現代科學已經有很大的進步，但是人們所認識的事物還是微乎其微，尤其對生命的奧秘仍然不知其所以然，這有待未來科學進一步探索。總而言之，關於前世今生來世的議題，宗教之中有其觀念和論述，民間之中有不少的案例，現代科學研究也有不少的成果。有些更為詳細的內容，本文將在後面作進一步論述。

第二，人的終極歸宿在哪裏，應該怎樣才能知道？各門宗教都有大同小異的表述。其中對最美好歸宿的描述是天國或天堂，最悲慘的歸宿描繪是火獄或地獄。儘管各門宗教所描述的景象不同，但是描繪的景象基本相似。各門宗教是怎樣認知這些神奇的境界，這不是常人所能相信和理解的事。很顯然，各門宗教所描述的這些神奇境界，有別於我們所在的物質世界，似乎是另類時空或者另類宇宙。現代前沿科學探索中，有人推測：在我們生存的時空之外有更高維度的時空，我們所在的宇宙之外有平行宇宙或多重宇宙的存在。這絕非只是空想，而是有相當的可能性。無論是宗教論述或者科學推測，如果真的存在這樣的境界，以人類所在的有限時空和有限的知覺，是根本無法感知這種境界的存在的。

對於是否有前世今生來世，即使人們不肯定也不應輕率地否定。曾經，宗教觀念中的某些論述，在早期被看作是不可思議的事，後來則被發展了的科技所證實。相信，宗教觀念中的其他論述，未來將可能會經由更高水平的科學技術得以驗證。或許未來科學探索的航船，就像航海家哥倫布發現北美新大陸所出現的奇跡一樣，會從迷霧中找到新天地。倘若在未來科學探索中，能夠發現人生最終歸宿的新大陸，必將會引起無比強大的震撼。今天的前沿科學，對負物質、負能量、多維時空、上帝粒子、天體黑洞、多重宇宙等領域的研究和探索，將可能揭開宗教之中諸多不可思議的觀念之迷。這些觀念和先驗，或有可能被驗證為不是純粹出自於信仰或傳說，而更可能是未被發現和認知的新事物。當今世界高科技超速發展，其中某些新的科學知識已經能夠解讀和驗證宗教觀念中的某些觀念和論述。而這些宗教觀念，在以前絕對是令人無法置信的，而且往往被人們視為迷信。

在本書後面，筆者將試圖引用一些具體事例，以今天的科學思維來解讀宗教觀念和論述中所包含的深層科學觀，以現有所知的科學知識解讀一些宗教觀念和民俗經驗。希望這些根據科學思維進行的解讀，對讀者能夠有一定參考價值，有助於思悟關於人生的目的、前世今生和來世、人生的最終歸宿等最重大的問題。

（四）客觀認知命運

為什麼要認知命？孔子說，不知命者無以為君子。知命，意味著具有生存智慧，有生存覺悟，還有命運意識。知命，不僅是個人的事，而且還涉及家庭與國家民族。如果，一個人不知命，只能隨著命運漂流。不知命的人，不僅自己沒有人生方向和目標，也會影響家庭的去向；不知命的國家領袖，不可能帶領國家民族走向最正確的方向與道路。特別是國家領袖，不僅應站在國家頂層看整個社會，還應站在全球頂層看國家民族，更應站在宇宙之上看全人類。這樣的講法，也許有人以為太過誇張，其實這是一個非常重要的話題。

什麼是知命？首先要知自己（生命特質的優劣及長短），其次要知天命（天體及自然規律）。知命的人，由於知自己及知天命，能夠順著命運相向而行，而不是逆著命運反向而行。

知命的人必然知自己，清楚自己的特質：如，先天條件與後天條件、性格與才能、長處與短處等。知命的人，會有自己的人生宗旨、人生定位和人生規劃。其一，確立人生宗旨：什麼可為而什麼不可為。古語說，“天生我材必有用”，我是什麼材？應當用在什麼地方才能夠人盡其才？否則會適得其反。其二，準確定位人生：人生目標、發展方向及應從事什麼事業。合理的人生定位，不會因為自視過高而好高騖遠，也不會因為低估自己而妄自菲薄，以致浪費寶貴生命和時間精力並且錯失人生機遇。其三，合理規劃人生：在不同的人生階段，應有相應的人生目標，應做相稱的事情。

知命的人也必是知天命的人，清楚知道應該以天人和諧的觀念面對命運，而不是盲目地以聽天由命或者人定勝天的觀念面對命運。知天命，即是要明白大自然與宇宙的規律，以及個人所生存的空間和時間。

第一，知命的人，知道宇宙天體和大自然的規律，深深地制約著每個人的命運。由於天體運行和大自然運動過程，不僅產生時間變化而且制約著人的生存活動，知命的人，懂得將自己的活動與時間和諧配合，即是與天體運行的規律和諧協調。例如，每天什麼時候應該做什麼事，才能使人體生理週期與生活規律配合得當，將對身體健康最有益，對工作效益最有利？還有，每月或者每年之中，什麼時間適合做什麼事，才能使人體身心狀態與工作生活配合得最好？不但生活上變得身心舒適，在工作上也會有最佳的收穫。幾千年來，中國人已經深深懂得如何運用不同時間於生產活動、修養生息等方面。傳統文化中，奇門遁甲的智慧就是依據人事選擇時間和空間，在最有利的時間和空間行事，把握最大的成功機會。

第二，知命的人，明白所在的空間狀態和環境，時時刻刻地影響每個人的命運。由於天體運行會引起空間變動及大自然運動會引起環境變化，兩者都會制約人的活動、左右人的命運，知命的人，懂得將自己的活動與環境和空間相配合，即是與天體變動和自然環境變化相協調。例如，有的人適合在南方生活，而有的人只適合在北方、東方或西方生活。人長期所在的方位和空間不同，人體的生理、心理和精神上受到的影響也不同，甚至很大程度上會影響人的身心狀態。對此，傳統命理學的四柱八卦，可以給人命運資訊的提示，什麼人在什麼地理位置生活與工作，最為有利也最易成功，這是有科學依據的資訊提示。又如：傳統風水學，是一門綜合性科學，是選擇有利的生存空間及調整個人的生活環境的綜合性學問。選擇有利的生存地點和生存空間，對任何人都是至關重要的事。即便是動物，都具有選擇環境空間的生存本能，懂得向有利的生存地點遷移。

什麼是知命？除了知自己及知天命，還要知道命怎樣運行；總之，既能知命也能知運，才能全面認知命運。

1. 命運的本質

命運的定義是生命狀態和生命歷程。命，是生命體具備的各種特徵與狀態。例如，人體的生理狀態（外表、體格、體質等）和心理特性（性格、嗜好等）以及思想精神（記憶、思維、智力等）。命的成因是來自於先天定造與後天塑造。先天定造，如：生理、心理、精神方面的遺傳，知識、智力、壽命等方面也有遺傳，這些均已被科學驗證所證實。後天塑造，如：生活環境和生活條件會改變生理狀態，人生經歷和生活磨練可改變心理狀態，還有學習和思維會改變精神狀態。

簡而言之，命由許多先天因素及後天因素塑造而成。生命狀態的基本組成部分不可以改變，但是某些部分可以改進。生命運動過程中，生命體經歷不同的時間和空間，同時與體外的事物交流互動。隨著生存環境的變化，生命狀態也會發生變化。

運，是生命體經歷不同時間和空間的運動過程。運的成因，是生命活動與天地運轉交流集成的結果，在時空轉化中交流匯合形成的流程。例如，人體經歷的時間和經過的空間（包含地理位置，周圍環境）。生命運行過程中，生命體經歷時間和空間的變化，同時也經歷生存環境的變化。隨著生存環境的變化，生命歷程也在不斷變化。簡單地說，命運是“命”和“運”的合成，由生命狀態和生命經歷所組成。生命體，處於某種生命狀態，位於某個時空及某種環境狀態，這三個因素組成命運的軌跡。

簡而言之，“運”是生命活動在天地運行中所經歷的流程。“運”可以調節：一是調節生命體內的運動，即調整生理、心理及精神活動。二是調節生命體的活動節奏，以配合大自然及天體的運行規律。

生命體是一個不斷運動的獨立個體，既有自身體內的各種活動，又以獨立個體活動於大自然和宇宙天體之中。生命不停而且運動不息，所以說生命在於運動。或許有人會發問：一棵植物是生命體，經過不同的時間之後，還在原地而沒有任何運動。其實，植物體在地面上原位不動，而在天體中的相對位置已經發生移動；其吸取養分、持續生長，本身就是生命的運動。即是說，植物體既有自身內部的運動，也有跟隨大自然在天體運行中運動。由於有生命體的持續運動，所以才有命運的形成過程。知道命運怎麼形成，才知道什麼條件和因素決定命運。

（1）命運的成因

命運的決定因素和條件是什麼？命運是由生命體的遺傳基因、誕生的地點和誕生的時間所決定。生命體的遺傳基因，決定著生命體大部分先天的命，即大部分先天的生命狀態由遺傳基因所決定。例如，對人類而言，基因會遺傳外表、體格、智力甚至健康與疾病。生命體的誕生地點，很大因素影響後天的命和運，即對後天的生命狀態和生命過程有很大的影響。例如，對植物而言，同樣的植物生長在不同的地方，生長出來的結果有很大的不同，所以古人云：“橘生淮南則為橘，生於淮北則為枳，葉徒相似，其實味不同。所以然者何？水土異也。”對人類而言，出生於不同地點的人，具有許多不同的特徵（性格特徵、體質特徵等等）。而生命體的誕生時間，對後天的生命狀態和生命過程有最大的影響。例如，對人類而言，不同時間出生的人，最大的不同是命運過程；即使相同的遺傳基因和同樣地點出生的人（如，兄弟姐妹），因為出生的時間不同，其命運會有很大的差別。遺傳基因、出生地點及出生時間相同的人（如雙胞胎），其命運資訊幾乎完全相同。

由此可見，遺傳基因對命運之中先天的“命”影響較大，出生地點對命運之中的“命”和“運”都有影響，出生時間對“命”（生命狀態）與“運”（生命過程）的整體命運有最大影響。從這個角度可以理解，為什麼傳統的命運預測術所依據的要素是出生的時辰？而為什麼傳統的命運預測術不夠準確或者說容易存在偏差，是因為命運預測的依據缺少遺傳基因和出生地點兩個重要的資訊依據。其實，命運預測術中，四柱八卦預測的依據是生命體與時空的關係，是有科學根據的預測方法。有人質疑：同樣時間出生的人，命運不可能都是一樣。其中的原因是，在同樣時間出生的人，大部分人的遺傳基因和出生地點不相同，所以命運不一樣是完全合理的事。

（2）命運的運行

命運的運行過程是個非常複雜的問題，因為命運由非常多的因素所主宰。命運的運行模式與軌跡，是由三大系統（天體的運轉、大自然的運行和人體的運動）中，多方面的因素互感互動所共同操控的結果。

第一是天體系統的運轉所產生的能量和資訊感應著生命體，操控著生命體的運動模式與軌跡。簡單的現象，例如：天體系統中，太陽、地球、月亮的運轉所產生的能量和資訊感應著生命體，左右著生命體的動向。還有，太陽系中的七大行星與太陽系外的其他星體在運轉過程中，也會產生各種能量和訊息，對生命體產生感應，影響著生命體的動向。每顆星體的運轉所產生

大自然系統是操控命運的三大系統之一

的能量和訊息，好像一股股細流滲入承載命運的主河流，類似一條條曲線疊合構成命運的大走向。所有星體的運轉過程所集合的能量和資訊，好像多條分流湧進河道並承載命運的河流，類似一組曲線展現出命運的流程。

天體系統是操控命運的三大系統之一，也是承載命運運行的三大分流之一。天體系統的運轉，是人力絕對無法左右的事實。人體的活動，只能依順天體系統的運轉規律而活動。

第二是大自然系統的運行所產生的能量和訊息感應著生命體，參與操控生命體的運動模式與軌跡。簡單的現象，例如：大自然系統中，地球公轉形成的季節氣候變化等，所產生的能量和訊息感應著生命體、左右生命體的動向。每種自然運轉的規律所產生的能量和訊息，像一股股細流參與承載命運的流動，類似一條條曲線疊合構成命運的大走勢。所有大自然運行的週期所匯合的能量和訊息，好像一條大分流湧進流道承載命運的流動，也似有一組曲線展現出命運的流程。

大自然系統是操控命運的三大系統之一，也是承載命運運行的三大分流之一。大自然系統的運行過程，人類是絕對無法抗拒的，人體的活動只能依照大自然系統運行的規律而活動。雖然人類可以有限地改變生存環境，但是改變不了大自然運行的規律。

第三是人體系統的運動，生命體內的能量和訊息支配著生命體，參與操控生命體運動模式與軌跡。簡單的現象，例如：人體系統中，五臟六腑等生理運動，所產生的能量和訊息控制著生命體、操縱生命體的活動。體內的每種生理運動所產生的能量和訊息，像一股股細流參與承載命運的流動，類似一條條曲線重疊合併構成命運的大走勢。體內的種種生理運動所匯合的能量和訊息，如同一條大分流湧進流道，承載命運的流動，也類似一組曲線展現出命運的流程。

人體系統是操控命運的三大系統之一，也是承載命運運行的三大分流之一。人唯一可做出自我調整的事情是人體系統的運動，而人體活動也只能做有限的自我調整。所以，命運大趨勢不能夠改變，只可以調整，只可以通過轉變自身的思想行為而得到適當的調整。

綜合所述，天體系統的運轉、大自然系統的運行和人體系統的運動，形成三大分流。這三大分流匯合起來的主流，可以稱為宇宙大洪流，承載著生命的漂流並且編寫了命運的程式。每個人從誕生的時刻起，即是進入宇宙大洪流之中，成為宇宙大洪流的漂流者。不同時間誕生的人，意味著由不同時間進入漂流的航道，漂流經歷的時間與路線必然不同，這意味著命運的程式也不同。不同地點誕生的人，意味著從不同地點進入漂流航道，漂流經歷的路線與時間必然不同，也意味著命運的程式也與人不同。每個人都是獨一無二的漂流者，漂流的時間與路線必然與他人不同，意味著命運的程式也與他人有所差異。這就是命運在三大系統操控下，形成的原因和運行的過程。

2. 命運與時空

人們所說的人生無常，意味著生命歷程是不斷變化的過程。隨著時間的遷移和空間的變動，命運也跟著不斷地轉變。在既定的時間及對應的空間，生命體處於既定的狀態和經歷，時空、生命狀態及經歷呈現了一體化的現象。由於，時間與空間相對應並且與命運相呼應，所以，透徹地瞭解時間與空間才能夠清楚地瞭解命運。

（1）時間與空間

時間與空間，同人的命運息息相關。生命活動，處於什麼時間，對應著處在什麼空間，也必然對應處在怎樣的生命狀態和生命過程。

時間和空間都是多維度的現象，這觀點可能會顛覆大部分人的認知。空間的立體感在人的直覺感知中是再自然不過的事，但是時間有多維性在人的直覺感知中並不是理所當然的事。為什麼會這樣？因為人類所生存的宇宙是朝著單一的方向運動（宇宙大膨脹的方向），所以在人類的直接感覺之中時間只有一個方向，即過去、現在、未來。正如，人類生存在地球上，直覺感知是太陽繞著地球轉。而當人們參照其他行星的運動之後，才明白事實上是地球自轉和繞太陽公轉。同樣，當人們參照其他星體星系的相對運動，便會明白，對於不同的參照系，時間的維度和向量並不相同。在地球上的任何位置，以宇宙大膨脹的方向為參照體，時間只有一個維度；在地球上，以太陽為參照體，地表的任何位置的時間有三個維度；而在南極和北極，地表的時間只有兩個維度。在太空之中，所有星體都處於高速運動之中，但是比對光速，其運動速度還是非常小，所以人對時間多維度的感覺極其微弱。

時間與空間有兩個重要的特質：

第一，時間與空間的多維度性質是宇宙天體運動的本質。沒有天體運動便不存在時間與空間。時間是三維立體的觀念，中國古老的易經很早就已經透露了這種思維。易經之中的重卦，實質上是八個時間卦與八個空間卦所組合的六十四卦。八個時間卦是三維的立體狀態，並且具有八個象限；八個空間卦也是三維的立體狀態，並且也具有八個象限。兩個八卦重疊於一起成為六十四卦，是六維時空的具體描述。

第二，時間與空間可以互相轉換，時間可轉換為空間，空間也可轉換為時間。這個概念，類似物質的質量和能量可以互相轉換的原理（愛因斯坦狹義相對論的一個基本共識：質量能和能量互相轉換，這個結論來源於質能公式：$E = mc^2$。）。這裏提出時空可以互相轉換的說法，是以前從來沒有過的概念，對此可能很多人不認同也不理解，時空可以互相轉換是古老的易經給出的啟示。時空轉換的概念需要做進一步的科學推導，寄望未來的科學發展能夠進行理論上的論證而將此概念解釋明晰。愛因斯坦的相對論曾經提出：物質在高速運動狀態下時間和空間的尺度會發生變化，但是沒有提出時間是三維立體的概念。相對論中，還提出物質的質量和能量可以互相轉換，並且推導出質量和能量的轉換公式。沒有提出時間和空間可以互相轉換的概念及推導公式。

時空的立體性以及時空可以互相轉換。如果這個概念成立將更加完美地建構現有的科學體系，這將會令人類在更多維的時空中認識宇宙萬事萬物。這可能有助於人類認知和理解宇宙的新事物，也許有助於探索人體未能感知的隱性宇宙，以及破解現代科學還不能解釋的神秘現象。

（2）命運與時空

想瞭解命運與時空的關係，就必須瞭解時間與空間的關係。時間和空間是對應的關係，也就是某個時間只對應某個空間。比如，中午 12 點你坐在某個位置上，晚上 12 點你還是坐在這個位置上。表面上，時間經過 12 小時之後你所坐的位置不變；而實質上，對太陽而言你的位置已經發生改變。中午的時間對著太陽，而晚上的時間背著太陽。兩個不同的時間，對應著兩個不同的位置。還有，對宇宙而言時間經過 12 小時，你的位置已經離開宇宙中心 12 小時的距離，因為宇宙處在持續的膨脹之中。這是非常簡單的事實，但是可以說明兩個問題：

第一，時間的箭頭指向前方，而不會反轉。因為我們所在的地球指向一個方向轉動，我們所在的宇宙指向一個方向膨脹。

第二，某個時間（瞬間），只對應某個空間（位置），所以時間和空間是對應的、一體的關係。

時空與命運有怎樣的關係？時空與命運是對應的關係。即是說，某個時空對應某樣生命狀態。古人有個詞“時矣命矣”，表明古人認識時空與命運的對應關係，表達了古人簡潔又樸素的哲學思維。比如，你在旅行中的某個時間乘上某部列車，在車上會碰到某些既定的人和事；如果你提早或者推遲時間，乘上的必是另一部列車，在車上必定碰到不同的人和事。雖然，這個道理非常簡單，但是說明某個時空對應著某種命運，即是既定的時空對應著既定的生命狀態和既定的生命軌跡。生命過程中，時空在不斷地變化，生命狀態及生命過程跟著時空變化而變動。時空和命運的關係，是連續、變化的時空對應著連續、變化的命運。

我們所在的宇宙之中，天體只朝著一個方向運轉，時間之箭也只朝著同樣的方向流逝。一切生命體跟隨著宇宙的法則，朝著一致的方向運動：從誕生、成長、成熟、衰老至死亡。而生命運行的整個歷程中，不同階段所表現出來的狀態就是命運。

在宇宙之中，時間不可逆流，生命也不可逆轉，命運的大趨勢也不可更改。試問，有誰能夠改變時空的流逝？有誰能夠改變生老病死的大規律？雖然，命運的大趨勢不可更改，但是生命的狀態及過程可以做出某些改進和調整：生命狀態可以好些，衰老可以慢些，疾病可以減低，壽命可以長些，這就是改進和調整命運。

（3）論范縝案例

議論命運時，好多學者經常引證南北朝時代《梁書·范縝傳》記載，范縝與竟陵王蕭子良的對話：

> 子良問曰：君不信因果，世間何得有富貴，何得有貧賤？
>
> 縝答曰：人之生，譬如一樹花，同發一枝，俱開一蒂。隨風而墮，自有拂簾幌，墜於茵席之上；自有關籬牆，落於溷糞之側。墜茵席者，殿下是也；落糞溷者，下官是也。貴賤雖復殊途，因果竟在何處？

范縝這段話，認為同樣是一樹的花，被吹來的風颳下，有的掉在褥墊上，有的掉在糞坑邊。命運是偶然性的，沒有因果之事。

其實，雖然一樹花同在樹上，但是在樹上的生長位置不同，這意味著所在的空間不同。雖然蒂都是一種類型，但是大小輕重各不相同，這意味著質量不同；風吹來之後，落地快慢也不同，這意味著掉落的時間不同。由於時空不同，因而命運也不同。當時，范縝沒有時空的概念或者忽略了時空的差別，才會認為同樣是一樹的花，落地之後出現不同的結果，乃是屬於偶然的事。許多的因因果果，決定著每一朵花生長在樹上的不同位置，及每一個花蒂的不同狀態。表面上看似偶然的事情，實際上偶然來自於必然，實質上是許多因因果果的偶然形成了結果的必然。

3. 世界線理論

曾經，有人提出世界線的論說。即，一個粒子，在任何時刻只能處於一個特定的位置。它的全部歷史，在這四維時空（三維空間加一維時間）之中是一條連續的曲線，這就是世界線。宇宙間的任何事物甚至每個粒子，都有自己的世界線。不管來回多少次，都得沿著既定的軌跡運行。世界線意味著所有粒子的歷史已經給定，再也不會被改變。

一切物體都由粒子所組成，如果我們能夠描述粒子在任何時刻的位置，就等於描述了物體的全部歷史。當能夠讓時光倒流回到過去，我們可能成為過去歷史的旁觀者，對於過去所發生的一切只能旁觀而不能干預。如果，你過去曾經做過某個錯誤或者某個後悔的事，即使你能夠再次回到過去，企圖通過重新做那件事以改變錯誤或後悔的結果，但還是會在預定的時間，重複那錯誤和後悔的事而不會重新改寫那個過程。

世界線的論說可以相信嗎？可以相信的大前提是：宇宙運行的方向沒有改變，朝著大膨脹的方向擴張沒有改變。在這個大前提上，宇宙中萬事萬物的運行，構成的宇宙大循環只是向前行進而不會逆行。假設宇宙運行的方向逆著大膨脹擴張而朝著大坍塌的反方向收縮，那麼，世界線論說可能就不會成立。我們生存在大膨脹的宇宙中，沒有人能夠改變宇宙運行的方向，因而沒有人可以改變事物運行和發展的既定方向和規律。從這個角度說，世界線論應該改稱為宇宙線論更加合適。

（五）客觀認識命運

人的一生最重要的課題是：走向怎樣的人生道路，經歷怎樣的人生命運。人們在生活中，深刻地體驗到真正的人生道路與個人臆想的道路有很大不同。命運軌跡依稀按照既定的路線運行，冥冥之中似乎有一股無法抗拒的力量在操控著命運。為什麼這股力量無形地存在，為什麼能量如此的強大，無時無刻牢牢地主宰著人的命運？

人生的過程，有順境也有逆境，有幸運也有不幸，有興旺也有衰亡的時候。在生命的旅途上，沒有完全平坦無阻的人生路，沒有安全無險的行程，更沒有永恒不息的生命。從生命誕生的時刻起，任何人都要面對未來命運的

生命的脈動如何演奏？既有主旋律，亦有變化

挑戰：究竟是聽天由命地任由命運擺弄，或者是堅信命運由我不由人、認定命運盡在自己的掌握之中，又或者天人和諧地順應命運的潮流而行。

為了探索命運的真相，幾千年來，有多少人鍥而不捨地探索其中的奧秘。這些人，全部都是大思想家、大哲學家及能人智士、高人異士之類的有識之士。這些大思想家、大哲學家及能人智士、高人異士，從各個角度思考，以各種方式探究命運的真相，並且提出各自所思所想的命運觀，試圖獲得打開命運之門的密碼，及掌握改變命運的秘方。命運與人生實在關係重大，不僅僅關係一個人、一個家庭、一個民族、一個國家，甚至關係全人類。

命運好像是一部巨型的交響樂，由各種主旋律、和聲、節奏、音色和音調組合而成的交響樂。命運運行的軌跡，由複雜的因果所決定，由無數的程式所操控。以今天人類累積的所有知識，相信也只能有限解讀其中的部分因果；以當今人類空前高度的智慧，相信也只能有限運算其中的部分程式。人的生命有限，所具有的經驗知識、思維能力、精神智力都相當有限。有歷史記載以來，出現的各種測命術、命運觀和命運論，都有高明的見解及不足的地方。傳統的命理學和測命術，由於沒有科學理論的支撐與解析，難以精準地、可重複地進行驗證，所以均被稱為玄學文化。傳統的命運觀缺少現代的科技知識的配合，也難免存在著局限性和片面性。無論如何，人來自地球、來自宇宙，人的命運必然與大自然宇宙天體息息相關。對於無限的宇宙和無限的時空，人相對而言是非常的渺小和幼稚；要探索命運的奧秘，還必須更多地瞭解人類和宇宙。

任何生命，都在運行和變化的宇宙時空中生存與活動；都經歷特定的時空和特定的事物，從中描繪出具有各自特色的命運圖表。關於生命與時空的關係及與宇宙的關係，西藏佛教的《時輪經》，可以對人們就命運的思悟有所啟迪。宇宙天體的運行帶動時間空間的轉換，宇宙與時空的運轉周而復始永不停息。時輪，即是時間之輪，深有寓意地表達時間運轉與輪迴現象。《時輪經》之中：內時輪，講人體結構與生理循環，並且視人體是小宇宙；外時輪，講宇宙結構與天體運動，是指宏觀的天體宇宙；別時輪，講人體結構與宇宙天體互感互動的傳動機制。人體的內時輪與天體宇宙的外時輪，緊密協調與同步聯動，便是達到天人感應、天人一體的狀態。做個比喻：天體宇宙是一個超級大時鐘，其中人體內部的生理循環類似微齒輪，外部事物的週期運動類似小齒輪，大自然的週期運動類似中齒輪，太陽系中星體的週期運轉類似大齒輪，銀河系及星系的週期旋轉類似巨齒輪，由星團、星系組成的天體宇宙類似超巨型的"宇宙時鐘"。這些齒輪是環環相扣、互聯互動的時間之輪，共同構成超巨型的"宇宙超級大時鐘"。

明白了人和宇宙的關係，才能知道命運過程是怎樣的一回事。只有對命運過程有更多的認識，才能有意識、有悟覺地去感知生命；同時懂得怎樣改進命運，即應當依循天體宇宙、大自然及人體的規律調整自身的命運狀態。這就是古人推崇的天人感應、天人一體及趨吉避凶的思維。人若具有命運的意識及改進命運的思維，就會獲得更強的生命力、更好的生命狀態及更美好的生命境界。只有明白命運產生和運行的過程，才知道命運探索是科學思維而不是迷信思想。

當今，生命科學是研究生命的前沿科學，命運學也應當成為一門重要的命運科學。命運的探索與研究，需要指南針和路線圖，才不會迷失方向而誤入歧途。傳統文化中，命理學和預測學是命運研究的指南針；現代文化中，科學知識可以描繪出命運運行的路線圖，從中可以尋找命運研究的方向與路線。過往中西方文化中出現的各種命運觀，都存在著片面性和局限性。也許是方向模糊或者是路線偏差的緣故，目前沒有任何一種命運觀可以全面和圓滿地解說命運。傳統文化智慧和現代科學知識的結合，是對命運進行探索和研究的指南針和路線圖。除此之外，對命運的探索和研究還要探討以下幾點：

第一，要知道人從哪裏來。所有人都知道人來自父母，再追溯到底則是人來自宇宙。因此，人體是小宇宙，是天體大宇宙的縮影和全息，儲存著大宇宙的全部資訊。基督教的聖經中說："上帝以自己的形態造人"，可以將上帝理解為大宇宙並且以全部訊息創造了人類，就像人體以自身的全部訊息創造出身體上的每一個細胞一樣。細胞的形狀多種多樣，有球體、多面體、紡錘體和柱狀體等形狀，這與人體的外形並不一樣，但是承載了人體的內在訊息；人體的外形與大宇宙的形態也不一樣，但是承載了宇宙的訊息。一個細胞可以克隆出與原來訊息特徵相同的的生命體，由此可見，細胞和人體是訊息相符的關係，人和宇宙也是訊息相符的關係。所以，對於命運的探索和研究，既要面對人體小宇宙，也要面對天體大宇宙。

第二，要知道生命怎樣產生。生命的起源有許多種說法，神創造論、宇宙固有論、化學進化論等。人類起源的說法，則是物種進化論。當嬰兒出生時，有種說法是新生命誕生。其實這個描述不太正確，應當說是新生命脫離母體才準確。事實上，當精子與卵子結合形成"合子"，受精卵在輸卵管中形成胚胎，胚胎在子宮內膜成功著床，就意味著新生命已經正式誕生。在傳統算命學的四柱八卦中所說的胎元，即是生命開始含義。胎元是生命開始的說法，有其相當的科學性。

第三，哪些訊息感應命運的運行？其一，新生命開始的時候，是在嬰兒離開母體出生之前。這個期間，生命體已經注入了前世的訊息和遺傳的訊息，這裏將之總稱為先天命運訊息。雖然前世訊息以目前的科技手段還不能完全確定，但是前世訊息肯定不是屬於虛妄的幻想。有三方面理由支持前世訊息的存在：悠久的宗教先驗和印證，無數的民間生活經驗和實例，還有現代精神心理學所發現的前世記憶的許多證據。這些例證，令人們沒有理由輕易地否定有前世訊息的存在。雖然不少人質疑前世訊息是迷信之說，然而，宗教、民間和現代醫學的案例，已經部分印證這類前世訊息存在的事實。曾經，有未來學家預測在 2010 年之後，科學界將證明靈魂的存在。如果能夠證實靈魂確實存在，那麼將更加能夠證明存在前世記憶和前世訊息的觀點，並非迷信而是科學之說。關於父母遺傳信息之說，在現代的遺傳基因學中已經得到充分的證實。一個人的先天命運訊息，就好像預先設定在生命體內的命運運行程式上。每個人的前世訊息和遺傳信息均不相同，所以先天命運訊息都不會相同。實際上，一個人的命運受前世訊息和遺傳信息的影響非常之大。

此外，嬰兒離開母體的時間和地點，確定了個體出生時處在宇宙天體中的獨特時空。這意味著人體從這個時空，正式切入大自然循環和宇宙大循環的運行之中。從這個時空開始，人體生理運動程式與大自然運行程式、宇宙天體運轉程式，進行互感互動並且耦合成新的生命運行的總程式，這就是命運形成的原理。

對命運的思悟中，本文提出一個新的命運觀："人地天命運觀"。通過這個命運觀，對命運的哲學思維進行闡述，對命運成因進行邏輯分析，對命運真相進行科學解讀。人地天命運觀，簡單的表述是：前世訊息和遺傳信息耦合成人體的先天訊息。人體生理循環、大自然運動和天體運轉，三大系統的互感互動及訊息交流而疊合形成命運的總程式。人體一切活動依照這個總程式的法則進行，這就是命運程式。而以這種"人地天命運觀"解釋命運，相信有相當的信服力。

在"人地天命運觀之中，有兩個重要的觀點必須闡明：第一，關於前世訊息，是本文大膽提出的觀點。這個觀點雖然還未能經過可重複的科學論證，但是在宗教、民間和現代醫學中，已經存在非常多且不可否定的事例。正是這些令人無法忽視的事例，令人不能不將這種重要的因素在命運學領域中提出來並引入討論及研究，而前世訊息也可以解讀為前世因果或者生命輪迴的記錄。人類認識任何新的事物都需要一定的時間和過程，人類在目前的科技水平上還未能夠感知的事物不等於不存在，還不理解的現象也不應輕易加以否定。畢竟，人體受到感知能力和所在時空的局限，目前能感知到的事物是非常有限的。經過更多的知識開發及更高的智慧昇華之後，人們對前世訊息的認識也許會有顛覆性的轉變。在命運探索的思維中，有相當的理由引入前世訊息的概念，進而對命運的成因和現象進行更圓滿的闡釋。第二，關於遺傳信息，在現代的遺傳基因科學研究中，不斷地發現了前所未有的新認知。新的生命體的許多因素來自於遺傳，如今已經被人們所認識。以前，古人對許多觀察到的生命現象作出解釋，知其然而不知其所以然；隨著人類對於生命科學知識的快速增加，已經可以作出比較深入的解析。

人體小宇宙和天體大宇宙同樣是非常複雜的系統，由於人類自身的局限性，目前還不可能徹底地認識這兩個大小宇宙。人體內在運動和宇宙天體運轉一樣複雜，雖然不可能簡單地進行全面、精準的描述，但是應該肯定生命過程就是小宇宙和大宇宙互感互動的過程，而命運就是這兩個宇宙互動的結果。

（六）正確看待命運

生命在時空中漂流，如同船隻在江河之中航行。在航行之前，如果舵手清楚知道將經過的航線，遇到怎樣的風向、水流、航道等，事先做好準備，整個行程必然減少阻礙與風險，並且必將順利到達目的地。同樣，人生開始之初，如果能夠預知未來將經歷怎樣的運程，遇到怎樣的遭遇、人事等，事先做好人生安排，整個人生歷程也會減少挫折和失敗，並且必將有更圓滿的人生旅程。從生命開始之初，首要的大事是能夠認知命運、正確看待命運及以最佳方式把握命運。如何看待命運與採取的心態有關，是否能夠正確看待命運與所持的命運觀有關。

如何看待命運，有三類不同心態的人。第一類，是沒有命運意識的人。這類人之中，有一種人不明白也不理會有命運這回事。這類人的人生歷程，都是在無意識、被動或盲目的狀態之下度過；在什麼時間與地點（時空），做什麼事（行為），一切時空與行為全部由外面客觀環境的因緣聚合所決定。也就是說，生命運動只受外部環境所左右，而自己完全沒有主動參與。在這種情形下，當人生順利或交上好運時，個人的心態會不以為然或者以為會一世幸運；然而當人生走進逆境或者交上厄運時，個人的心態會惶恐不安或者急於想知道未來的命運。往往只有在走進逆境或者交上厄運時，很多人才深刻體會到人生無常，覺得命運受到某種力量的制約而不以個人的意志轉移。多數的人，隨著人生經歷的增長與生活閱歷的加深，會逐漸感悟到人生的歷程與際遇在冥冥中已經注定。在這個階段中，之前沒有命運意識的人也會改變對命運的看法。這就是為什麼到一定年齡之後，才會明白和正視命運。正如孔子所言："三十而立，四十而不惑，五十而知天命，六十而耳順"。人到五十歲之後，才會以理解與明白的心態去看待命運。

第二類，是不相信命運只相信自己的人。這類人，主觀地認為命運掌握在自己手中。在什麼時間與地點做出什麼行為，全是由自己主觀的意願所決定，卻意識不到主觀意願是受客觀因素的左右。在這種情況下，以為主觀意願能夠完全駕馭自己的行為，因而認為命運處在自己的把握之下。實際上，這類人不明白其命運是由綜合的感應力支配著個人的意願，從而決定著個人的行為。就像一架在馬路上信馬由韁、緩緩前行的馬車，拉車的馬兒看似自主地走在路上，卻意識不到整個行程是在車夫與道路的制約之下。這類人，經常會做出超越命運的事情，最後容易類似衝出道路的馬車，可能導致人仰馬翻的結局。不相信命運的人，不會在意於未來的人生旅程將會怎樣，只是主觀地按照自己的意志，盲目地看著眼前的道路走。但由於沒有預先為崎嶇不平以及彎道曲折的路程做好準備，所以，其經歷的人生道路必會遇到激烈的顛簸和重重的危險。

第三類，具有命運意識的人。這類人之中，有一種人相信和理解命運，並且善於與命運和諧互動。有這種心態的人，生命過程中時常保持著高度的意識、覺悟與清醒。這類人，能夠意識到什麼是該做或不該做的事，什麼時間適合做什麼事或者不該做什麼事，也就是能夠適當地調整生命活動順著生命規律而行。這樣的人，無論遇到什麼事，多數會順利暢通或者逢凶化吉及轉危為安。還有一種人，雖然相信命運但是以偏執的心態看待命運。持有這樣心態的人，有兩種極端的行為：一種極端行為是聽天由命的被動心態，認為命運既然已經注定並且不可改變，只能任由命運的安排；另一種極端行為是人能勝天的自大心態，認為命運雖然是先天所定但是自己完全可以改變命運。以上兩種，都屬於極端的心態。實際上，命運對人生而言好像在河道中漂流的過程：漂流者無法改變所應面對的曲折河道、緩急水流及險灘礁石等，但是主動的漂流者可以調整自己，改變乘坐小艇的方位和快慢，避開漩渦、急流及礁石，順利安全地到達目的地；而被動的漂流者，一味無所作為地隨波逐流，對於遇到的波折難以應對。雖然命運行進的過程中許多際遇是無法改變的，但是命運軌跡中的時間及方位（時空）能夠調整。所以，調整命運的思想比改變命運的想法更加客觀合理。

怎樣對待命運，在於個人抱著什麼命運觀。堅持正確命運觀的人，才能夠正確地對待命運，懂得如何改進命運，也才會更好地把握自己的命運。自古以來，中國先民從漫長的生活實踐中，總結出各種命運觀。這些命運觀經過生活實踐的檢驗，既有合理的觀念也有不合理的地方，既有科學性的一面也有局限性的一面。這就需要去蕪存菁地繼承其中的精華，確立正確、科學的命運觀。例如，古人觀察行星位置的變化，並將天象變化與國運興衰、民間禍福聯繫起來，總結出天命論的命運觀。天命論的論據，來自於觀察、記錄、統計與總結，所以不能完全抹殺這些論據的實踐結果。儘管這些論據不夠嚴謹、闡述的觀點缺少科學論證，但是相信天體運行與人的命運息息相關，是不爭的事實。對此，我們不能不佩服古人的智慧，包括歸納、推理和想像力。除天命論之外，還有其他命運觀將在後面章節中加以詳細論述。這些命運觀，表面上是有神論或宗教性的觀念，但是，這些觀念畢竟經過漫長的生活實踐，經過反覆驗證之後才能夠流傳至今天。可見，其中的很多觀念被接受和傳承是有實踐依據的，否則早已經被歷史和時間所淘汰。總之，對於這些有神論和宗教性的命運觀，不應輕率地將之定論成所謂唯心和迷信的觀念而將之拋棄。

中國歷史上，曾經產生了各種不同的命運觀，也創造發明了各種各樣的獨特測命術。這些命運觀和測命術，如果經由現代科學思維進行深入解讀，可以更加清楚地揭示命運的真相。這些測命術各有依據也各有所用，其中有精準的部分也有偏差的部分，有科學能解釋的部分也有科學解釋不了的部分，這需要進一步探索與認識。例如，四柱八卦的測命術，所依據的是一個人出生的時辰，即是出生時所在天體中的時間與空間。從其採用的依據可以看出，這種測命術具有相當的科學性。還有，傳統的相術實質上是基於人體生理訊息的學問，也是中醫學的重要學術內容，這完全可以從科學的角度去解釋。諸如此類的命運預測術，都是前人經過不斷實踐、統計、歸納與總結的成果。儘管在實用的過程中，夾雜著不實或者錯誤的成分，但是其功用畢竟經過無數的實踐證明，能夠傳承至今關鍵是高度依賴其實用的價值。這些命運預測術曾經被視為迷信的方術，究其原因，是由於某些人們站在偏見的角度去看待這種傳統方術，並非以科學的視角去審視這種傳統智慧。本書將在後面的章節之中，對這些傳統方術，以另一種角度透視其中的智慧結晶，用科學的思維作出新的解讀。有些科學方式未能解釋的部分，姑且用猜想與推理的方式作出解答，確切的答案則需留給未來科學去解釋。

生命的源頭是宇宙，所以生命的奧秘即是宇宙的奧秘。命運的成因是生命體與宇宙天體的產物，所以命運的程式是由生命體與宇宙天體共同編寫而成。宇宙天體的時空流轉類似一條超級洪流在向前奔流，人的生命過程類似漂流者在時空洪流之中流浪。如果我們以漂流者的觀點看待命運，就會意識到：對於人生過程，如漂流者在既定的時間及既定的地點進入河道，必然要經歷既定的漂流路線。我們以漂流者的心態對待命運，就會體會到：人生過程，如漂流者在既定的河道中，要面對種種的波濤和危機；出色的漂流者，既懂得順著漂流的路向前行，也善於隨時調整自己應對所經的路線的種種波濤和危機、控制漂流的進度。總而言之，人生就在生活中，命運就在漂流中。

第三章 天、地、人巨系統

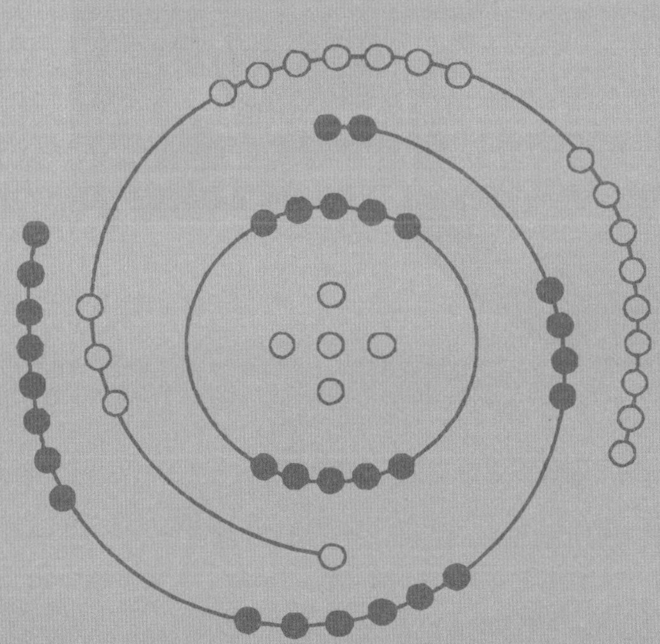

宇宙天體、地球大自然和人類形成互聯的關係

天、地、人是巨大的系統。天，是指浩瀚無邊的宇宙；地，是指氣象萬千的大自然；人，是指屬於高級生命的人類。宇宙天體的運轉過程，通過能量輻射和訊息感應，遙控著地球上大自然的運動。宇宙天體和大自然在運行過程中，通過能量交換和訊息交流，操控著人與其他生命體的運動。宇宙天體、地球大自然和人類形成互聯的關係。

（一）人與地球互聯

1. 人與地球結構

人誕生於地球上，寄生在大自然之中。人體中所需的物質全部來自於大自然。所以，人體的構造與地球的結構基本相符；儘管外在的形態差別很大，但是體現出來的表象極其相似。地球及大自然孕育出人體的外表、外形和體格，太陽和其他星體感應著人類的行為、性格和精神。人類有許多遺傳特徵，與地球及大自然十分相似。

人體與地球的相似性，可以從類比中得到印證。人體有五臟：心（屬火），肝（屬木），脾（屬土），肺（屬金），腎（屬水）。地球也有類似五臟：地幔（類比心臟），地表（類比肝臟），地殼（類比脾臟），大氣圈（類比肺臟），水圈（類比腎臟）。

人體的五臟及其功能，與地球及大自然的五臟及其功能十分相似。根據《黃帝內經》，中醫的陰陽五行學說，人體的五臟功能：

心臟的功能：擴張收縮運動，推動血液運行，主導人體精神意識和思維能力。

肝臟的功能：儲藏營養，調節血液，主導疏通氣機、調節血氣。

脾臟的功能：運化食物，主導及統理血液運行。

肺臟的功能：呼吸氧氣，吐故納新，主導含氧血氣輸到全身。

腎臟的功能：生長、發育和生殖，主導代謝身體內部水液。

地球類似五臟的作用與功能：

地核類似心臟：地核的運動趨月避日地跳動，類似心跳和脈搏；地幔活躍的流動維持地球的活力，影響海洋及地表的物質運動；地核與地幔的運動類似於心臟跳動推動血液循環。

地表類似肝臟：地表和海面吸收太陽能的能量，產生氣流和洋流的能量。地表的植物圈吸收太陽的能量，儲存並轉化為生物圈所需的能量，或儲存並轉化為礦物等形式的能量。這種功能，類似於肝臟儲存能量的功能。

地殼類似脾臟：地殼的運動是太陽、地球和月亮的相互引力加上地核地幔互動的結果，地殼運動形成陸地的江河流動和海洋的洋流運動。

大氣圈類似肺臟：大氣圈的氣流隨著地表氣溫變化而流動。這個過程，伴隨著水氣、雲霧、風雨的流動產生能量交換。這種現象，類似於人體肺部的呼吸與新陳代謝。

水圈類似腎臟：水圈的海洋湖泊中，水分蒸發形成水氣、雲霧、冰雪，又轉化為降水、滲水、逕流回流到海洋湖泊之中。水圈在交替循環中產生各種水流運動。這種現象，類似於人體腎臟過濾與代謝過程。

還有，人體的經絡經脈與地球上的山川河流十分相似。

人體中有經脈、絡脈和穴位。經絡，類似於不可見的神經訊息網；經脈，類似於可見的養分物流網。根據《黃帝內經》，人體經絡主要分為經脈和絡脈兩部分。經脈分為正經十二條及奇經八條統稱為奇經八脈。自古，中醫將十二經脈比喻河流水道，具有流通的功能；奇經八脈比喻湖泊，具有積蓄的功能。穴位類似於網絡交匯處，穴位均位於經絡循行、分佈的路徑。穴位有經穴和絡穴，總共大約有三百六十個。

地球上也有類似的經脈、絡脈和穴位：地球的陸地上分佈的許多山川河流，類似於人體的經脈；而那些大江大河分流出來的許許多多支流水道類似於人體的絡脈。在山川河流及其支流水道交匯的地方，都有大城市、聚集地和港口等，這些地方類似於人體的穴位。

2. 人與地球特性

人體有地球的“血統”。實驗室揭示，人體血液中 60 多種化學元素的豐度，與地殼的岩石、海水的化學成分的含量之間有著驚人的相似。這證明無機界、生物界、地殼與人體構造在物源上同源。

人性有七情六慾。中醫認為：人的情志變化由五臟所引起。五臟生化五氣：怒、喜、思、憂與悲、恐與驚。《黃帝內經》指出，人的情志，肝主怒，心主喜，脾主思，肺主憂和悲，腎主恐與驚。

地球大自然也有“七情六慾”，地球上自然界中的各種變化現象，與人的情志變化有頗為相似的表現。

3. 地球似生命體

地球類似生命體，人類好像寄生於地球生命體上的微生物。當今，全人類已經意識到地球環境與人類的生存和健康密不可分。人體需要健康，地球也需要保健。環境保護人士提出拯救地球，意味著地球環境已經面臨危險的狀態，人類對此不能再等閒視之。人類應該將地球視為生命體，應將保護地球同保護人類一起看待；如果地球生命體受危害，則人類的生存也必然會受威脅。

如果人類沒有合理地調整生活習慣，就會引致疾病；同理，如果人類過度開發自然資源必將損害地球環境並最終危及全人類。為了開發和利用水資源，人類在江河截流及建設堤壩，猶如人體動用結紮之類的手術，這種做法有利有弊。與生理上誘發後遺症的道理一樣，人類過度消耗能源，過量排放二氧化碳使大氣層受到嚴重污染，會造成地球溫室效應令氣溫升高。這種狀況，與人體的呼吸系統發生疾病導致體溫升高的症狀相同。人類過度的海洋捕撈引起生態失衡，這與人體之內微生物失去平衡導致體內畸變類似。還有，人類過量的礦山開採、森林砍伐和污水排放等，會造成水土流失、水土污染等嚴重後果，這類似人體之內排毒功能出現疾病。由此而觀，地球表現的症狀與人體出現的病症何其相似。從宏觀的角度看，地球的循環系統和人體的循環系統非常類似。

地球應該怎樣保健？全在於人類是否有清醒的意識，有賴於人類如何以更高的知識與智慧去對待。其實，人類生存所需要的資源非常有限，人類所開發的自然資源大部分被浪費，而真正被有效運用的僅是小部分。只要人類有更高的知識和智慧，讓有限的自然資源得到充分利用，完全可以滿足人類生存所需。這樣就可以限制自然資源的開發，減少大自然超負荷的運轉。不同的歷史時期，人類與地球的關係以及對大自然的需求都不相同。例如，中國古代人口最多的時期只有幾千萬，由於科技與生產力並不發達，對自然資源的開發利用相對有限。當今中國人口十四億，比古代增加幾十倍；而由於科技與生產力的大發展，必然大量開發和利用自然資源。未來，人類與地球的關係必然更加密切相連，既要追求更好的生存發展，又要顧及地球的生態環境。

（二）人與宇宙互聯

人，既然在宇宙中出現，必然同宇宙天體有千絲萬縷的關係。宇宙孕育出人類：一方面，宇宙以意識和物質構建人類的精神和軀體；另一方面，宇宙為人類創造獨特的生存條件和生存環境。

人的結構及特性與宇宙相似，是因為人體的演化規則及物質元素從宇宙中來，人體的精神意識也是從宇宙中來。人與宇宙的相似性有許多實例，例如，有天體物理學家和神經科學家聯手研究及比較宇宙星際網絡與人腦神經網絡的關係，他們發現，人的大腦與宇宙網絡之間，不僅複雜性相似而且結構上也十分相似。人腦與宇宙結構均呈現網狀，其中人腦的節點是神經元而宇宙的節點是星系；還有，大尺度宇宙和人腦在結構上具有極高的相似性。人體大腦的成因，可以視為宇宙的智力結構和智慧模式感應並複製給人類的結果。

另外，人體器官的成因，也是從宇宙天體中來。宇宙中有光源和光的輻射（太陽和其他星體的光）。這些光源不僅促成了眼睛的出現，而且刺激了眼睛的進化。在地球上，生長在沒有光輻射環境的生物，多數是視覺退化或者沒有眼睛。如果地球上沒有陽光，人或者其他生物必然無法生存。無論宇宙或者人類，光是最重要的物質能量。太陽光輻射是推動大自然循環的主要動力，是形成生態環境的重要條件，而人類利用陽光接收最多的訊息及瞭解最多的事物。此外，人有聽覺、嗅覺和味覺，是宇宙創造的地球的物態中有氣體、液體和固體物質的緣故。人體有觸覺，與宇宙中有作用力（引力、重力、弱力等）相關。很顯然，人體生理結構與天體組織結構之間有相當的對應關係。人體的功能，是在身體與天體互感互動之中形成與進化的。人體中的各種生理循環，是天體運轉對人體感應的結果。人體之內的各種生理週期，實際上是天體的運轉週期。這種現象，可以說是天體的運轉傳動人體的生理循環，也可以說是天體在人體之內運行。

人類的出現與存在，需要許多苛刻的條件才足以支持生命體的生存和延續。宇宙精準地提供人類所需的一切，包括人類生存所需要的適當的溫度及相對穩定的氣候。例如，太陽與地球之間必須保持適當的距離，使太陽發出的熱能幅射可以適度地被地球吸收，才能令地球表面的溫度保持適宜；而無論地表溫度過高或者過低，均不能維持人類的生存。有科學家提出人擇原理，說明人的出現與宇宙的演化息息相關。從宇宙的角度看：宇宙演化的過程中，星系、恒星及行星的形成也必須恰到好處，智慧生命才能夠產生。從微觀角度看，宇宙中組成物質的元素，如：分子、原子及其他基本粒子也要恰如其分，才能夠組成人體的複雜結構及功能。由此可見，宇宙必須具備種種的條件，才可能滿足人類出現的條件。很多事例說明，人體的結構受宇宙的塑造，與天人感應及天體運動密切相關；人體的功能是宇宙的賦予，與宇宙演化及天體變化互相呼應。人與宇宙之間，之所以存在這種密不可分的關係是因為宇宙選擇了人類。由此可以說，人類的存在是因為宇宙的存在，宇宙的存在為人類的存在滿足了許多苛刻的條件。

人與宇宙是不可分割的一體，所以人體具有的一切，宇宙之中必定具備；宇宙中具有的一切，人體之中也必定具備。人與宇宙共同擁有三種特性：全息律、互聯性、時空性。

1. 全息的宇宙

全息這個詞被普遍採用，是起因於物理學發明的全息照相技術。簡單地說，全息照相的原理是利用鐳射（單一頻率的光）照射到物體上，然後鐳射再反射至全息照片的底片上。當用同樣的鐳射（相同頻率的光）照射到底片小部分或者碎片上時，就能夠顯現整個物體的立體影像。這種現象說明了全息的含義：1. 物體的局部訊息包容著整體的訊息；2. 物體的局部訊息儲存著整體的全部訊息。全息的原理，已經發展成為一門宇宙全息論。其中包括：人體全息律、大自然全息律，以及天體全息律。

早在幾千年前，中國的先民就已經明白人體全息律中的原理並且將其應用在中醫的醫術上。古老的中醫發明的針灸醫術，就是建立在人體全息律的基礎上；針灸醫術，就是運用人體全息律的原理。人體的身體部位，包容了整個身體的訊息。人體的某個穴位與某個器官相對應，通過針灸刺激某個穴位就可以達到治理對應器官的功效。

古老的中醫，採取望、聞、問、切的方法診症，即是對人體全息律原理的科學運用。人體局部狀態跟隨整體狀態發生變化，攝取局部訊息可以獲知整體訊息。中醫的切診方法是人體全息律的實踐，應用起來既簡便又非常有效。古老中醫的人體全息理念，冠上現代科學的術語，美其名曰就是“人體全息論”。當代，生物科技革命性的發展，科學家用克隆技術複製出新生命，證明了一顆生物細胞儲存著整個生物體的訊息。可以說，克隆技術是生物全息論非常有力的實踐佐證。

大自然全息律的應用，在中國古代神秘的占候術和物候學中充分地體現出來。古代的占候術有：風占、氣占、雨占、虹霓占以及草、木、蟲、魚、鳥、獸占，還包括日占、月占。占候術依據大自然現象的局部變化，預測全域或者其他事物的變化。古人認為：自然界之中各種自然現象之間是互相關聯的，甚至與天文現象之間也存在互相關聯。例如：風占，即預測吹什麼風。預測方法有：星占風、月占風及雲彩占風。古人認為“月為風雨，日為寒溫”，當月亮運行至不同星宿位置，地上將會颳不同的風。古代，占候術依據的理論是天人感應觀，實際上也就是全息宇宙觀。占候術，雖然帶有某些神話之類的神秘色彩，但是相信大部分內容是物理氣候學之類的樸素科學，也是大自然全息觀的實踐和詮釋。現代科學，對大自然全息現象的研究範圍越來越廣，涉及生物全息論、生態全息論、地質全息論等等。其中的應用範圍也越來越大，例如：地質結構濃縮了地球演化過程的訊息，科學家通過地質結構可以瞭解地球氣候演化的歷史。而從地質結構與氣候演化的相關性出發，可再次驗證大自然的全息律。

宇宙全息律從構成物質的微觀原子結構至宏觀的太陽系、宇觀的銀河系及星團星系，都表現出很高的相似性。電子圍繞原子核、行星圍繞恒星、太陽圍繞銀河中心、銀河系圍繞總星系的核心運動，都是以旋轉形式圍繞核心的運動。每個大系統都是小系統的全息體，每個小系統都是大系統的全息元。這是天文全息律的表現之一。除此之外，從天文、地質、化石等多方面的證據證明，地球上曾經經歷過多種週期的四季變化。有一年或者數年的小四季，有五百年、兩千年及上萬年的中四季，也有五百萬年、兩千六百萬年、兩億三千萬年（太陽圍繞銀河中心）的大四季，更有超長週期的特大四季。這麼多種四季規律，都是天文全息律的表現形式。

通過人體（生物）全息律、大自然全息律和天體全息律，推而廣之可以清晰地理解宇宙全息律的存在。宇宙全息論的形成，早在古代的中國和希臘已經萌芽。古代的先哲，早已經認為人體小宇宙是大宇宙的縮影。中國古代的天人一體觀，就是宇宙全息觀的思維。天人一體觀來自於生活實踐的總結，又從生活實踐中得到印證。今天，人類掌握了更多的天文科學知識，對宇宙全息律會有更廣泛的認識，對宇宙全息論可以更深入地論證。

從人體全息律知道，人體細胞儲存人體全部訊息。由此可以從宇宙全息律推論，一顆微小粒子儲存著宇宙的全部訊息。今天，科學家希望從高能粒子之中，獲取更多關於宇宙的訊息。這些粒子有原子、質子、微中子、夸克以及玻色子（上帝粒子）等。宇宙的訊息儲藏在高能粒子之中，這是宇宙全息論的思維結晶。宇宙全息論的思想，與佛法之中關於“一微剎一宇宙”的大智慧不謀而合。宇宙全息論的啟示，令人對佛法的宇宙觀恍然大悟。佛法之中所說的“一粒微塵之中，各現無邊剎海”，是科學的認知，指出微塵之中儲藏著無窮宇宙的資訊。

宇宙全息律，在萬事萬物中有多種表現形式。一些全息現象直觀易懂，而某些全息現象隱晦難明。全息的表現形式有多種：局部與整體、層次與系統、小過程與大過程、時間與空間；不僅有物質形態上的全息現象，還有精神意識上的全息現象。以下，試列出一些事例有助於理解不同的全息現象：

時間全息模式：地球上動物的進化，從單細胞生物、腔腸動物、兩棲動物、爬行動物、哺乳類動物至人類的進化過程，大約經歷了三十億年。嬰兒的誕生過程，從受精、胚胎、成型至分娩的過程，經過十個月的時間。人類胚胎孕育過程，是動物進化歷程的全息元，是時間大比例微縮的時間全息模式。還有，地球上的四季變化，是太陽系的中四季和銀河系的大四季在時間上的微縮，所表現的是時間全息模式。

意識全息模式：人或者動物，所有的神經細胞都是微腦，都是大腦的全息元。人體小宇宙是大宇宙的全息元，也可以說，人的大腦是宇宙大腦的全息元。人體大腦的腦細胞數量，與可見宇宙的星體數量相似，這是形態上的全息。人體大腦的精神意識是宇宙智慧體系的全息，也可以說，人的意識形態也是宇宙意識形態的全息。從意識形態全息的境界，可理解中國傳統智慧中認為“天有意志”的觀點。“天意”之說並非無稽之談，更不是反科學的思維，而是一種超常的悟覺！

全息宇宙是怎樣的景象？從全息照片顯示的圖景，我們能取得啟示性的想像。普通照片是平面的圖像，只顯示物體的正面；全息照片是立體的影

宇宙與地球、人類存在奇妙關聯

像，顯示物體的其他側面；這是二維平面圖像與三維立體影像的差別。借用一個觀魚的類比：在二維空間中，觀賞的是平面游動的魚；在三維空間中，觀賞的是立體游動的魚；在多維空間中，觀賞到的是圍繞著你游動的魚。如此進一步類比，全息宇宙的景象更是難以想像及無從體會。人類生存在有限的時空之中，環境如此，所以我們感知的一切事物屬於宇宙中片面的、極小的部分；對宇宙事物的感知結果，有錯覺，有不真，也有殘缺，並不是真實及全部的宇宙。由此可知，今天人類所瞭解的宇宙萬事萬物，存在著許多錯誤、失真和偏見，這些認知有待後人去發現及糾正。

全息宇宙應當怎樣去感知？宇宙全息律呈現空間性，意味著任何空間位置都可以攝取宇宙的訊息。這可以解釋，某些具有特異功能的人聲稱能夠以視覺感知獲取遙遠事物的景象。宇宙全息律呈現時間性，意味著可以攝取任何時間（過去、現在和未來）的宇宙訊息。這可以解釋，有些預知者可比較準確地知道過去和未來發生的事情。還有，宇宙全息律呈現精神意識性，通過意念可以知道他人的思想或者影響他人的行為。諸如此類，歷來出現過許多無法解釋的超自然、超心理學等特異現象，用宇宙全息律可以得到合理的解釋。

有些禪修者，修煉功夫達到高度水準時，會擁有超越常人的神通能力。這類神通能力，在科技知識不發達的年代被神化為神仙。而以現有的科學知識，則只能夠解釋其中的某些神通現象。這類神通能力，歸結起來就是感知全息宇宙的能力。今天，人類發明的遠程視頻以及微波通訊也是神通能力之一，只不過是借用通訊器具而間接擁有神通能力。特異功能者或禪修者，不需借用通訊器具而直接就有神通能力。這種能力是怎樣得到的？從宇宙全息律可以明白，人體小宇宙是大宇宙的全息元，人體儲存著大宇宙的全部訊息。從這種意義上看，人體具有大宇宙的功能；大宇宙具有的功能人體都具備，人體具有的功能大宇宙中都具備。人體之中具備的潛能，一般人只發揮極小的部分，大部分人的潛能沒有開發以及發揮出來。極少數人，某種潛能能夠自我發揮出來，所以表現出一般人沒有的超常能力。這一類人，不加訓練可以發揮潛能，被稱為特異功能者。還有，極少數人，經過禪修可以開發出各種內在的潛能，發揮出一般人沒有的超常能力。這類人，加以修煉而激發特殊潛能，被稱為禪修者。無論特異功能者或者禪修者，有超常能力的原因是打開了人體五官感知之外的其他感知功能，能夠感知到一般人無法感知的宇宙訊息。

宇宙與人生的關係密不可分。為了探索人生與命運必須明白宇宙全息律，才可能探知更多的生命與宇宙奧秘。當今，人類通過天文觀察，發射深空飛行器甚至試圖解開微小粒子的神秘面紗等，這一切都是為了探知宇宙的真相。對宇宙全息的研究是重要的方向，宇宙全息學應當成為一門受到廣泛重視與深入研究的科學。本書不是討論宇宙全息學的專題，只是命運的議題與宇宙全息律存在重要的關係，所以在此章節略作淺論。

2. 互聯的宇宙

俗話說，“天網恢恢，疏而不漏”，是指在天網的籠罩之下，犯罪的人始終逃脫不了，無論怎樣做也掩蓋不了罪行及必定受到懲罰。

天網是什麼？網的產生，最早是由古人用線繩打結編織而成，這個發明多數用於撒網捕魚和張網羅雀：當時的人們用漁網圍捕水中游魚類，用羅網籠罩天上飛的雀鳥。“天網”給出一種形象的示意：宇宙中的所有事物都脫離不了上天的監控和約束。魚網有疏漏，才會出現漏網之魚；天網卻不同，即使網孔疏鬆也不會出現遺漏。傳統的網，是由繩子或線打結而成，所以將製造網具稱為結網。網是由多段線繩和多個繩結連接形成的平面結構，或網目形成的錐形狀態。平面的網及網目形成的錐形網，由線繩將許多個結連接為一體；當某個繩結顫動，通過繩子牽引其他的繩結也跟著顫動，結果是網上所有的繩結都產生互聯互動。今日電腦互聯網，就屬於傳統結網的概念。不同的是，傳統結網是通過拉力互聯互動，而電腦互聯網是通過光電訊息互聯互動。天網與這種現象相似，用今天科學的術語稱之為“互聯宇宙”。

互聯宇宙的本質，是宇宙之中事物與事物之間的互聯互動。每個獨立的事物成為互聯網中的結，而連接結與結之間的力量是訊息和能量。宇宙之中，事物之間的連接與互動，不只是平面及立體的形態，更是表現出多維的形態。當某一事物發生變動，釋放的訊息和能量就會感應其他事物並引起其他事物也發生變動，這就是互聯宇宙的本質。從這個意義上看，互聯宇宙不是平面形態或網狀形態的結構，更類似於立體形態和多維形態的化學鍵結構。互聯宇宙的現象，不僅存在於天體大宇宙之中，而且存在於人體小宇宙之中。

人體之內的網絡，中醫稱之為經絡，也可稱之為人體互聯網。人體之內分佈著密密麻麻的經絡。依《時輪經》所說，人體中的經絡有 72,000 條。人體經絡本質上就是人體體內的互聯網：對內，人體互聯網是各器官之間能量交換和訊息交流的網絡；對外，人體互聯網通過感應器官（眼睛、耳朵、鼻子、舌頭、身體）連接體外的網絡（社會、自然界及宇宙天體）並進行訊息交流和能量交換的互感互動。人體網絡不是封閉性的網絡，而是與宇宙互聯開放性的網絡。人體互聯網是通過什麼互聯互動？為了驗證中醫經絡理論，近代科學實驗中利用聲、光、電、熱和同位素進行測試，證實人體經絡的存在。由此說明，人體互聯網是通過聲、光、電、熱和等多種形式進行互聯互動。顯然，人體五官接收的五種訊息（光、聲、氣、味、力）都必須進行訊息轉換，才可能與大腦資訊交流與反饋。人體互聯網是個非常複雜的系統，現代醫學還未能充分地認識，更不能精確地解析。

宇宙天體網絡，從人體網絡之中可以得到啟示和理解。宇宙之中有大小不同的天體系統，由衛星、行星和恒星組成的恒星系（太陽系等），由銀盤、銀暈、和銀核組成的星系（銀河系等），星系團、星系群及超星系團組成總星系。恒星系、星系及總系星之類的天體，可以類比人體的細胞、組織及器官等。相信，天體之中必然分佈著各種複雜的宇宙網絡，支持各系統的訊息交流、調節及協調天體的運行。這個觀點的可信度用什麼理據支持？僅以今日的宇宙學與天文學所認識的所有知識，只是涉及宇宙的皮毛而已，遠不足以清晰解釋宇宙網絡的形態。應該承認，今天人類對宇宙天體所得到的認知，還是極其有限的。最能夠解說宇宙網絡的理據，還是宇宙全息律。由於相信宇宙全息律的存在，所以透過人體小宇宙和微宇宙，可以認識天體網絡及大宇宙的存在。古代中國和希臘的先哲們，已經對宇宙全息律有了深刻的認識，並將全息宇宙的原理加以應用。例如：中國宋代的玄學家邵雍創造發明的“梅花易數”就是全息宇宙的思維，是將全息宇宙的原理和易經六十四卦相結合的預測學。只有當你瞭解宇宙全息律，才能明白梅花易數的神奇效用及其科學性之所在。現代科學也承認，人體的結構是宏觀大宇宙經過漫長的演化，和天體經歷了複雜的運動所共同塑造而成。所以，既然人體之內存在著網絡系統，天體之內也應當存在著網絡系統，無非是形態有所不同，但是其中的本質必然相同。

宇宙網絡，以什麼方式交流訊息？應該是以高能輻射、引力、量子糾纏或其他未知的方式交流。地球在宇宙中的分量，不過類似人體中的細胞或者細胞中的分子或原子那麼渺小。這也導致地球上的人類目前還無法明晰宇宙網絡的分佈以及訊息交流的方式，只能以人體小宇宙的視覺對其中的狀態做出猜想。這種猜想並不是憑空猜測，而是根據宇宙全息律做出合理的推測。互聯宇宙的觀點有著非凡的意義：透過對互聯宇宙的理解，可以破解一些人體特異能力甚至可以解讀宗教之中的超科學認知。例如，佛陀釋迦牟尼是怎樣瞭解三千大千世界？猜想是，通過禪定將人體網絡與宇宙網絡連接，人體中樞與宇宙訊息中心相通，從而獲得宇宙的超巨智慧和訊息，達到對宇宙萬物無所不知的境界。這種解讀，不是天馬行空的思維，而是依據互聯宇宙的啟示。

3. 膨脹的宇宙

宇宙誕生於大爆炸。根據天文科學的研究，目前已有直接的證據表明，宇宙來自於高密態，而且還在膨脹之中。對宇宙還在膨脹的認知，不僅從觀察遙遠星系的紅移現象得到解釋，還通過對射電星系的研究得到確立。

宇宙還在膨脹中，這與現實生活有深刻的關係。由於有宇宙的運動，才會有時空的變化。正因為宇宙只向膨脹的方向運動，所以時空只能向前流動不息而且連續不斷。時空有流動性，所有事物才會不斷變化；時空有連續性，所有事物的變化過程才會有前因後果。在日常生活中，時空的流動性和連續性似乎是平常的事。其實，這是非常值得深思的問題。試想想，你走路的過程，經歷了已經走過的路段才到達現在的位置，有了現在的位置才明確下一步的路線。否則，接下來的路線應往哪裏走都會成問題。即是說，簡單的走路的過程與時空的連續性，就有絕對的關係。由於時空的流動性和連續性，我們活動在流動和連續的時空中，既能夠瞭解過去也可以知道未來。

時空具備這兩個特性，使我們能夠瞭解發生於過去的一切事物。理論上，通過時空連續性我們可以瞭解已經消逝非常久遠的任何事物。比如：今天的科學家，透過考察岩層的結構，可以瞭解億萬年前地球的地質和氣候狀態；透過對化石的剖析，可以瞭解億萬年前地球上古生物的生存狀況等等。科學家之所以可以發現久遠的事物和過去發生的事情，是因為時空流綿延不斷地從遠古時代流經現在、奔向未來。多數人將眼前所見的事物認定是現在的事物，其實是一種錯覺。實際上，我們現今看到的任何事物，全部是屬於過去發生的事，只不過是存在著剛剛發生的瞬間或已經發生久遠的時間差別。從天文角度上，我們今天所見到的某些星體的變化，其實已經可能是數萬年之前發生的事情。即使我們此刻所看到的太陽表面的變化現象，也已經是八分鐘之前在太陽表面發生的事情。

時空流不停地向未來流動。從時空的長流中，我們不僅可以捕捉過去的訊息甚至返回已經逝去的時空之中，還可能接收未來的訊息甚至超越現在進入未來的時空。許許多多生活實踐的事例，表明這類思維不是純粹的科學幻想，而是有待探索的超前科學。自古以來都有不少的奇人異士，能夠事先預感未來將有事發生，或者預先知道會發生什麼事情。有些修行深厚的高僧，可以做到“足不出戶知天下”，這類事例絕非偶然或造假。還有，對於中國傳統文化中運用易經卜卦的方法預知未來，不能看作迷信行為而將之拋棄，這其實是現代科學尚未認識的事物。

時空流不是虛無縹緲的事物，對此人們還沒有真正的認識。比如，電磁波在被發現之前，人體器官無法感知它的存在。人類藉助儀器間接感知並認識電磁場之後，才懂得運用電磁波於各個方面，如：語音通話、視頻通話等等，為訊息交流帶來極高的效率。因此我們可以推測類似的情形：當未來有一天，人類真正認識了時空流之後，也許運用時空流的科技能夠跨越時空遨遊宇宙，既可以知道過往經歷也可以知道將來發生的事。之前，已經有科學家提出時間場的概念，並用實驗證明所有物體均存在著時間輻射的性質。時間場的概念類似電磁場的理論，這種新概念有待科學上做更深入的研究與論證。

我們所在的宇宙，時間和空間是不可分割的統一體。時間變化的同時，空間也對應地發生變化。時間和空間的本質是什麼？也許時空理論成熟的時候，人類能知道時空科學的真相，可以破解長期以來不能理解的超時空現象。開發和運用時空科學的新科技，甚至可能創造出穿行於不同時空之間的新技術及新工具等等。如果這樣，人類未來應當可以自如地穿行於過去和未來之間，或者實現遙不可及的星際旅行。相信超越時空的期待不是夢，就像今日平常的視頻在之前的年代，簡直是不可思議的事情。

宇宙在膨脹之中，這個膨脹過程與時空有什麼關係？由於宇宙在膨脹，宇宙的空間體積全方位地擴張，所以形成空間是立體的三維的空間。宇宙在膨脹，星系及物質只朝著膨脹的方向運動，所以時間是一個方向，是一維的。膨脹的宇宙中，時間的箭頭指向膨脹的方向。時間的大方向是向前，事物才有過去及未來，事物才有因果的過程。也正是因為宇宙膨脹，才構成由三維空間及一維時間所組成的四維時空。

時間是相對的而不是絕對的，對於膨脹的宇宙，時間僅是一維的形式；而對於宇宙之內的獨立系統，時間是多維的形式。例如，銀河系是宇宙之內無數的星系之一，是一個獨立的系統。銀河系之中，恒星及行星之間的運動是多層次多方位的相對運動，所以銀河系之中的時間是多維的而不是一維的形式。相對於銀河中心，地球在天體運轉過程中有三個運動層次：第一層次是地球的自轉運動；第二層次是地球圍繞太陽的公轉運動；第三層次是伴隨太陽圍繞銀河中心的旋轉。這三個層次的運轉，使地球上所有事物在多個方向上運動。正因為這樣，地球上所有事物變化相對於太陽和銀河中心是三維時間和三維空間。

根據天文學目前的研究，宇宙的膨脹速度是由哈勃常數來衡量，哈勃常數平均值約為 74 公里 / 秒。在銀河系中，地球的相對運動速度小得多：地球繞太陽公轉的速度是 30 公里 / 秒，太陽繞銀心旋轉的速度是 250 公里 / 秒，這都只是光速的萬分之一或千分之一。即使地球的相對運動速度不高，但是運動方向不斷改變，時間方向跟著不斷變化，因此地球多個方向的運動形成的時間具有多維的性質。地球的自轉和公轉，是方向不斷改變的加速運動，所以隨著運動方向的改變，地球上的時間呈現出多向而不是單向的時間向量。如果以太陽為參照體，地球上的時空是三維時間和三維空間疊加起來的六維時空。

宇宙膨脹的時空流是大時空流，星系運轉的時空流類似小漩渦。地球上的事物，既要遵守大時空流的法，則又要依循小漩渦的規律。從許多例子中，可以看到地球上事物的變化，是在雙重規則下進行：

從生命的發展史可以看到，生命具有從簡單到複雜、從低級到高級、從原始生命到生物圈的過程。生命在宇宙時空流中，始終向著一個方向連續不斷地演化和發展，這符合宇宙是四維時空的法則。生命在演化和發展的過程中，不是直線向前而是螺旋式遞進，是在運轉中遞進，在循環中升級，這符合獨立星系之內的時空運轉規律。

從人類的發展史可以看到，從古類人猿到現代人，從低級勞動到高級能力，從低級思維到高級智慧，人類的進化始終都是朝向單一的方向，持續不斷地向前進步與發展。宇宙時空流直指的方向，貫穿著人類發展的大方向。人類發展所經歷的各個階段，都呈現週期性的規律：從石器時代、原始社會、農業社會、工業社會、信息社會，以及未來的智慧社會。這些週期性的規律，明顯地體現了獨立星系之內的時空運轉規律。

從生物的生命史可以看到，所有物種都通過一代代生命的遺傳和繁衍，令物種的特性得到傳承，生命得到不斷延續。這是物種朝向宇宙時空流所指的方向發展的體現。任何物種的繁衍過程，都是一代接著一代的繁衍和消亡，任何生命體都要經過生老病死的過程。新舊生命體的交替，表現出生生不息、循環不止以及周而復始。這就是，地球上的物種繁衍依照獨立星系（銀河系、太陽系）時空運轉的規律。

宇宙大時空流的法則適合於所有星系，而獨立星系的時空規律未必與其他星系一樣。在銀河系內恒星或行星旋轉運動，形成三維時間和三維空間的六維時空。基於這個原理，可以理解易經的六十四卦是由八個時間卦和八個空間卦組合的道理，可以解讀六十四卦中六爻所表達的是六維時空結構。而易經六十四卦的生成，從宇宙膨脹和星系運轉的角度去解讀，可以得到合理和完整的結論。

宇宙時空流對人類的意義在於，人類生存於宇宙時空流之中，時空變化與人類的命運息息相關。宇宙時空流的縮影，類似萬里江河的流水；而人類則似江河中的漂流者，在宇宙的時空流中漂流。兩者不同的是，舟艇承載著漂流者在江河中漂流，而地球承載著人類在宇宙中漂流。時空對人們現實生活的意義，在於時空關係到每個人的歷程和遭遇。一個人誕生的時間和空間，決定了未來的主流命運；就像漂流者進入河道的時間和空間，決定了漂流的過程和結果一樣。

一個人出生的時空（時間和地點）決定人生的主流經歷和基本結果。一般人都不可能選擇自己出生的時空，但是可能為下一代選擇出生的時空。一個人誕生的時刻，好像漂流者一旦進入河道，已經不能改變參與漂流的時間和地點，也不能在途中停留下來。漂流過程是否順利和安全，全在漂流者是否有意識和努力去爭取最好的行程。即是在時空流之中，一個人無法選擇人生旅程的起點，但是可以在過程中調節和利用更有利的時空，避開障礙和危險而讓人生過程更加順利。

為什麼一個人出生的時空基本上確定一生的命運？對沒有命運意識的人，就好像是隨波而流的漂流者，從開始漂流的時空為起點，未來的路向與經歷全部由河道和流水所支配。人生跟漂流一樣，沒有命運意識的人是宇宙時空流中的宿命者，而有命運意識、有覺悟和有作為的人，才可以成為宇宙時空流中的知命者。

總而言之，由於宇宙膨脹和星體運轉產生的大時空流的存在，才有事物的生長毀滅及生命的興旺滅亡。宇宙膨脹產生了四維的時空，以宇宙中心為參照體，時間是一維的直線的形式，時間之箭指向膨脹的方向。在銀河系中，星體運轉引起時空流轉，產生新舊事物的週期輪替和新老生命的週期輪迴。在銀河系中，以銀河中心為參照，時空是以六維的形式存在。在地球上，以太陽為參照體，時空也是六維的存在形式。地球上萬事萬物的變化，既要遵照獨立星系（銀河系和太陽系）的規律又要遵守宇宙的大法則。例如：地球上，不同生命體壽命的長短，是受到不同星體運轉週期的制約。

宇宙膨脹的大時空流之中，一維的時間是主流形式。宇宙膨脹至今還在進行之中，所有事物在一維時間中表現出一如既往、向前發展的特性。如生命的進化和延續，始終表現出向上升級及朝著持續不斷的方向延伸的狀態。在宇宙膨脹的大時空流之中，地球上的六維時空流屬於分流，所有事物都在這分流中表現出輪迴的特性。例如，地球上每個生命體或每樣物種，都表現出生命有限及生命輪替的特徵。一顆草木，從生長至枯萎都有時間限制，消亡之後遺留的種子再以新生命的形式生長。這種生命輪替現象，在六維時空流中不停地進行並且遵守六維時空流的規律。生命輪替過程的長短，有的以季節為週期，有的以年度或者更長時間為週期。所有生物都無一例外地在生命輪替中延續，只是不同物種有不同的輪替週期。人類生命的輪替與延續，至今已經有數百萬年，未來還將會持續下去。這是宇宙大時空流之中，人類生命永存的表現形式。

（三）另類宇宙猜想

在一般人看來，宇宙的起源與演變，似乎同人們的現實生活沒有什麼關係。其實不然，宇宙的形成與運行，操控著人類的命運及未來。無論是在遠古的蒙昧時期或者是在科技昌明的現代，智者們始終沒有放棄探索宇宙奧秘的志趣與願望。可見，探索並追求明晰宇宙的奧秘，是件多麼重要的事情。在揭開宇宙真相之前，對宇宙的猜想也許有助於尋找宇宙探索的路向。而這些猜想並非憑空妄想，而是有一定的科學依據。

猜想之一，人類所在的宇宙之外，可能還存在著另類宇宙。這種猜想的依據是，科學家發現宇宙中絕大多數的物質是以暗物質的形式存在。暗物質的宇宙與人類所在的物質宇宙之間，可能是相對稱的關係或者是重疊的關係。兩種宇宙之中的物質性質根本不同，所以必定存在很大的差別。人類所在的宇宙，所有事物是由正物質和正能量所組成的。物質的運動過程，呈現出物質之間的能量交換和訊息交流，物質的質量和能量之間會互相轉換。這是人類所在宇宙之中物質的基本現象。另一面，另類宇宙中的所有事物，都是由暗物質和暗能量所組成。暗物質的運動過程，也應當有暗物質之間的能量交換和訊息交流，暗物質的質量和能量可能也會互相轉換。這應當是另類宇宙之中暗物質具有的現象。兩類宇宙之間，因為物質的性質不同而不太容易發生互相作用，並且也難以直接進行訊息交流或傳感，因此人類難以感知和瞭解另類宇宙的事物。人體的物質結構與所在宇宙的物質結構相同，所以人類能夠感知到宇宙中的事物，這個宇宙可以稱為明宇宙。人體與另類宇宙的物質結構不同，所以人類目前還無法感應到另類宇宙的存在，另類宇宙也可稱為暗宇宙。

猜想之二，人類所生存的地球附近，極可能存在著未知世界。這個未知世界可能存在於地球和月球之間，這種猜想也有實踐與理論依據。科學探索的結果認為地球和月球之間存在著大量神秘的暗物質，這也可以認為地球和月球之間存在著另一個暗物質的世界。如果這樣，雖然人類不能直接觀測到這個暗物質的世界，但是這個世界的暗物質可能間接影響到地球和人類。原來，人們只直觀地知道月球影響著大自然及人類，並且可以直接觀測到被影響的事物，例如月球牽引地球的海潮湧動、感應人類的生理情緒變化等。而今，科學家們推測地球與月球之間，可能還存在著目前無法觀測的暗物質世界。這個未知世界對大自然及人類有什麼影響，又給人們增添了許多未知的疑問。

前面對另類宇宙和未知世界的猜想，不是沒有依據的憑空想像。這個猜想，除了來自科學探索之外，還有其他方面的啟示：各種神話與傳說，易經的宇宙觀，佛教的因果觀，生命的輪迴現象等等。在現代科學發現暗物質和暗能量之後，這一類猜想已經讓人類投以正視的目光。

1. 暗物質暗能量

英國《每日電訊報》曾經報導，暗物質被認為是宇宙研究中最具挑戰的課題。人類看不到的物質（稱暗物質），代表著宇宙中百分九十五左右的物質含量；人類可以看到的物質（可稱明物質），只佔宇宙總物質不到百分之五的比例。暗物質的存在已經不再是猜測，而是具有科學實驗的根據。

其一，現代物理學家對粒子和能量的研究證實了另一種物質的存在，這種物質稱為暗物質。暗物質無法被人類直接觀測到，卻能干擾星體的光波或引力，其存在能被間接及明顯地感受到。新理論認為，地球與月球之間存在著大量神秘的暗物質。這觀點源於解釋飛行異常的現象：在飛行器尚未進入太空之前，還處在地球周圍不斷加速的過程中時，所有飛行器都曾有奇怪的速率變化過程。普林斯頓高等研究院的理論家斯蒂芬·阿德勒博士認為：飛行異常是由看不見的暗物質所造成的。美國宇航局發表的一份報告也認為：衛星或探測器在飛離或返回地球過程中，其往返軌道越不對稱，飛行異常的現象越明顯。阿德勒估計，地球周邊的暗物質應該位於月球公轉軌道與低空衛星軌道之間，其總質量肯定不超過地球質量的十億分之四。地球周邊的暗物質，應集中於地球半徑約 7 萬公里的空間之內。這些暗物質，主要局限於月球公轉軌道之內，最終衰竭於地球表面附近。它的密度極高，比銀暈密度高出二千億倍。

其二，曾經有多國的物理學家，在阿爾卑斯山下面幾公里厚的岩層隧道中，用碘化物捕捉到來自太空的暗物質。這個實驗證明，暗物質可以穿透地球上的任何物質而不與之發生作用，甚至可以穿透幾公里的岩石，使用碘化物則可以對其進行探測和捕捉。現在，我們知道的暗物質已經成為宇宙的重要組成部分。宇宙中暗物質的總量是普通物質的 6.3 倍，其在宇宙中能量密度佔 1/4，更重要的是主導了宇宙結構的形成。

有暗物質的存在，必然有暗物質之間的運動以及暗能量的交換與訊息交流，也可能有暗物質和暗能量之間質量和能量的轉換。暗物質的宇宙，必然有暗物質構成的萬事萬物，也許有暗物質構成的另類生命生存於另類宇宙之中。如果另類宇宙的猜想果真存在，那麼就有可能破解以前人類不明白的許多迷惑：人的生命有輪迴，人有三世因果等等。問題是，對比由明物質構成的當下宇宙和暗物質構成的另類宇宙，其中物質性質完全不同，能量性質也完全不同，在目前的技術條件下也難於證明兩者之間如何進行或能否進行訊息互通。那麼，怎樣才能證實有另類宇宙的存在，相信未來科技能夠解決這個問題。不管怎樣，暗物質和暗能量的存在已經是被證明的事實。探知暗物質和暗能量的存在，將幫助人類打開全新的宇宙視野之窗。相信有一天，人類將確切證實另類宇宙是否存在。如果另類宇宙確實存在並且能夠實現與之溝通，這個創舉將比 15 世紀發現新大陸，更具震撼性和空前的意義。

2. 宇宙起源猜想

根據現代天文學的推論，認為宇宙起源於大爆炸。宇宙最初處於一個極密集和極高溫的狀態，在大爆炸之後誕生。近代天文學家通過觀察宇宙遙遠星系的紅移現象，發現宇宙背景中產生微波輻射而作出推論：宇宙誕生於一種超密的狀態。這種超密狀態的體積很小，與現在宏觀尺度的宇宙相比顯得微不足道；如果以“近似於無”的狀態推測，也可以描述宇宙起源於奇點大爆炸。宇宙大爆炸的過程，也可以理解為大膨脹的過程。宇宙誕生之後體積不斷地膨脹，時至今日宇宙還處於持續的膨脹之中。還有一種描述，宇宙誕生過程類似於草原上的星星之火，點燃之後迅速燃遍整個草原。這個過程不是大爆炸，也不像是大膨脹，而是類似大蔓延。

在中國古代，很早已經提出宇宙的起源。《易經》中提出，宇宙起源於無極，宇宙從無極中誕生。這種無中生有的思維確實太不可思議，正如道家經典《道德經》中所言的“玄之又玄”。《易經》中只說：無極生太極，太極生兩儀，兩儀生四象，四象生八卦。關於無極生太極是如何生成的過程，《易經》之中沒有理論上的解釋。但是在中國古代，對於無極生太極的說法，相信不會是古人憑空臆想出來的。問題在於，古人是依據什麼提出這樣富有創造性的宇宙起源論？《易經．繫辭傳》中所說：“仰則觀象於天，俯則觀法於地……近取諸身，遠取諸物”。這清楚地說明，古人對宇宙的認識源於生活實踐中對天地萬事萬物的觀察。古人觀察宇宙萬物並經過“實驗室”來證實，而這個超級實驗室就是生活環境、大自然以及天體。古人也因之得出宇宙起源的結論：無極生太極。

《易經》中無極生太極的宇宙生成理念，與現代天文學所認同的大爆炸宇宙起源論非常一致。對此不應看作是偶然的巧合，而應該視之為不同時空視野的交集，即是從不同的視角觀察同一事物而得到了相同的結論。宇宙的訊息無時不有，而且無處不在。現代科學，以多種方法方式認識宇宙：從天體中的眾多星體可以觀察宇宙，從自然界中的微小事物可以窺測宇宙，從物質中的微觀粒子也可以取得宇宙的訊息。古代先民以高明的方法方式認識宇宙：一是，通過觀察天地萬事萬物而認識宇宙；二是，運用智慧從實踐經驗中歸納總結、認知並領悟宇宙。以天文尺度及大時空的角度看，宇宙誕生距離人類出現的時間太過遙遠，相比之下，人類的歷史顯得微不足道，人的生命週期更是微乎其微。因此，人類只能用智慧推測宇宙的起源，用悟覺認證宇宙誕生的過程。《易經》中推定無極生太極，與現代天文學大爆炸理論不謀而合，這令人對宇宙是從無極之中生成的觀點更加信服。必須承認，宇宙如何誕生以及誕生後是怎樣的景象，目前只能運用想像力作出推測與猜想：

猜想一，宇宙誕生之前的狀態，《易經》稱為“無極”，而現代天文學稱為“奇點”。確切地說，其可能不是真的“無極”，而是一種特殊的物質狀態。具體是怎樣的狀態？古人稱之為“混沌的狀態”，而今人們還未能形成確定的認知與共識。

猜想二，《易經》中說“無極生太極，太極生兩儀”，“無極”也許就是未分陰陽、正負物質混為一體的宇宙，太極也許就是正物質宇宙和負物質宇宙分開的兩個宇宙。即：一個是由正物質、正能量所構成的宇宙，這是人類當下所在及人們可以感知的宇宙；另一個是由暗物質、暗能量構成的宇宙，這是人們目前還不能感知的宇宙。

第四章 人與三大系統

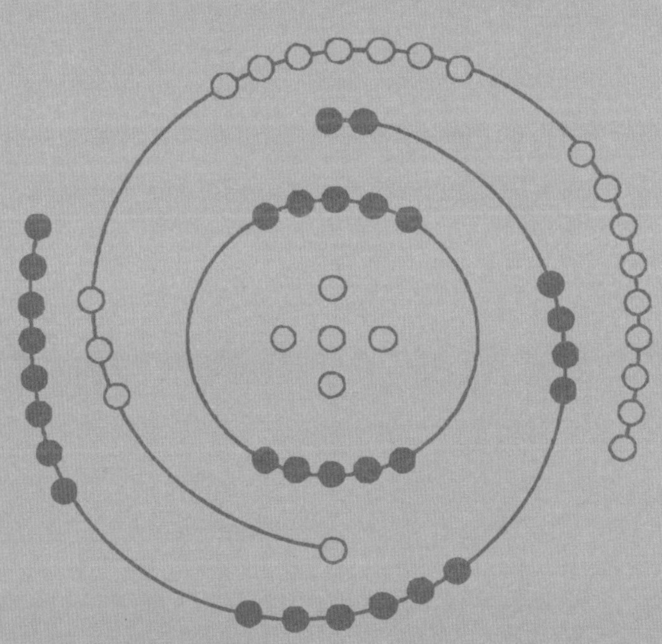

人的命運是由天體運轉、大自然運行和人體生理運動三大週期所主宰

人的一切思想與行為，實際上是人體內外互動的過程與結果。在生命活動中，人體時刻接收外來的能量與信息，並與自身的能量與信息互相交流，然後又向外部反饋能量與信息，這是人體內外交流而產生人天互動的本質。

人對事物的一切感知，完全取決於外部天文、大自然與人體生理三者的信息交流結果。人的一切行為，是在信息交流與感知結果的作用下發出的能量與信息反饋。這裏所說的信息感知，是指人體的五官接收到所有信息並經過處理和儲存的全過程，包括人體五官感知之後的全部思維過程。從簡單的層面看，人的信息感知是藉助五官加大腦的功能而達成：經過收集及處理信息而產生感知，類似五個感應器加上信息處理器。從這個角度看，這即是佛教所說的六根。從更高的層次看，人體對信息的感知不止有五官加大腦的六種感知能力，還有第七種和第八種的感知，也稱為第七識和第八識，即是佛教所說的阿賴耶識和末那識。一般人只具備六種感知能力，對第七種和第八種的感知能力非常微弱甚至沒有這兩種感知能力。極個別的人，天生就具有這種兩種感知能力，或者經過修行之後增強了這兩種感知能力。對於這類人，因為具備第七種和第八種這兩種感知能力，古時人們稱之為神人而今稱為有特異功能的人。

人的一切感知結果和思想行為，實際上是能量與信息在天體、大自然和人體三者之間互感互動的交流結果。即是說，人的命運是由天體運轉、大自然運行和人體生理運動三大週期所主宰的。人若想避開被主宰的命運，就必須脫離這三大週期的制約。用古代的一句話說，“跳出三界外，不在五行中”，就是超越了這三大週期。這裏對三界的解讀是：生物界、大自然界和天文界；對五行的解讀是：能量交換和信息交流的五種形式。如果人體能夠不受這三大週期的制約，也就不存在這五種形式的能量交換和信息交流。那麼，人體就可以擺脫一切的束縛，成為一個絕對的自由體。

（一）人與天體系統

天體系統是龐大且複雜的巨系統，而人與天體系統有著千絲萬縷的關係。天上的星體似乎距離我們非常的遙遠，但事實上每個星體對人類都會產生各種影響。有的星體所產生的影響非常明顯，而有的星體所產生的影響微弱到難以察覺。其中有些影響已經得到科學的證實，還有不少影響尚停留在實踐經驗的層面。

1. 天體運轉系統

天體系統有不同的級別，由小到大依次是地月系、太陽系、銀河系以及總星系。地月系是以地球為中心，月球圍繞地球運轉，實際上是在月球和地球都保持自轉的同時，地球與月球圍繞共同的質心運轉。月球圍繞地球的公轉週期約是 27 天 7 小時（即 27.32 天），共同質心離地球大約 4671 公里。這個地月週期的意義，不僅涉及人體的情緒週期，而且關係到人的生理狀態與命運運行。

太陽系是以太陽為中心，八大行星及其衛星、小行星等圍繞太陽運轉的天體系統。太陽系位於銀河系邊緣，處在銀河系的第三旋臂上，並圍繞銀河中心旋轉。太陽系運轉的週期，大約是 2 億 2000 萬至 2 億 5000 萬年。太陽系擁有八大行星，分別是水星、金星、地球、火星、木星、土星、天王星、海王星。這些行星對大自然及人類，都有非常深刻、微妙的影響。

銀河系是由千億顆恒星和星雲組成的星系，是所有恒星圍繞銀河中心運轉的巨大系統。根據估計，銀河系的年齡大約是 136 億年，這幾乎與宇宙同齡。銀河系中的星體數量極其龐大，人類想觀測銀河系簡直難以選擇應從何處著眼。古代，人類單憑自身的肉眼觀測並關注的星體，有西方星相學的十二星座，也有中國星象學的黃道二十八宿及北極星等。現代，隨著天文科技的發展，利用一代代功能不斷提高的新型天文望遠鏡觀測，一些新星體才引起人們的關注，許多超新星、小行星之類的星體才不斷地進入人們的視線。這類星體引起重視的重要原因，是因其存在事關人類的生存和命運。

2. 天體運行週期

天體運行週期的長短有著極大的差別：最短的週期以小時計算，較短的週期以天計算；比較長的週期以年計算，超長的週期以億年計算。天體運行週期，不僅賦予大自然而且賦予人類。大自然遵循了天體的週期，人體遵循了大自然和天體的週期。天體運行週期不僅感應並牽引著大自然運行，還與大自然共同感應及推動人體的生理運行和思想行為。天體運行週期不僅是星體相對運動的週期，還包括恒星發出能量的週期。天體運行週期操控著人類的生存和命運，所以對天體運行週期有必要深入認識。

天體運行週期產生於各種星體的相對運動，由於星體的運動規律不同，產生的運行週期也不同。這些週期交錯重疊在一起，並且與人體生理運行產生互動，最終制約著人的各種活動和思想行為。太陽系內的星體對人類的影響最大，所以太陽系中的星體運行週期對人類的影響最明顯。日常生活中，在太陽系內最直接感受到的天體運行週期是：地球自轉週期是 24 小時，制約人的生理循環和作息規律等；月球圍繞地球的公轉週期約是 27 天，制約人的情緒規律和女性的生理規律等；地球圍繞太陽公轉的週期是 365 天，制約大自然的四季變化，同時制約人在四季變化中的不同活動等。

木星圍繞太陽公轉的週期約為 12 年，是八大行星中質量和體積最大的星體。還有，太陽活動的黑子週期約為 11 年，在制約大自然的氣候變化的同時，制約著人類社會的活動。至今所知，太陽系內星體的運轉週期最多是 100 多年。還有，太陽系外的天體運行週期對人類的影響不太明顯。太陽系外的星體或星群，有的星體運行週期為幾百至幾千年，可能制約人類社會的興衰更迭和文明進程；有的星體運行週期為數萬或數億年，可能制約著地球上物種的演化。

3. 人與天文規律

天體運行對人的影響有直接性和間接性的兩重作用：直接性的作用，是天體運行過程直接影響人體生理、心理和精神活動；間接性的作用，是天體運行過程影響地球和大自然運動，然後通過地球的大氣圈、水圈和岩石圈的運動間接影響人類的一切活動。

太陽系中的天文規律是天體之中，制約人類命运最直觀及最有力的規律。太陽是人類瞭解最多及對人類影響最大的星體，太陽通過熱能輻射、高能粒子和引力對地球和人類發出能量和信息。太陽生成的天文規律，最大程度上制約著人的行為並且操控著人的命運。太陽對人的直接和間接作用體現在多方面：

在日常生活中，太陽與地球的相對運動形成日夜和四季，直接地支配人的作息行為和生活模式。所有人都是在不自覺之中，遵守每日的作息時間和季節性的生活方式。如果違反了太陽的天文規律，人的健康狀態必然會遭受損害。在人體生理上，由太陽與地球的相對運動形成的時間節律，時刻感應著人體的生理循環。人體中血液循環的子午流注現象，是太陽及地球的天體運行規律作用於人體的體現。在人體健康上，太陽日照的不同（即輻射能量不同），關係到包括疾病在內的身體狀態。如，《黃帝內經》指出，一天或者一年四季陽氣的不同，引致疾病病情的不同。四季與生理上的關係，“春氣在經脈，夏氣在經絡，長夏在肌肉，秋氣在皮膚，冬氣在骨髓”。

在生態環境上，太陽內部活動的黑子週期與大自然的降雨量及氣候有著密切的關係。例子一：根據統計，地球的降水量增減週期，與太陽黑子的興衰週期一致，都約為 11 年。中國的歷史記載也發現太陽黑子在 11 年週期的谷底附近，常常會出現南澇北旱的狀況。太陽的 11 年黑子週期與黃河水流量的變化相關聯，歷史上經常出現的黃河水大氾濫都與此有關。可見，太陽黑子週期直接地影響江河山川的氣候和農業，間接地影響該地區人們的生活與命運。例子二：上個世紀 1931 年 7 月，中國長江和淮河流域發生特大洪水，超過 40 萬人喪生。當時中央研究院氣象研究所的科學家竺可禎在該年 9 月發表論文，將 1931 的大洪水與 1908 年和 1887 年對照，而這三次因為大量降水引發的大洪水在時間上的間隔均約為 22 年，也就是太陽磁場變化的週期。對此，竺可禎在世界上第一次提出了降水與太陽活動的相關性，這個重要論斷後來得到證實。1954 年長江流域大洪水，1975 年中國再次發生大洪水，1998 年長江流域爆發了大洪水和 2019 年的大洪水，都證明了這種太陽磁場變化的週期性影響。例子三：第一次世界大戰發生，改變了所有歐洲人的命運。傳統的歷史學認為，政治或軍事是引起戰爭的原因，但也有研究者認為，造成戰爭的深層原因來自於太陽。當時太陽黑子活動週期正處於高峰，天氣變化導致歐洲的農業歉收、傳染病蔓延，從而引發社會大動亂，最終導致大戰爆發。如果從這個角度看，當時太陽的活動週期深刻影響了無數歐洲人的命運。

在其他方面，造成各種自然災害發生的終極原因也是來自於天體運行，尤其是來自於太陽的活動週期與運行週期。所有自然災害的出現，都是天體運行週期與大自然運動週期交集的結果。例如，海嘯和地震是天體運行和地質運動，經過互感互動之後而引發的地殼運動現象；風暴和水災是太陽運行和大氣圈運動共同作用而形成的天氣變化現象。太陽的週期運行，通過各種能量形式作用於地球，從而推動岩石圈、大氣圈和水圈的運動。當各種運行週期在高峰或者低谷時段出現重疊時，就會令自然界出現異常現象。全球性的自然災害，主要受制於天體運行週期；區域性的自然災害，受制於天體運行週期和大自然運動週期的協同作用。

太陽系中的天體運行規律，特別引人關注的是太陽的黑子週期和木星的運行週期。早在幾千年前，古人對這兩個週期已經有了深刻的體驗、觀察與判斷。古人以肉眼觀察太陽黑子的變化，認識到太陽黑子的變化會引發氣候反常和洪水氾濫，由此創造出三足烏、水神共工怒觸不周山的神話以及大禹治水等傳說故事。這些以往被視為神話傳說的故事，都與太陽黑子週期有關。古人在當時的科技條件下解釋不了太陽黑子的現象，只能利用神話故事以圓其說。由於科技水平的提高，如今對太陽黑子的現象已經有更多的科學認知，並逐步認識、理解與解析太陽黑子發出的能量強度以及對人類社會的巨大影響。太陽活動最劇烈時通常會出現耀斑，出現耀斑時有幾種情況：其一，耀斑釋放的能量，相當於 10 萬至 100 萬次強火山爆發，或相當於上百億枚百噸級氫彈爆炸。其二，耀斑除了輻射出可見光之外，還有紫外線、紅外線、X 射線、伽馬射線、射電輻射、衝擊波、高能粒子，甚至宇宙射線。其三，耀斑爆發所產生的大量高能粒子，到達地球軌道時會危及宇航員和儀器的安全，破壞交通、手機通信及電視電台。還有，太陽耀斑不僅對地球的氣象和水文有不同程度的影響，而且對人的生存狀態有嚴重的影響。根據挪威幾位科學家的研究報告：發現太陽活動高峰期出生的人比寧靜期出生的人，壽命減少 5.2 年。太陽活動的強弱，關聯著嬰兒的成活率、人的壽命和生育能力。

在太陽系中的天文規律中，非常值得研究的是木星的運行週期及其產生的影響。在西方的星相學中，木星是一顆最重要的行星，被比喻為眾神之王。在中國的占星學中，以八大行星中的五大行星為主（即金、木、水、火、土等五星），而五大行星中又以木星最為重要。

木星有以下幾個特點：

（1）木星圍繞太陽公轉的週期約是 11.86 年。木星與地球的相對運動週期約為 12 年。

（2）木星圍繞太陽公轉的方向是逆時針，與地球圍繞太陽運轉的方向一致。

（3）木星是八大行星之中質量和體積最大的行星，質量約是地球的 300 倍，體積約是地球的 1300 倍。

（4）木星與太陽的距離約等於地球與太陽距離的 5.2 倍。

（5）在西方占星學中，木星在意義上屬於智慧的星體。在中國星相學中，木星被認為是影響力最強的星體，並被當作雄性的象徵。古人以木星圍繞太陽的運行週期 12 年作為紀年，稱之為“歲星紀年”。木星運行週期中，每年分別以十二地支及對應的生肖表示。

木星對人類究竟有怎樣的影響，至今人們所知道的還是相當有限。木星在中國古代天文學中稱為“歲星”，在中國民間被視為神靈並稱為“歲君”。在古代，人們無法理解木星的神秘影響力，但是將其神化並命名為“太歲”。古人經過長期的生活實踐、體驗及總結，驗證木星影響人們的命運是不爭的事實。古代，人們從實踐及統計中得到印證，任何人如果碰上犯太歲或者沖太歲的年份，其命運都比往年差，這一年會遇上不利的事、或大或小的煩惱或災難。如果碰上合太歲的年份，其命運都比常年好，這一年會遇上有利的事並且行事順利或逢凶化吉。

簡單的說：犯太歲（或稱本命年），即某人出生年份的生肖與當年的生肖一樣。沖太歲，即某人出生年份的生肖與當年的生肖相差六年。合太歲，即某人出生年份的生肖與當年的生肖相差四年。現代，人們同樣可以驗證有關太歲的現象。例如：每年社會上出現的特別事故，大部分的當事人都與犯太歲（本命年）或者沖太歲的年份有關。這類變故諸如：政治事件、牢獄之災、嚴重疾病、意外災禍，甚至人命傷亡等。這些當事人中，上至國際政要或知名人士，下及普通市民百姓。這類事例，每年的新聞報導都可以提供統計和驗證的數據。還有，犯太歲和沖太歲的當事人，當年的處境、行為和精神狀態都與往年大為不同。有關木星影響命運的現象，古人無法作出清晰的解釋而只能用神話來自圓其說，認為太歲乃是天上當值的星神，主宰當年的人間禍福。對於這種現象，當今人們所知道的真相還很少，對此做進一步的科學研究很有意義。相信，有了更多的科學研究結果，可以用科學道理將這些神話傳說進行解析。

從天體運行的角度看，木星圍繞太陽運行一周是 12 個地球年；不同的年份，意味著木星對太陽處於不同的相對位置。同樣年份出生的人，某些生命特徵有相似之處；不同年份出生的人，主要生命特徵有明顯差別。這說明，木星和太陽在不同年份（時間）及不同空間，對當年誕生的生命體感應的能量和信息不同。

例如，傳統的生肖文化與天體運轉有關。所謂生肖，“生”意味生命的誕生，“肖”意味生命的肖像；生肖也稱為屬相，即一個人出生的年份與其性格特徵所屬的表相。十二生肖是以 12 種動物為肖像的代表，12 個地球年對應 12 種生肖。任何人出生的年份，都用一個生肖與之相配。經過長時間的生活經驗積累，人們發現生肖之中隱藏著難以解釋的奧秘和玄機。如，猴年出生的人多數比較活潑好動，蛇年出生的人多數柔韌靈活等。還有，如果夫妻生肖相合（相差四歲）則家庭和諧，夫妻生肖相沖（相差六歲）則會經常發生衝突，這些都是得到無數生活實踐印證的奇妙事實。生肖文化歷史悠久，以 12 年為週期與 12 種生肖為代表，是了不起的智慧，絕不能等閒視之。與此相似，月球圍繞地球運行一周是 12 個月；不同的月份，意味著地球對太陽處在不同的相對位置。同樣月份出生的人，某些生命特徵也有相似之處；不同月份出生的人，許多生命特徵也有明顯差別。

（二）人與地球系統

地球是一個類生命體的大系統，地球大系統之內又有許多分系統。地球上任何系統的變動，都直接關係著人類的生活狀態和生存態勢。雖然人類在地表上生活了數十萬年，並且有數千年的文字記錄歷史，但是對地球的瞭解還只是一知半解。人類最瞭解的是地表，這是人類所有生產活動的重要依託；其次比較瞭解的是海洋，它為人類提供了廣闊的活動空間和豐富資源；人類對地球最不瞭解的，應是地球內部的世界。地球大系統，支配著人類大部分的活動和行為。地球三個系統（岩石圈、水圈和大氣圈）的運動週期，左右著地球上生命體的活動方式，也參與操控著人類的命運。

1. 地質運動系統

天體運轉與地球運動，合成各種地質運動週期並推動地球上岩石圈的變動：如地殼板塊移動、地震與海嘯、火山爆發、泥石流、山泥傾瀉等。岩石圈的變動現象，最能引起人們警覺的是地震和火山爆發。這兩種變動對人類的威脅性和破壞性都是最大的，能夠直接或間接地影響人類的命運。地震發生不僅直接造成區域性的災難，還會衝擊水圈引起海嘯並波及其他地區。火山爆發不僅直接造成地區性的災難，而且還會干擾大氣圈的原有狀態並波及全球各地。

例一：2004 年 12 月 26 日印尼發生 9.1 級大地震，引發高達 30 米的海浪及巨大的海嘯，波及南亞地區周圍多個國家，大約 30 萬人罹難及失蹤，並且造成幾百萬的災民流離失所。這次大地震事件引發的大海嘯，間接地改變了幾百萬人的命運。

例二：1815 年 4 月 5 日印尼火山爆發，火山微粒形成的巨大雲層蔓延全球、遮蔽陽光，導致全球變冷三年，引發農作物歉收、饑荒疾病、社會動盪及經濟瀟條等現象，對整個世界產生了深遠影響。根據英國帝國理工學院研究顯示，遠在幾千公里以外的印尼火山爆發，導致歐洲地區出現了包括持續暴雨在內的極端惡劣的天氣。從某個角度看，這種天氣因素在 1815 年 6 月 18 日影響了滑鐵盧戰役的結局，歐洲歷史因拿破崙戰敗就此改寫。

2. 自然運動週期

自然界的運動週期有短有長，短週期以日或月計，長週期以萬年計。地球系統中的一切運動，都是在天體運轉制約下的運動結果，所以自然界中所有事物的自身運動都呈現出天體運轉的週期性。自然界中的運動形式，主要表現在水圈、大氣圈和生物圈。

水圈有許許多多的運動週期，有短、中、長、特長的週期所組成的水文循環。地球上的水以氣態、液態和固態三種形式，存在於空中、地表、地下（包括海洋、湖泊、冰川等）。水文循環通過氣流、河流、洋流等運動方式形成。無論是短週期還是長週期，都明顯地制約著人類的活動及行為。我們從生活中知道，月球運轉引起地球上海水的潮漲潮退，明顯影響著進行出海捕魚或者海上沖浪等活動的時間及行為；地球公轉引起的季節性降雨，明顯影響著農事作業或者旅行等活動的時間安排及行為；不論是長週期還是特長週期，都明顯制約著地球的生態環境。地理學研究表明，3—4 萬年的地殼海侵海退週期與天文運轉週期有關。物理學研究表明，地球上水圈的變化週期與地質活動、生物活動、大氣活動有關。考古學研究表明，2.5—3 億年的大冰河時期與銀河年的週期相關。

大氣圈有各種形式的運動週期："熱力環流"是大氣運動最普遍和簡單的形式，"緯度環流"是高低緯度之間不同氣溫的大氣運動，"極地環流"是地球赤道和南北兩極的大氣運動。這些大氣運動都與地球同太陽的相對運動有關，同時體現了地球與太陽相對運動的週期。例如，"海陸環流"是白天地表的溫度比海洋的溫度上升快所以形成空氣熱對流，"海陸環流"明顯地體現了地球的自轉週期。"季風環流"是冬季地表溫度低於海洋，夏季地表溫度高於海洋，所以造成陸地與海洋之間的熱循環，"季風環流"明顯地體現了地球的公轉週期。這些不同的環流表明，地球同太陽的相對運動通過大氣運動影響大自然和人類。

生物圈涵蓋著各種各樣的生態系統，所以是地球上最大的生態系統。每個生態系統，既有內部的循環，也有外部的循環。生態系統的活動，既要受內部循環週期的約束，也要受外部循環週期的制約，最終受天體運行週期的制約。生物圈中有微生物、植物和動物三大類，所有生物的生存狀態都要受到生態循環系統、大自然運行系統和天體運轉系統的制約。以植物的壽命為例：壽命最短的植物之一是非洲大沙漠中的短命菊，整個生命週期僅一個月，明顯是受月球同地球運轉週期的制約；壽命較短的植物是沙漠裏的木賊，生命存活期不到三個月，明顯是受地球公轉而形成的季節週期所制約；壽命很長的植物是銀杏樹，年齡可達 3000 年；壽命更長的植物是非洲西部的龍血樹，存活超過 8000 年；目前已知壽命最長的植物是雲杉樹，其壽命達到了 9500 年。這些長壽樹種明顯不受太陽系運行週期的制約，可能只受銀河系運轉所形成的大四季週期所制約。除此之外，以動物的壽命為例：壽命最短的動物是小飛蟲蜉蝣，幼蟲階段經歷 20 多次蛻皮，成蟲階段的壽命只有一天；壽命較短的動物是蒼蠅，壽命一般只有一個月，所以會通過快速的繁殖來延續物種。上述兩種動物的壽命，明顯是受地球自轉週期以及月地運轉週期的制約。北極的格陵蘭鯊魚被研究者認為是壽命最長的動物之一，研究估計其平均壽命為 392 歲（有的個體甚至可以達到 300—500 歲）；目前已知最長壽的動物是北極蛤，年齡可達到 507 歲。這些事例表明，無論是其他生物或者人類的壽命，都受制於天文運轉週期。

3. 人與自然規律

人在自然界中生存，所以人的活動和行為必然受大自然環境的制約。人只有依循自然規律行事，生命活動過程才能健康和順利；違逆自然規律行

人只有依循自然規律行事，生命活動過程才能健康和順利

事，生命活動過程必然會面臨危機和風險。氣候變動規律，是人在生活中要依循的自然規律之一。人的衣食住行都必須依循氣候變動規律：例如，人體的衣著多寡，必須依據春暖、夏熱、秋涼，冬冷的氣溫變動而作出調節，否則必定會引致疾病甚至會危及生命。人體所需的食物，必須依據不同季節而選擇相應的食品，季節性的食物可為人體提供最充足和最優良的營養。中醫養生學根據四時氣候變化，相應地調整飲食習慣，發明了四季食療，既能養生保健又可防病治病。除此之外，氣候變動與人的壽命有密切的關係。根據科學研究，秋季出生的人超過百歲的可能性大大增高：由於母體的孕育期開始於春天，懷孕時的營養、陽光、合成維生素 D 等，對胎兒先天的健康有

重大影響，這是日後能夠長壽的基礎。

（三）人體開放系統

“人體是小宇宙，是大宇宙的縮影。” 這是古代中外先哲的偉大思想，也是現代科學和哲學界人士的見解與共識。為什麼人體是小宇宙，又是大宇宙的縮影？因為人從宇宙中來，接收並承載了來自大宇宙的信息與基因；宇宙創造了人類，以宇宙的物質形態和意識形態建構起人體。所以，想深入及全面地理解人體系統，應當更多地認知宇宙；想深入及全面地理解宇宙系統，應當更多地認知人體。人和宇宙的關係中隱藏著重大的意義和深遠的因果。其重大的意義是，宇宙最終主宰了人的生存狀態和命運；其深遠的因果是，宇宙的塑造和感應構成了人體系統及人的意識形態。

1. 人體結構系統

“人體是一個開放的複雜巨系統”，這是著名科學家錢學森關於人體生命科學的見解。人體系統的開放性，表現在人體對外不停地與大自然系統和天體系統進行物質、能量交換和信息交流。人體系統的複雜性，表現在人體體內明確的結構和分明的層次，以及其具備的多種多樣的功能。現代生命科學是以系統科學觀的角度認識人體，從人體系統、器官、組織、細胞、生物分子以及生物元素等方面進行研究。傳統的中醫和宗教是以天人整體觀的角度認識人體，經長期觀察天體及大自然運行的過程，再經過生活實踐的累積、歸納和總結之後形成認知與觀念。這兩種不同的認知方法，都有其獨特性和合理性。傳統的觀念認為人體生命系統是由軀體和靈魂兩個部分所組成，這二者的關係是相對獨立的統一體。

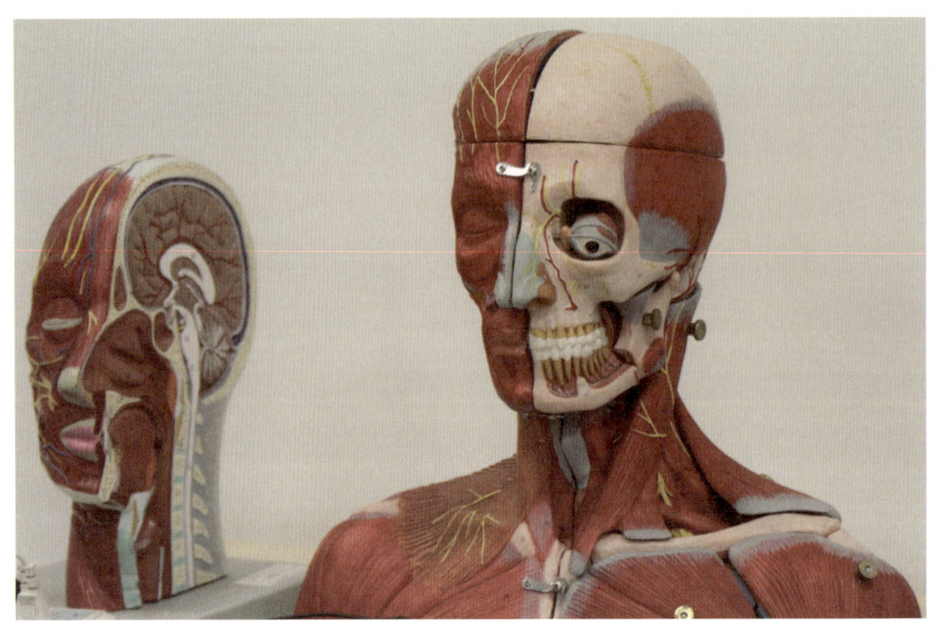

中國古代的先哲，早已經認為人體小宇宙是大宇宙的縮影

（1）人的軀體結構

傳統思想觀念認為，人體結構中的軀體和生理構造不是無緣無故形成的。在軀體結構上，傳統中醫一貫認為人體是小宇宙並且與天體宇宙相對應，人體構造與天體構造也相對應。藏醫認為人體有骨頭 360 塊（包括牙齒、齒窩骨、手指甲、腳趾甲及窩臼），暗合曆法一年 360 天；脊椎骨 28 塊，與二十八宿相對應；人體四肢的 12 大關節，與黃道十二宮及一年 12 個月相對應；人體每個關節有 30 條脈絡，與一個月 30 天相對應。人體的百會穴至會陰穴有三條脈絡，中脈對應羅睺，左脈對應月亮，右脈對應太陽。還有，人體機能和體液變化受星體運動影響：太陽影響紅色的女性血液與體液，月亮影響白色的男性體液與精液。以上所述，與人體結構和天體運行週期十分吻合，不可能是巧合或者杜撰的結果。有理由相信，人體的結構和形

態是在漫長的天體運行和感應過程中，通過塑造和加工之後才形成今天的形態。例如，天體中有太陽的陽光照射，是地球上的動物進化出眼睛的條件之一。

現代科學研究證實，人體的生物節律與天體運行週期相對應。地球圍繞太陽運轉產生氣候變化並形成四季，人體生理自然調節以適應四季變化。例如，內分泌、脂肪結構、皮膚、毛髮甚至情緒等方面，均受四季節氣的影響。地球自轉形成日夜變化，促使人的作息睡眠形成規律；人體的血液循環跟隨日夜變化週期性地流動，人體的生理、心理和思維也跟著週期性地變化。近年，有美國物理科學家認為宇宙可能是一個巨大的神經網絡。如果這個觀點能夠得到進一步證實，可能說明宇宙是個超巨型的生命體。

那麼，宇宙和人體生命的形成是否有共性？

（2）人的靈魂意識

傳統思想觀念認為，人體是由軀體與靈魂相結合的生命體。靈魂存在於軀體之中，才展現出生命現象；當靈魂離開軀體之時，就會出現生命停止的現象。如果靈魂短暫性地游離於軀體之外，傳統觀點稱謂“靈魂出竅”，這種現象類似於“休眠”或“假死”的狀態。根據道家的記載，只有經過修行的人才能夠做到“靈魂出竅”，即是靈魂可以自主地游離與回歸軀體。根據傳說，有高等級修煉者的靈魂可以離開軀體雲遊四海，一段時間之後返回軀體便會出現復活的情景。當然，這不是一般人所能夠體驗的事情。中國古代有不少關於靈魂出竅的記載和傳說，但是許多人認為這些傳說沒有可靠的證據而對之抱著懷疑的態度。然而，現代醫學上也有不少類似的案例，記錄經歷意外事故而起死回生的人，的確體驗過靈魂游離與回歸軀體的經驗，在醫學上稱為瀕臨死亡的體驗。這類經歷屬於無意或被動的“靈魂出竅”。無論是歷史上記載的“靈魂出竅”還是現代醫學記錄的“瀕死體驗”，很多事例都證明靈魂是相對獨立存在的事實。古今中外能證明這種事實的案例不少，以下列出幾個例子：

其一，佛教歷史記載，人有前生的記憶，顯示出生命的輪迴現象，以此可以說明靈魂是相對獨立的存在。根據藏傳佛教傳記的記載，那些被尋找的轉世靈童均有前世的記憶。這些幾歲的兒童，不但能夠辨認前生的用物，而且能夠分別出前生用物的真假。根據藏文史料的記載，許多轉世靈童能夠詳細地記得他們前生的出生地、父母、業命、資財等一切情況。藏文史書上說，有的靈童能夠回憶起前世所說的話乃佛力所致：因為活佛是人，前世活佛和轉世活佛是一個人的緣故。這種現象說明，同一靈魂可與前世的軀體結合，也可以與今生的軀體結合，靈魂是超越時間和空間而獨立存在的。

其二，民間生活實踐記錄，可以證明人有前生記憶和生命輪迴的事例多不勝數。現代令人驚奇的事例有：2009 年美國傳媒報導，路易士安那州的 11 歲兒童詹姆斯有一段特殊的經歷。該兒童兩歲時開始頻發噩夢，此後不但講述起第二次大戰時曾經駕駛飛機被日軍開火擊落而墜毀的事情，而且能夠講出飛機、戰艦的型號及同胞姓名。他的家人對此事追蹤和研究了三年，相信他的前生是二戰時期的美國海軍飛行員休斯頓，1945 年 3 月他所駕駛的飛機被日軍擊落，當年的他 21 歲。後來，詹姆斯的家人追尋並且見到休斯頓尚且在世的姐姐巴倫。休斯頓的姐姐巴倫也相信詹姆斯是她弟弟休斯頓的轉世，並已與詹姆斯會面。這是真實的故事，說明靈魂會輪迴轉世的事實。

其三，現代科學研究結果認為，靈魂可能存在附體現象。2010 年有關報導稱，瑞士科學家通過實驗證明靈魂可以附體於他人身上。這個實驗結論與民間許多關於靈魂上身的記錄以及說法完全一致，這說明靈魂是一個相對獨立的存在。還有，美國意識研究及心理學教授哈默羅夫博士與英國物理學家彭羅斯爵士，將量子物理學與生物學結合，提出了引人注目的理論：靈魂由量子物態所構成，當靈魂離開軀體後進入宇宙時，人體便會出現瀕死經歷；當靈魂重新回歸到軀體之中，人體便會蘇醒過來。靈魂是量子信息，是宇宙的一個組成部分。這兩位著名科學家的觀點，與中國的道教、佛教，以及印度教的觀點很相似。

實際上，對生命現象的認知程度，宗教上的認知遠遠超前於科學研究的認識。但是由於缺乏可重複的科技手段加以證明，宗教上的認知長期被當做玄學或迷信的思想。隨著科學研究與宗教認知的交集，已經逐漸可以顯示出宗教認知的確具有超前的科學意識。相信隨著生命科學和前沿科學的發展，會有更多的研究成果逐步揭開靈魂意識的真相。

2. 人體運動週期

人體系統之中，由生命活動而產生各種形式的人體生理運動週期。古老的中醫很早就已經認識到，人體內存在著有規律性的生理運動週期。《黃帝內經》提出子午流注的人體生理循環理論，在中醫體系中的診治運用已經有幾千年歷史。近代由於醫學、生物學、生物物理和生物化學等科技高度發展，人類（包括西醫）才對人體內的生理運動規律有了更深入全面的研究。科學研究證實：人體內部從器官系統、組織、細胞到細胞之內的生物分子，都隨著時間的變化而作出有規律的、週期性的運動。近代科學研究已經發現，人體運動週期有 100 多種。

醫學上，人體運動週期也稱為人體生物鐘。人體之外，所有生物體（無論是動物或植物）也都有體內的運動週期，統稱為生物鐘。人體生物鐘，最簡單的是心跳、呼吸、血壓和體溫等。正常狀態下，人體心臟跳動平均每分鐘約 70 次，肺部呼吸每分鐘 15—20 次。通常來說，人體血壓早上是 80—120mmHg，黃昏為 100—140mmHg；人的體溫早晨最低而黃昏最高，24 小時內有 0.5—1℃的變化。還有，人體生理血液中紅蛋白、白蛋白、血糖、氨基酸等各種內分泌的化學指標，以及心電波、腦電波、肌電、經絡等物理指標，均發現隨著日夜交替而產生週期性變化。這一系列人體循環週期，都是屬於先天設定的生命運動程式。每個人體內的各種運動週期都不完全相同，人體體內的所有運動週期疊合之後的曲線就更加不同，這是每個人命運不同的重要原因之一。先天的生命運動程式，會因為後天的思想行為、生活習慣、活動訓練而有所改變，這說明人的命運是可以改進的。可以想像，地球上所有的生命體在誕生之時，已經在不同程度上，“下載”了地球系統和天體系統的運行程式。簡單的生命系統所接受“下載”的程式相對有限，越是複雜的生命系統“下載”並容納的程式越多。人體是個複雜的巨系統，所以人體之中“下載”了宇宙天體系統中最多的運行程式。人類進化的過程，即是人體不斷地更新“下載”的宇宙天體系統的運行程式的過程。

證明人體“下載”天體系統運行程式的最佳事例，是 20 世紀科學家發現了人體生理節律。德國醫生威爾赫姆·弗里西和奧地利心理學家赫爾曼·斯瓦博達在醫療和研究中發現：從出生之日開始，人體有 23 天的體力週期，28 天的情緒週期和 33 天的智力週期，這稱為“人體三節律”或“人體生物鐘”。這三個週期是以正弦波圖像，呈現人體生理週期性變化。這三個週期分別運行至高潮期、臨界期和低潮期的時候，生命狀態會有很大的變動。簡單的表述是：

（1）體力週期（23 天）：高潮期——體力充沛、身體健康；臨界日——容易生病；低潮期——耐力下降、容易疲勞。

（2）情緒週期（28 天）：高潮期——情緒高漲、精神樂觀；臨界日——

容易出錯；低潮期——情緒低落、喜怒無常。

（3）智力週期（33 天）：高潮期——思維敏捷、記憶力強；臨界日——判斷力差；低潮期——思維遲鈍、記憶減退。

這三個週期制約著人體的體力、情緒和智力，雖然在醫療實踐中已經得到充分的證實，但是在理論上還是缺少完整、系統的解釋。在此特別提出來加以討論，關鍵是為了證明人體生命運動週期與天體運行週期息息相關。

人體 23 天的體力週期，顯然是受太陽運行的制約。從天文資料可知，太陽自轉與地球自轉方向都是自西向東。太陽是個等離子態的恒星，自轉速度不穩定而且不同緯度的自轉週期不一樣。太陽赤道的自轉週期約是 24.47 日（恒星週期）。由於地球圍繞太陽公轉，當太陽自轉 15 個恒星週期時，約為地球圍繞太陽公轉 12 個月，也約等於地球自轉 365 日。有趣的是，太陽自轉週期（約 24.47 天）、月球公轉週期（約 27.32 天）和地球公轉週期（約 365 天）的週期比值近似於 24：30：365，三個運轉週期比值的最小公倍數大約為 8760 小時，即 365 天，巧合地與地球公轉週期相當。有學者認為，太陽表面自轉週期存在著不確定性，可能太陽內核才是真正準確的自轉週期。太陽通過熱核聚變輻射出大量的光能和熱能，並通過太陽風不斷向地球釋放高能帶電粒子流；而來自太陽的物質和能量是地球充滿生機的關鍵，也是地球上所有生物得以生生不息的根源。

人體 28 天的情緒週期，顯然是受月球運行規律的制約。月球圍繞地球運轉的方向，也是由西向東。以其他星體為參照，月球圍繞地球公轉的週期是 27.32 日，這被稱為一個恒星月。以地球為參照，月球圍繞地球公轉的週期是 29.53 日，這被稱為一個朔望月。朔望月是以月球的相位為主，從朔到朔或從望到望為一個月。將兩種演算法的數值平均，月球圍繞地球公轉的週期大約 28 日。月球是固態的星體又是地球的衛星，在引力作用下圍繞地球公轉。月球對地球的引力牽引地核脈動，推擠地幔，引發海洋潮汐。月球運轉對人體的影響表現在：婦女的生理週期 28 天與月球公轉週期吻合。根據醫學統計，在滿月日，人的心臟病和精神病的發病率明顯增加。根據交通安全部門統計，滿月期間的交通事故上升 60%，縱火案增加 100%，謀殺案增加 50%。月球運動週期，明顯地影響著人的情緒、體液和內分泌。

人體 33 天的智力週期，可能是受木星的制約。根據簡單的天文資料，木星是太陽系中最大的行星，質量是地球的 318 倍，體積是地球的 1321 倍，所以是太陽系中對地球影響最大的行星。木星的自轉週期約是 9 小時，圍繞太陽公轉的週期是 11.86 年。木星與地球會合的週期約是 398.9 日，與地球一年 365 日相差大約 33 日。除太陽之外，木星與地球之間的引力是行星中最大的，其磁場強度是地球的 14 倍。從生活經驗得知，木星運轉對人體有很大的影響。但是對於更具體、準確的認知，有待更多的研究資料和結論。星象學的理論認為：木星象徵智者，代表威望理性；太陽象徵生命力，代表強盛力量；月亮象徵情緒，代表雌性。星象學是從長期的生活實踐中總結出來的理論，引證天體運動和星體相對位置同大自然變化、人類社會變動與個人命運變化，都有相對應的關係。

這三個週期，最小的公倍數是 21252 日，以太陽年（每年 365 天）計算接近於 59 年；以朔望月系統（每年 354 天）計算略超於 60 年，即是一個甲子年。根據傳統經驗，每個甲子年是一個人的命運的循環週期。

3. 人體活動規律

每個人的生命活動，不僅必須與天體運轉規律、大自然運動規律相協調，而且必須與人體體內活動規律相協調，這樣才能保持最健康的生命狀態、最旺盛的生命力和最順利的命運過程。例如，古代的中醫聖賢所認知的人體子午流注規律，是關於人體生物鐘的重大發現。簡單地說，子午流注規律是人體每天在 12 個時辰中，經脈腑臟血氣運行的盛衰規律。根據這個規律休養生息才能保持最佳的身心健康。如，在辰時（7:00—9:00）胃經當盛的時辰，飲食有利於消化食物和吸收營養；在子時（23:00—1:00）膽經旺盛的時辰，睡覺休息有利於養肝造血和調整身心等等。又如，上個世紀西方科學家研究得出的"人體三節律"，對所有人的生活、工作和事業都具有重要的意義。如果善於利用體力、情緒和智力的高潮期，做任何事都可以發揮最大的潛能；重要的事情在這個期間進行，相對能夠更加的順利而相對容易成功。而在低潮期做事會相對容易出錯或失誤，所以重要的事情應當避免在這個期間進行。根據"人體三節律"的規律，或許可以達到優生子女的目的。還有人統計過一些有成就的名人，去世時大多處於"人體三節律"週期的低點重疊日或臨界日期間。如果能夠運用"人體三節律"的規律，人們或許可以得到一些預警，規避風險。

第五章　傳統大智慧

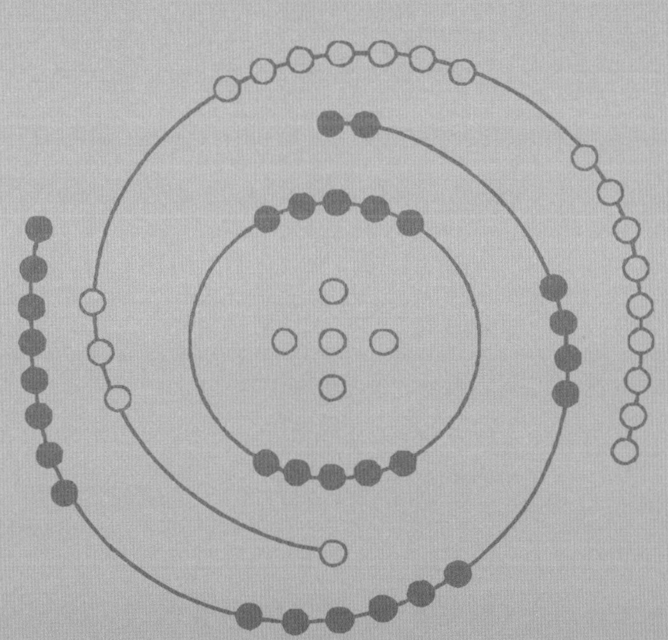

大約 2500 年前，世界上曾經發生了一起文化大爆炸事件。就其對世界文明的影響而言，堪稱為人類文明史上非常特奇的歷史性大事件：世界歷史上的最偉大的文化精英人物都集中在這期間出生。在古代印度誕生的釋迦牟尼（約公元前 565 年），在古代中國誕生的老子（約公元前 571 年）、孔子（公元前 551 年）、莊子（公元前 369 年）等聖人以及諸子百家諸多聖賢，在古希臘誕生的蘇格拉底（公元前 469 年）、柏拉圖（公元前 427 年）、亞里斯多德（公元前 384 年）等許多哲學家及思想家。直到今天，都沒有人能夠清楚解釋這次文化大爆炸事件為何會發生。對這起影響世界文明發展的“文化大爆炸”事件，有人認為：天體運行引發這次文化大爆炸的產生。

此後 2500 年，人類文明進程中形成兩大文化主流：一是，源自中華文明的東方文化；二是，源自古希臘文明的西方文化。這兩大文化的源頭及流程不同，但流向卻是一致朝著探索宇宙真理的方向，正如江河奔流終歸大海。以中華文明為源頭的東方文化，觀察和認識宇宙萬物的方式是整體論，探索的方法是實用化。以古希臘文明為源頭的西方文化，觀察和認識宇宙萬物的方式是還原論，探索的方法是公理化。儘管觀察與認識宇宙萬物的角度有所不同，但追索宇宙真理的目的高度一致。做個類比，宇宙萬事萬物的發展類似龐大無比的演化樹：西方文化的考察者，注重於對樹上繁華的花蕾、樹葉進行探索，從微觀著手以求逐步全面地認識這棵演化樹的奧秘；而東方文化的考察者，注重於對更接近本源的樹根、樹幹、樹枝進行思索，從宏觀切入以求逐步整體地認識這棵演化樹的奧秘。兩者所走的路向不同及經歷的過程有別，但是目的都是為著尋找萬事萬物的因果和宇宙的真相。東方文化在其發展的過程中，累積了天、地、人的深厚智慧並且創造了燦爛輝煌的農業文明；西方文化在發展的過程中，建構起精細的分支科學並且開啟了熱烈蓬勃的工業文明。歷史的潮流浩浩蕩蕩奔騰不息，人類經由工業文明迎來了信息化和全球化的時代；而工業文明特別是科技進步的成果印證了東方文化的很多帶有超前科技意識的思考，令東西方文化自然而然地順著歷史洪流匯合於一體。東西方文化的結合，將產生更加完美的新文化，推動人類文明進入一個嶄新的大時代。

中華文化是東方文化的象徵，中國傳統文化是中華文化的源頭。隨著東西方文化的融合，中華傳統文化的智慧正再度綻放耀眼的光芒。中華文化由儒家、道家、諸子百家等本土文化集成，吸收印度佛家文化且相容伊斯蘭文化。近代，中華文化全面地學習、融匯西方文化，正形成更具包容性的東方新文化。當今，無論是中國大地、亞太中華文化圈及全球各地的專家學者或者普通民眾，都以深邃的目光注視著中華傳統文化。以前，只有少數文人學者為之皓首研習的經典，如今成為許多民眾深深重視的學問，如"黃帝內經""易經""道德經"等。中華傳統文化是幾千年生活經驗的總結和生產實踐的成果，之所以能夠經歷悠久年代長盛不衰，是因為其中儲存著豐富且高深的生存智慧，且作為四大古文明中唯一沒有中斷的文明傳承至今。這些思想智慧具有強大的時代價值，既能夠為人們提供大量的精神財富，也可為人類應對各種挑戰及化解生存危機作出啟示。相信中華傳統文化與現代科學文化相結合，不僅是傳統文化弘揚與發展的契機，而且是實現時代價值的良機。

（一）傳統文化的時代價值

中國傳統文化是龐大的思想智慧寶庫，形形色色的文化寶藏難計其數，其中潛在的價值不可估量。簡單概括，傳統文化有多個大類：經典文化、宗教文化、神秘文化、世俗文化等；中小類別更是數量繁多，堪稱難以盡述。

怎樣評價各種文化的價值所在和價值大小，往往取決於鑒別者所站的角度和採用的方法。曾經，某些傳統文化中的精華是寶藏之中的真品，卻得不到正確的認識與評價，反而被誤識為糟粕而遭到遺棄。某些傳統文化中的思想是超前的科學意識，但是由於其境界超乎當時的科技發展水平的解析範圍，反而被人誤解是迷信；或者因為出於人性的自大及無知，某些思想精華被人視為反科學或偽科學；還有某些以現代科技水平亦無法解釋的文化現象或事物，則被人輕易地稱之為神秘文化。相信在傳統文化的寶庫中，還有不少藏寶箱尚未被打開。有兩把鑰匙可以打開這些藏寶箱：一把是現代科學文化知識的鑰匙，另一把是未來科學文化知識的鑰匙。而傳統文化與科學文化相結合，既是鑒別這些寶藏所具價值的途徑，也是解開寶藏之中未知奧秘的方法。

傳統文化中的大量信息應如何解讀和運用，意味著從中能夠獲得多少智慧和價值。礙於固有的詮釋，人們對傳統文化的認識純粹停留在宗教信仰、經典著作、文化藝術、玄學理學、中醫學等原有的角度上，缺少以科學文化的角度去審視和探討，因此未能以更深的角度的發掘傳統文化中的未知精華。傳統文化中的許多思維與智慧，通過現代科學思維與理解之後能夠令人恍然大悟地發現，其中有很多內容是非常超前且合理的；至今尚有許多未曾揭開的奧秘，值得人類進行更多的探索。例如，某些宗教經典並非僅僅是宗教信仰的文化典籍，其內容亦與人體科學、生命科學等其他文化領域相關。某些經典文化不僅具有高深的哲學思想，而且與當今的前沿科技相關。特別需要指出的是，某些玄學文化並非真的是玄而又玄、無法解析，而是涉及多個領域的科學文化。

傳統文化產生於科技知識落後的古老年代，其中的思想智慧並未因為歷史塵埃的遮蔽而遜色，也沒有被歷史興衰的滄海桑田淹沒，反而在科技文化發達的今天展現出更加耀眼的光芒。主要的原因是：這些傳統文化來自於前人對宇宙萬事萬物的認識，對天地人深刻的觀察、歸納與總結，並且經受漫長的生活實踐反覆驗證，最終才被認定成為寶貴的成果而傳承下來。傳統文化在流傳的過程中，即使歷代傳承者對其中的某些現象或原理還未能透徹地認識、理解與解析，然而還是能夠以宗教文化、神秘文化、玄學文化或世俗文化為載體傳承下來。也許有人認為，傳統文化是古舊落後的文化，現代科學文化才是先進的文化。然而重要的事實是：傳統文化經過幾千年的反覆認證，是屬於實踐型、智慧型的文化；科學文化則剛剛經歷了 300 多年的陶冶，是屬於實驗型、推理型的文化。必須強調的是，現代科學文化在不斷進步，而進步本身就一方面說明了還存在巨大的未知，另一方面說明傳統文化中一些至今難解的謎團可能經由科技發展而逐步得到證實。

在本書中，引用某些通俗淺現的例證並結合科技最新發展對有關傳統文化作出新的解讀，意在糾正長期以來對傳統文化的某些誤解或偏見。從這些例子可以論證，宗教文化並非純粹的宗教信仰而是哲學、超前科學的文化，神秘文化不是玄秘迷信而是值得科學研究的文化，世俗文化不是低級庸俗的文化而具有科學方法和智慧的文化。總而言之，傳統文化中許多內涵應重新理解，許多現象和內容應作出新的解讀。通過科學理解和創新解讀，將會揭開其中更多的奧秘，也必會從中發現更多的精華。

1. 傳統思維的高明智慧

從傳統文化中可以發現，前人獨特的思維方式加上漫長的生活實踐，是創造這些燦爛輝煌文化的根本原因。傳統思維是大智慧的思維，思維方式概括：天地人思維、歸納式思維、整體觀思維等。

（1）天地人思維

天地人思維是最高智慧的傳統思維，由此創造出博大精深的天地人傳統文化。天地人文化中，“天”是一個特別重要的概念。“天”字只有四畫，是極簡單的獨體字，卻表述了非常豐富的內涵，表露出前人超凡的智慧。“天”的概念，不僅體現前人的宇宙觀，而且表達了前人的命運觀。人類在追求生存的過程中，對生存環境及相關事物的認識，隨著生活經驗的累積而逐步豐富起來。在生活實踐中，繁多複雜的因素影響甚至主宰人類的生存狀態。在這些因素還沒有被全部研究清楚和透徹認識之前，古人將複雜的問題簡約化並將全部因素歸納為“天”的概念。

這是一種非常高明的智慧。在天地人文化中有很多關於“天”的名言，如：“天時地利人和”“謀事在人成事在天”“天命難違”等等。傳統文化中所說的“天”擁有多重意義，容納許多內涵，概括多層含意：

天，指宇宙天體、太陽、月亮、星星，以及人體視覺可見的星體。

天空，是指地面之上的空間，風、雲、雷、電生成與變幻的空間。

蒼天，古代人常以蒼天為主宰人生的神。

蒼穹，意指茫茫無際、不可知、不可測的宇宙。

上天，指人與萬物的主宰者，有神靈的含義也有大自然的含義，有神論意識和無神論的意識。

長生天，是指蒙古族人心中永恒至高無上的神。

（2）正邪與吉凶

傳統思維中的“正與邪”思維，是高度簡潔和概括的思維方式。這種思維指引人們如何從錯綜複雜的事物中，以最簡單明瞭的思路辯別正確的方向。傳統文化中所說的“正”延伸出多種稱謂、內容及含義。例如：正念、正氣、正道等概念。“正念”的概念來源於佛教禪修，後來，西方心理學界做出改良、整合並運用於心理治療，正念療法正式成為神經科學並且能有效地治療許多疾病。“正氣”即是陽剛之氣，浩然之氣。中醫學說指出：“正氣存內，邪不能干”；西醫的表述即是：人體保持強大的生命力和抵抗力則不受病毒的侵襲。“正道”意指符合宇宙規律的正確路徑和道理，與之相反的即是違反天理人情的“邪道”。簡而言之，“正”即是符合宇宙規律的一切事物，“邪”即是違逆宇宙規律的任何事物。在傳統思維中，將“正與邪”歸納成一句話“邪不勝正”：凡是符合宇宙規律的一切事物最終必定會贏得成功勝利。

傳統思維中的“吉與凶”思維，最早應該是在易經中體現出來。這種思維幫助人們在生存發展中，明確地判斷所遇到的一切事物是有利的或是不利的。傳統文化中的“吉”有多種表述，例如：吉祥，表示美好祥瑞的現象或狀態；吉利，是指良好或有利的事物。吉日、吉時和吉地，是指有利做事的好日子、好時辰或有利的地點位置；以科學的思維解析，是指有利的時間和空間。相反，“凶”是指凶險或災禍的情景和狀態，以及對生存發展有危險的事物。例如：凶兆，表示會發生兇險事情的預兆；凶日、凶時和凶地，是指不利於做事的日子、時間和地點位置；以科學的思維解釋，是指不利的時間和空間。在凶的日子、時間或地點做重要的事情會遇到阻滯或危險，容易受到挫折或得到失敗的結果。簡而言之，“吉”是事物符合宇宙規律產生的結果，“凶”是事物違背宇宙規律導致的結果，這是古人簡樸又科學的智慧。自古有“趨吉避凶”的名言，提醒人們應當通過趨利避害來調整命運。這是簡單樸素又富有科學性的哲理：個人雖然無法改變風雨的到來，但是可以在風雨到來時躲避風雨的侵襲；雖然無法改變命運的起落，但是可以減弱低谷運行期的傷害。“吉與凶”的思維，是傳統文化中的歸納性思維。

2. 世俗文化的科學智慧

世俗文化中隱藏著許多高明的智慧，但是長期以來，由於缺乏科學的解析、認同和發展，所以輕易地被人忽視而缺乏系統、有序的傳承。這裏可以略舉幾個簡單、通俗的例子，試以今天的科學表達方式解讀其中智慧的奧妙。

（1）燃放鞭炮：表面上看似乎是普通的歡慶習俗，實際上是聰明絕頂的科學消毒方式。在傳統習俗中，每逢喜慶的日子人們總會燃放鞭炮以及敲鑼打鼓以示慶祝。這種習俗，很多人對其中的因由不以為意，不一定能夠意識到其中存在著非常高明的科學智慧。

古代的人們在生存過程中經常遇上這樣或那樣的危機，傳染性疾病的流行是經常出現的危機之一。由於科學知識的局限，古人認為傳染性疾病的流行是瘟神在作怪，所以將這種傳染疾病稱為瘟疫。每當出現瘟疫大流行，往往會導致很多人死亡。為了制止瘟疫蔓延，古人採用燃放鞭炮或敲鑼打鼓的方式，祈求送走瘟神以達到驅除瘟疫的目的。這種方法在特定的歷史條件下，被認為能夠降低瘟疫傷害、驅除瘟疫。人們相信這方法不僅可以驅魔祛病，還會帶來好運，因而世代延續下來成為喜慶的習俗。

現代醫學對流行性傳染病已經有比較深入的認識，明白所有流行性傳染病是通過細菌或病毒傳染的，傳染途徑包括身體接觸、空氣傳染等。現代採用消毒的方法，通常是藥物噴射、紫外光照射之類的空氣消毒。古代的人口密度較低，傳染性疾病多數由空氣傳染而蔓延；制止這些傳染性疾病蔓延的有效方法，是在可能傳染的範圍之內進行空氣消毒。古代所用的消毒方式，是燃放鞭炮以及敲鑼打鼓。有研究認為，這是絕佳的消毒方式，既不會產生化學藥物污染更可以達到全方位消毒的效果：通過燃放鞭炮及敲鑼打鼓可產生強烈的空氣振動，各種頻率的空氣震動波（特別是超聲波）能夠有效地殺死空氣中的細菌及病毒。特別是在潮濕的黃梅雨季節，這種全方位的消毒比其他消毒方式更加簡單而有效。這種方式確實高明，在這個原理的基礎上，現代科技可以繼承和發展並且做得更好。

（2）抓禮（也稱抓週），是悠久的傳統習俗之一。古代，無論民間或者皇室均盛行這種習俗，為剛滿週歲的嬰孩舉行抓禮的儀式。這種儀式的做法是在嬰兒滿週歲的當天，在地板上鋪上草席並且在上面放置許多不同的物品：印章、書本、算盤、尺子、筆墨、食物、文具等。然後，讓嬰孩在草席上爬行並抓住其中物品，這種預測職業的儀式稱作抓禮。嬰兒抓住喜愛的東西，即是預示著將來長大之後會有這方面的特長或從事相關的職業。比如，嬰兒抓的是印章，預示將來會當官員；抓的是書本，預示將來會成學者；抓的是算盤，預示將來會成商人等等。有關調查顯示，這種儀式的測試結果與孩童成年之後的興趣和職業相當吻合，高度的準確性令人稱奇。

這種抓禮儀式表達了人們對生命延續的美好祝福，逐漸在民間和宮庭中盛行起來並成為傳統習俗流傳下來。有人認為，嬰孩具有超時空的潛意識及對未來的感知能力。嬰兒時期，所接觸的外界事物很少，接收的外來信息相應也很少。由於嬰兒體內受外來信息的污染程度極低，能夠保持純淨清澈的感知狀態；所以這個時期的嬰兒具有超常的感知能力。正如前文所闡述，有案例表明幾歲之內的兒童擁有前生記憶。類似的例子還有很多，這些奇異的現象不是如今的兒童心理學能夠解釋清楚的事，也許是前沿生命科學需要研究的課題。世俗文化是從生活實踐中總結出來的智慧型文化，世俗文化中隱含著許多科學智慧，從抓禮儀式可見一斑。

3. 神秘文化的科學信息

中華神秘文化包羅廣泛，有神話傳說、巫術、星象術、相術、相命術、風水術等各類玄學文化。神秘文化之所以神奇玄秘，根本的原因是人們對許多事物不認識、不理解，因而產生神秘感。宇宙之大且時空無量，人類目前所認知的事物相對而言不及滄海滴水，人們未知的事物才是絕大部分。神秘文化的產生是既正常又合理的事情，是人們探索和研究宇宙未知事物的創意性傑作。神秘文化應該被視為人類探索宇宙的奇特方式和實踐成果，如果將這些實踐成果轉化成為科學成果，則意味著神秘文化可以實現時代轉型。在可見的未來，即使人類的科學知識有很大的進展，對宇宙事物的瞭解更加廣泛，但是人類的視野及所知，相對於宇宙而言終還是相當有限。人類需要神秘文化，類似的神秘文化會轉化成其他文化形式存在，當今的科幻文化可謂是現代版的神秘文化。

幾千年來，前人以超凡的想像力和漫長的實踐成果，創造出各門各類的神秘文化。今天，人們以科技的想像力和實驗方法，也在創造著各種假設性的科學文化。未來，人類將以更高的智慧審視今天的科技文化，或許也會像當今人們看待古老的神秘文化一樣不可理喻。無論古今，人類的共同目標都是為了解開宇宙之中的未知之謎。今時今日，有部分神秘文化用現代科學知識已經可以作出比較合理的解釋，這些神秘文化已經不再顯得神秘。例如，四柱八卦、風水文化、養生術等等，已經可用科學理論做出比較合理的解釋。通過科學解讀，這些神秘文化依然有神奇感，但是不再有玄秘感。神秘文化中許多相關的文化成果，值得深入科學研究與發展；有部分神秘文化經過科學的解讀，不僅能夠展現出真正容貌，還可能藉助科學之力華麗轉身並且走向科學的殿堂。類似話題，本文在後面章節之中將有更多的論述。神秘文化之中蘊含著豐富的科學信息，如何看待這些神秘文化，關鍵在於以什麼角度、用怎樣的思維去理解和認識。以下用幾個例子，嘗試對其中的某些信息作出重新解讀：

（1）日月崇拜的神話傳說

太陽與月亮同人類的生存關係最為密切，所以世界上多數民族的文明早期都有日月崇拜。五個古老文明的發祥地：中國、印度、埃及、希臘以及南美的瑪雅文明都有日月崇拜文化。古代神話傳說中，將太陽視為至高無上的神非常符合科學精神。太陽輻射的能量，支撐著地球上生命的存在，主宰著萬物的生長。中國古代的日月崇拜，創造了神話傳說中“日中有三足烏”“月中有蟾蜍和玉兔”的故事。這些傳說的詳細內容，可以從歷史記載的資料中查到。

與太陽相關的“三足烏”傳說，之前人們認為這只是神話故事而已。今天重新看待這個神話故事，發覺其中隱含著與太陽黑子相關的天文學信息。古人在觀望太陽時，留意到太陽表面存在著三足烏鴉的影子，由此而創造“三足烏”的神話傳說。隨著天文研究的深入，人們對太陽黑子的現象有了更多的瞭解：太陽黑子會出現週期性的變動，在黑子活躍期，太陽會產生強烈的輻射，引起地球上的電磁場變化，對通信、氣候、地震、植物生長及人體健康等造成一系列影響。對太陽黑子現象的研究是現代天文學中的重要領域，更有學者創立了涉及經濟的太陽黑子理論。大約 100 年以前，科學家繪製出太陽黑子週期性變化示意圖後，赫然發現呈現出來的竟是一隻隻翩翩起舞的“蝴蝶”。從這個角度看，古人創造“三足烏”神話傳說，實際上孕育著撲素的天文科學意識。從這個角度審視，可以看出神秘文化是科學意識的萌芽階段，神秘文化之中潛藏著許多科學信息。

與月亮相關的“蟾蜍和玉兔”傳說，表面上看好像是純粹的神話故事，但是在這個神話故事深層之處，可能隱藏著與月球有關的天文信息。究竟其中的信息是什麼值得進一步探索。“蟾蜍和玉兔”與“三足烏”的神話傳說一樣，都是古人天文觀察而創造出來的故事，兩者都有相似之處。

（2）自然崇拜的科學觀念

傳統文化中很早就有“萬物有靈”的觀念，正是這種觀念衍生出各種形式的自然崇拜。如：河神、山神、樹神、石頭神之類的自然崇拜。“萬物有靈”是具有科學性的觀念，由於缺少科學方法驗證和科學理論解釋，這種觀念之下的習俗難以被普通人所理解而成為神秘文化。“萬物有靈”的本質，以科學觀點可以看作是人與自然物的能量交換與信息交流。在日常生活經驗中，大多數人認為，“萬物有靈”對於生命體而言可以理解，而對於非生命體並不成立。其實，人與自然物中的生命體和非生命體之間，都存在著能量交換與信息交流。比如，假設你在路旁看見一棵小草或一塊石頭，這個過程的事實是：在陽光照射下，小草吸收陽光的能量進行光合作用，同時將光的信息反射進入人的眼球，人才會看到小草；同樣，在陽光照射下石頭也會吸收陽光的能量，同時也將光的信息反射進入人的眼球，人才會看見石頭。小草是生命體而石頭不是生命體，但是人與這兩種自然物之間都有能量交換與信息交流。如今，陸續有很多科學實驗可以驗證“萬物有靈”的論點。這裏略舉兩個有趣的例子：

例子一，有眾多的科學實驗證明：植物和人一樣，有完整的神經系統、思維活動及心理活動。植物和人一樣，對聲音、光線有豐富的感覺甚至能夠體察人的各種感情，會產生各種心理反應。當今，對植物的科學研究已經發展成為一門新興科學——植物心理學。

例子二，已有科學實驗發現：水受到外來的意念或信息感應，會出現不同的反應及結果。日本的江本勝博士曾經做過許多水結晶實驗，發現人的意念、語言會影響水分子而形成不同的水結晶。當人們對水發出美好的心念，水結晶的圖案是美麗和諧的形狀；當人對水發出惡意的心念，水結晶的圖案是散亂扭曲的狀態。還有，美國斯坦福大學教授威廉姆·蒂勒曾經做過試驗，發現人的意念可以改變水的酸鹼度。

（3）人神崇拜未必是迷信

傳統歷史中，許多歷史性人物都成為中華民族崇拜的偶像，被以供奉神靈的形式世代傳承下來。其中有：聖人、祖先、民族英雄、時代豪傑等傑出人物。有人認為中華民族是多神信仰的民族，這種觀點是對中華文化不夠理解的表現。實際上，崇拜並不等於就是信仰，兩者之間有根本的差別。人神崇拜，不應視為宗教信仰，更不應視為宗教迷信，反而應被視為科學行為。這樣的觀點可能引起諸多異議。下面的論述，可以為人神崇拜做科學性的辯解。

聖人崇拜——孔子既是聖人也是大教育家，但卻不是宗教上的神。孔子時代距今已經 2500 多年，然而孔子言論的信息波還在世間之中不停地蕩漾。今時今日，幾歲的孩童還在朗誦與孔子思想相關的《三字經》及《論語》等典籍。這表象的深處，本質上是孩童與孔子的信息產生感應和交流的過程。傳統上，孩童開始進入學堂的時候，都要舉行拜孔子的儀式。表面上這只是一場入學儀式，但是從深層看，這是一種精神動員活動。通過膜拜儀式，營造莊重的氣氛，調整端正的心態，以調動孩童求知解惑的學習動力。

祖先崇拜——中華傳統家庭中，每年都會舉行拜祭祖先的儀式。多數人，將拜祭祖先的儀式視為紀念活動；也有些人，舉行拜祭祖先的心理是為了祈求祖先保佑。無論持有何種心態，舉行拜祭祖先儀式不應輕易地視為迷信行為，更應視為有科學意義的活動。以科學思維對這種祭拜儀式加以理解，可以視為這是後人與祖先進行信息交流與共鳴的活動。從遺傳學可知，每個人身體中的遺傳基因都承載祖先的基因信息。拜祭儀式的過程，是後人的體內信息與祖先信息感應與共鳴的過程。所有虔誠及莊嚴的儀式，都在於誘導專注度及調動感應力，這類似物理學所指的調節諧振頻率的過程。從科學角度上看，拜祭祖先所產生的深層效應，令後人體內的遺傳信息更加和諧因而命運會更加順利。這種效應，會令有些人相信拜祭祖先會得到祖先的保佑。

英靈崇拜——中國歷史上，出現許多民族英雄、忠義之士。這些歷史性人物，受廣大民眾深深崇拜並當做神靈供奉及膜拜。這些英靈崇拜儀式，不能簡單膚淺地看成迷信活動。以科學思維理解，通過對英靈的供奉及膜拜過程，受英靈人物的精神意識所感染，會產生強烈的信息感應和信息共振的效應。崇拜者受英靈信息感應之後，在心理意識上會有增強浩氣、正氣的效果，在生理及精神上會改變人體的氣質。

（二）源頭文化的宇宙智慧

中華傳統文化，總的源頭是易經文化。陰陽五行、太極八卦構成整個易學體系；衍生出天干地支紀時系統；進而衍化出各門各類的傳統文化。從源頭文化的流淌開始，傳統文化終於匯聚成博大精深的中華文化體系，造就了燦爛輝煌的中華文明。

談論傳統文化的傳承及發展，首先必須探明源頭文化的陰陽五行及易經；否則，不知源頭之流從何而來，就難以明白傳統文化的長河為何數千年長流不息；不知源頭之流是從宇宙中來，就不會明白傳統文化的長河通向未來科學。

論說陰陽五行及易經，必須有現代科學的思維及解讀；否則，古今的時差會使人理解源頭文化的思路迷失方向而誤入歧途。本文以陰陽五行及易經為議題，通過對源頭文化的科學論述，全新揭示其中的科學智慧。並且，對

宇宙與河圖具有內在關聯

陰陽五行及易經歷來存在的不正確、不合理的解說作出糾正，令陰陽五行及易經展現出科學文化的光彩。通過對源頭文化的科學理解及論證，進而印證傳統文化之中的其他分支也是屬於科學文化，可以與現代科學匯合而流。這些論述，可能還不完整或有不足之處；但深信這是一條正確的、科學的思路，是傳統文化通向創新性繼承和創造性發展的可行之路。

傳統文化創造並累積了幾千年的農業文明，因而如此豐厚及精深。而今，中華民族經歷了工業文明並進入信息文明的歷史新時期，如果傳統文化的傳承方式還是停留於守舊地照搬或重覆的層面，則不但難以得到有效的傳承，更加無法指望有創造性的發展，並且還會引致諸多的疑問及誤解。

當今已是信息文明的時代，各類科學知識空前豐富，而陰陽五行及易經文化依然停留於朦朧時代的闡釋，難怪學界仍然存在著陰陽五行及易經是否屬於科學的質疑及爭論。如果陰陽五行不合乎科學，則傳統文化中的諸多分支學科便成為偽科學或迷信文化。特別是中醫學，其理論基礎來自於陰陽五行。事實上，中醫文化已經由數千年的實踐所證明，是一種行之有效的醫術文化。沒有科學的陰陽五行做支撐，中醫學便不可能堂堂正正地走進科學的殿堂，也必會動搖中醫文化的自信，中醫學甚至會被現代科學邊緣化。上世紀新文化運動期間，中國不少名人，包括偉人竟然也不相信中醫。這是令人非常遺憾的事情。其中根本的原因皆出自對中醫理論的闡釋缺乏科學性的緣故。

歷代的易學論者作出諸多的易學論著，促使易學不斷積累發展成為體系豐厚的學說。近代的論著多數只重複前人的論述而甚少有創意的論著出現；又或者只注重於實際應用而缺少科學理論上的論述，以致易學還是未能走出玄秘且困惑的迷城，易經文化更是未能走進科學文化的殿堂。

易經起源於神靈迷信，卻展現出超前的科學智慧。其未來出路在於藉助現代的科學思維，用現有科學理論理解、解說這些古老的文化智慧。這樣，不僅可消除易經的巫術、迷信的形象，還可以使之走上科學發展及古為今用的廣闊道路。曾經，有某些現代學者將易學與現代哲學、天文學、醫學、環境學等科學結合起來進行思考與探討；甚至將易學與化學元素、生物遺傳及電腦信息學聯繫起來研究與解說，試圖通過易學與現代科學的融合，探索易學創造性發展的新路向，彰顯出傳統文化的科學意義與現代意義。這是一種值得關注及可喜的現象。今天，人類已經擁有更高的科學水平及廣闊的知識領域，完全可能從不同科學的角度，對易學作出科學性的論證及時代性的解說。

本文對陰陽五行的創新解讀是以往未有的觀點。這樣的科學解釋，大膽地開創了幾千年來未有的先例。這絕非是對傳統解說的否定，而是對傳統文化的科學探討及對傳統理論的完善及發展。關於對易經的解讀，雖然近代有學者提出易經是時空科學的論斷，但是他們僅提出了空間八卦的三維立體坐標觀點，而漏掉了時間八卦也是三維立體坐標的關鍵性概念。從易經的啟示中，本文提出時間是三維立體的概念，糾正時間是一維直線概念的錯誤觀點。通過合理地解說易經的時空科學的原理，證明易經學說具有科學依據。唯有完整的理論依據，才可能有嚴密的論證和強大的說服力。

概括而言，陰陽五行是關於能量交換及訊息交流的科學智慧。易經是關於三維立體空間及三維立體時間互相變換的科學智慧。從陰陽五行及易經中，可以體會到中華傳統文化中精絕的科學智慧。古人根據能量及訊息轉換的現象，透視事物的變化與發展；依據時空變換的過程，預測事物所處的狀態及未來的趨勢。陰陽五行與易經的古老智慧，竟然能有超前於今時今日的科學思維，實是令人驚奇與讚歎！如今，對陰陽五行與易經進行創新的解讀，具有很多重要意義：

1. 從源頭上理清陰陽五行與易經的本質，破除朦朧、迷信的觀點，還原其應屬於高度科學智慧的原貌。

2. 從源頭文化入手作出新的認知，有助於扭轉近代文化崇洋及自我輕視的自卑心理，從根本上強化中華文化的自信、自尊和自豪感。

3. 從源頭文化的啟發中，探究傳統文化復興的新路向，促成傳統文化與現代文化完美的對接，推動中華文化大復興的進程。

1. 陰陽五行的千年新解

陰陽五行學說支配中華民族的思維已有數千年，是傳統文化體系中最為重要的思想之源。面對傳統文化的傳承與發展，不能不對陰陽五行作出比較透徹的研究。陰陽五行的思維，滲透進傳統文化的各個領域。唯有對其全貌建立科學性的認知，才能釐清其迷信的內容，令神秘的術數和陰陽五行轉變為具有科學思維的事物。唯有透過對陰陽五行的新認知，才能為傳統文化的傳承與發展打開廣闊的新天地。

陰陽五行學說，是古代先民從漫長的生活實踐中所悟知的宇宙規律，是經過歸納、總結及印證而成的智慧結晶。無數的實踐經驗證明，陰陽五行合乎萬事萬物的變化規律，是不可否定的宇宙真理。在各個領域，特別是中醫學、氣象預測等方面的實踐，均證實其原理有一定科學性。遺憾的是，對五行的定義歷來存在諸多說法，對五行的解釋也缺乏科學理據。由於未有進行嚴謹的科學論述，許多解釋難免陷於牽強附會或難圓其說的境地。

對五行的定義，歷來存在多種不同的說法。例如：有定義五行是事物的五大屬類，或者定義五行是構成物質的五種元素，又或者定義五行是物質的五大屬性等等。這些定義明顯存在諸多漏洞，均無法對五行作出科學的、合理的解釋，以致五行仍然披著玄妙神秘的面紗。鑒於這樣的情形，在深入考究傳統文化，觸及陰陽五行理論時，相關定義都會被人有意無意地迴避或忽略淡化。

今天，要看清陰陽五行的真容，應藉助現有科學知識及對未來科學的認知，層層揭開其神秘的面紗。相信，現有的科學知識已能更合理地解釋陰陽五行，可以讓陰陽五行堂堂正正地走進科學殿堂之中。基於此，以下將對陰陽五行作出新定義和新闡釋：

（1）新的定義及闡釋

① 陰陽的定義：宇宙中一切事物都處於運動變化之中，陰陽是事物在運動過程中對立統一的一體兩面。

關於陰陽的產生，無論是傳統理念的宇宙生成論（無極生太極，太極生陰陽……）還是現代科學的宇宙起源論（宇宙誕生於奇點大爆炸，並由此產生時間與空間、物質與能量）均認為陰陽出現於宇宙之始。宇宙經由陰陽變化而衍生萬事萬物，因此陰陽的特性蘊藏於宇宙萬物之內。

陰陽轉化同步產生事物變化，同時伴生能量轉換和訊息交流。陰陽是表示事物對立與統一的兩個符號；陰陽既表示事——訊息性的正負、奇偶、動靜等，也表示物——物質性的日月、男女、君臣等。

② 五行的新定義：宇宙中一切事物都在運動變化，其過程伴生能量轉換及訊息交流，所表現的五種行為稱為五行，分別以木、火、土、金、水為五種符號表示。這五個符號既對應處於運動的物體，也對應運動過程的狀態。

根據新定義，對五個符號作出闡釋，使其表達符合現代科學的思維與邏輯：

木——吸收、儲存低頻的訊息及能量，反饋高頻的訊息及能量。

火——輸送低頻的訊息及能量，吸收高頻的訊息及能量。

土——均衡、保持不同頻率的訊息及能量。

金——反射、反饋全部頻率的訊息及能量。

水——吸收、接受全部頻率的訊息及能量。

宇宙中，任何事物都處於運動變化中，事與物是運動變化的現象與主體的全稱。主體有運動，就有變化的現象。事與物是不可分割的整體，故稱為事物。

宇宙中，有事物的運動才有陰陽變化，有陰陽的變化才有五行現象，陰陽五行是不可分割的整體，故稱為陰陽五行學說。

應當指出：中華傳統文化中，概括、歸納及總結是傳統思維的特徵。陰陽五行即是這種思維的智慧結晶。陰陽符號既表示事也表示物。同樣，五行符號既表示事——訊息的方位、時間、顏色等，也表示物——物質性的五臟、五官、五腑等。五行對應的事，指能量轉換及訊息交換的現象；對應的物，指參與運動而引起能量交換及訊息交流的物體。前人通過對事物運動變化的能量轉換及訊息交流所表現的五種不同形式，瞭解該事物的運動狀態以及未來的發展趨勢或運動軌跡。這可以理解為什麼陰陽五行學說，會成為中醫學行之有效的理論支柱。

宇宙的萬事萬物繁雜無比，變化無窮。前人通過所感知能量及訊息變化的五種現象 —— 五行，就可既簡單又準確地分析出事物的狀態與趨勢。這是多麼高深的智慧！歷來，對五行的闡釋及其對應關係，均缺乏令人信服、圓滿合理的解釋；許多詮釋流於玄虛、模糊、抽象甚至難圓其說的境地。其根本原因一是沒有科學理論作支撐，二是沒有以概括、歸納及整體觀的思維來理解五行。而今，五行有了科學性的新定義和新闡釋，五行的對應關係也就有了科學、合理的解說。

總而言之，陰陽高度地概括、歸納了宇宙中對立和統一的事物；五行高度地概括、歸納了事物變動的五種現象或引起變化的五種物體。

（2）新的解說及實例

根據五行的新定義及對五個符號的新闡釋，相關例證能夠進一步解釋為什麼五個符號會對應五種既定的事物，為什麼在事物變化中會表現出五種不同的現象。

例一：人體五臟對應五行

為什麼是肝屬木、心屬火、脾屬土、肺屬金、腎屬水？用新定義闡釋如下：

肝，將外部的能量（經消化形成的營養）吸收、儲存為身體內部的營養（能量），所以肝屬木。

心，將體內的營養（能量）通過血液流動輸送至其他器官，所以心屬火。

脾，運化食物及統攝血液，起著平衡營養（ 能量 ）的作用，所以脾屬土。

肺，將體內的能量反饋出去（通過呼吸氧氣進行新陳代謝），所以肺屬金。

腎，具有吸收營養（能量）功能，保留水分及有用的物質（葡萄糖、蛋白質等），所以腎屬水。

為什麼其他器官也對應五行？因為能量、訊息轉換的現象相似，所以對應相同的五行。例如：肝與膽、心與小腸、脾與胃、肺與大腸、腎與膀胱，互為表裏及作用相似，所對應的五行自然相同，其他器官也一樣。這樣，就可以理解五腑、五體、五官、五志、五臟及五聲之中，每個器官或每種現象與五行的對應關係都是合理的。

例二：顏色對應五行

為什麼是青屬木、紅屬火、黃屬土、白屬金、黑屬水？以新定義的闡釋：

青色，當某些物體受自然光照射後，只吸收、儲存頻率低的光能（如紅光等）而反射出頻率高的光能（如藍、綠光等）；人眼只能觀察到物體反射出來的光是青色（藍、綠光），所以青屬木。

紅色，當某些物體受自然光照射後，只反射、釋放頻率低的光能（紅光）而吸收頻率高的光能（如藍、綠等）；人眼只觀察到該物體反射出來的光是紅色，所以紅屬火。

黃色，當某物體受自然光照射後，只反射均衡的中頻率的光能而調和低、高頻率的光能；人眼只觀察到該物體反射出來的光是黃色，所以黃屬土。

白色，當某物體受自然光照射後，反射出全部波長的光能；人眼觀察到該物體的白色光是自然光，所以白屬金。

黑色，當物體受自然光照射後，吸收了全部頻率的光能；人眼觀察不到該物體有光反射出來因而看到的是黑色，所以黑屬水。

簡而言之，在自然光照射之下，不同物體所顯現的顏色不同，正是說明其過程所產生的能量及訊息轉換的形式不同。

例三：季節對應五行

為什麼是春屬木、夏屬火、季夏屬土、秋屬金、冬屬水？以新定義的闡釋：季節是地球繞太陽橢圓軌道運轉而形成的結果。

春季，地球開始靠近太陽，大自然的氣溫逐漸提升令地表不斷吸收、儲存更多的熱量，所以春屬木。

夏季，是地球最靠近太陽的時候，大自然氣溫最高令地表向外部散發熱量，所以夏屬火。

季夏，地球處於公轉軌的遠日點和近日點之間，吸收與散發熱量處均衡狀態，所以季夏屬土。

秋季，地球開始逐漸遠離太陽，大自然的氣溫逐漸下降令地表主要以釋放熱量為主，所以秋屬金。

冬季，地球處在離太陽最遠的位置，大自然氣溫最低令地表主要以從外部吸收熱量為主，所以冬屬水。

例四：方位對應五行

為什麼是東方屬木、南方屬火、中央屬土、西方屬金、北方屬水？以新的觀點闡釋：地球對太陽的自轉運動引起地面能量轉換。

東方，因太陽升起令東面熱能不斷增加，地表溫度逐漸升高，是吸收、儲存熱量的過程，所以東方屬木。

南方，因靠近赤道，吸收太陽的熱能最多因而地表溫度較高，南面主要趨向散發熱量，所以南方屬火。

中央，處於東西、南北的中點，中間地帶熱能均衡，地表溫度處於平均狀態，所以中央屬土。

西方，因太陽落下令西面熱能不斷減少，地表溫度逐漸降低，是散發出熱量的過程，所以西方屬金。

北方，因遠離赤道，吸收太陽的熱量最少因而地表溫度較低，北面主要趨向吸收熱量，所以北方屬水。

中國地理位置處於北半球，方位對應五行以北半球為準，與地理位置處於南半球，方位對應五行有所不同。

例五：天干地支對應五行

古代以天干地支紀年、紀月、紀日、紀時。天干地支與既定的年月日時相配；年月日時又與五行對應，所以天干地支對應五行的實質是時間對應五行。

例如：子時是半夜，子屬水；午時是中午，午屬火，依此類推其他時間對應相應的五行。又如：寅、卯月（正、二月）屬春季，寅、卯屬木；巳、午月（四、五月）是夏季，巳、午屬火；申、酉月（七、八月）是秋季，申、酉屬金；亥、子月（十、十一月）屬冬季，亥、子屬水；其他辰、未、戌、丑月（三、六、九、十二月）屬季節之交，辰未戌丑屬土。參照季節對應五行的闡釋，無論時間或月份對應五行的闡釋同樣有一致的結論。天干地支是時間的符號，與五行對應亦是合理及科學的。

應當指出，陰陽五行運用於術數、算命等，有人輕易地將之指責為迷信，其實不然，之所以有這種觀念是因為不理解五行。例如：四柱八卦的天干地支，與五行有對應關係，即是時間對應五行。四柱八卦預測命運的依據是時間，具有一定的科學根據。

例六：數字、文字對應五行

應該怎樣理解數字、文字對應五行的關係？依據新定義與新闡釋：五行是事物變化產生的能量、訊息轉換的表現形式。數字、文字均表示著某種訊息，所以也體現五行的形式或現象。

在傳統文化中，十天干或者一至十都是數字的代表符號。一個符號或文字具有多種表示是傳統文化的特色。數字可表示時間、方位等，所以也具體對應五行。例如：甲乙東方木、丙丁南方火、戊己中央土、庚辛西方金、壬癸北方水。十天干與十數字只是不同的符號，但是本質一樣，所以對應的五行相同，即：甲乙或一二均屬木、丙丁或三四屬火、戊己或五六屬土、庚辛或七八屬金、壬癸或九十屬水。

應當指出，符號本身並不具有五行的特性，而是符號所表示的事物具有五行的特性：

文字對應五行，有以字形、音韻、字義、數理等五行對應法。文字表示某種訊息，如同顏色反映某種訊息。文字對應五行有兩種：一、人們閱讀文字，即是接受訊息並且形成意識。根據現代量子物理學所知，意識是一種量子態，屬於能量形式。文字經過人的意識、反映出來具有五行特性，這是文字對應五行的一種理解。二、文字純屬符號，其對應的五行即是該文字所表示的事物所屬的五行。

從以上的例子，引證五行的新定義及五個符號的新闡釋，完全合乎科學思維邏輯。由此可賦予五行新內涵與新意義，可讓陰陽五行以新形象展現於世人面前。陰陽五行是宇宙演化、生成萬事萬物所依循的規律，所以萬事萬物的變化必然以陰陽五行的形式與現象顯示出來。宇宙中的事物無窮無盡，陰陽五行的現象無處不在，所以陰陽五行學說是中國傳統文化諸學之源，其原理是真理之基。對陰陽五行，應以宏觀思維的高度去認知，才能理解其全貌與奧妙；還須從各個知識領域加以引證，以使新定義與新闡釋的內容更豐富與完善。

總之，以上對陰陽五行的論述是一個前所未有的嘗試。希望這些具有創新性及科學性的解說能被人認同。本文通過全新的論述，洗滌歷史積聚的誤解，還陰陽五行文化的科學形象。此文作為開端，起著拋磚引玉的作用，以引發更多的論證；希望更多文化界及科學界的有識之士，能以不同的科學學術角度共同參與論證。

2. 易經文化的科學思維

《易經》歷來被推崇為群經之首，不僅因為其成書歷史最為悠久，更是因為其中蘊藏著獨一無二的思想智慧。《易經》自古至今備受重視，且人們對其的興趣程度有增無減，不僅是因為其中的奧妙尚未全部解開，更是因為它充滿著神奇妙用。《易經》之中精深、玄妙的智慧，吸引著歷代哲人智士潛心探索，以至於皓首窮經，論著層出不盡。可見，人們一直希望能走出這座結構縝密、包羅萬象的迷城。據說，古往今來的論著共有三千多部，也有傳言說流傳於民間有六千多部。由此可見，《易經》擁有非常強大的吸引力，同時說明《易經》之中儲藏著高深、未知、寶貴的價值。

《易經》起源於盤古時期，從考古發現的資料證實創始於 6500 年前。其中的言辭及內容，顯然令人感到古今文化存在著極大的時間差距。從《易經》成書至今，經歷過許多歷史時期。在這漫長的過程中，不同時代的學者又以不同的思維模式和時代風格對其作出各種詮釋。由於不同歷史時期的累積，《易經》的各類論著必然思想各異、內容多樣、風格不一，這極大地豐富了《易經》的理論體系。即是《易經》經歷了歷朝歷代的考究與補充，在傳承中發展，在發展中累積。

當今的學者在研讀《易經》之時，因其古老的表達方式，而莫不感到其中的言辭稀奇古怪、意境玄之又玄，以致研讀過程相當費神，理解起來也倍覺困惑。《易經》創造於農業文明初期，發展於各個歷史時期。而現今是科技發達的信息文明時期，研讀《易經》不僅應以歷史的角度理解不同時期的論著，更應從現代科學的視角透視其本質並作科學性的理解。通過這種方式，人們才能讀懂《易經》，也才能使之再發展。以現代科學的視角看，易經文化是科學思維的文化。

《易經》的來歷，應從盤古時代古人創造陰陽五行、天干地支文化為起源。由於“易道廣大，無所不包”，《易經》的神奇功能及傳說，令古代先民視之為天賜神物；也由於《易經》具有超前的科學智慧，致使現代有人疑之為外星來客留下的智慧。從考古的角度推理，《易經》是中華民族的先民創造出來的，這是最可信的來歷之說。

《易經》是怎樣創造出來的？《易經・繫辭傳》明確指出：“仰則觀象於天，俯則觀法於地，觀鳥獸之文與地之宜，近取諸身，遠取諸物……”古代先民，活動範圍有限，接觸事物不廣，只通過觀察天地的現象、大自然的事物，竟然創造出觀測萬事萬物變易規律的易經文化，著實令人讚歎！古人在觀察天地萬物的過程中，沒有先進的輔助工具，而只憑超凡的直覺、悟覺認知事物；沒有實驗設施以驗證觀察的結果，而是將宇宙天體及大自然當作實驗室。藉助這規模最大、設施最齊的超級實驗室，古人驗證出了真實的結果及創造出了廣大悉備的易經文化。

《易經》的本質是什麼？自古以來，多數人認定易經是巫術占筮之書。到了近代，不少人認為易經是高度哲學智慧的論著。然而，易經始終還未走出巫術占筮籠罩下的陰影。這背後存在多方面的原因：其一，易經文化起始於神靈迷信，漫長的歷史時期均停留於巫術占筮的應用。其二，易經源於古老的易學，起初只以畫卦符號表達易道的思維方式，因此充滿神秘性；之後雖然有文字表述，但是言辭解說未能清楚地解析出易道的真相而顯得玄秘虛幻。其三，古代缺乏各類知識，更沒有科學理論可以對易經作出科學性的論證及解說。

實質上，古代先民運用易經於占筮，應被視為生存發展之中的生活實踐而不能輕易地定性為巫術迷信。占筮是古代先民樸素的預測方法，經過生活實踐證明具有實效才可能被長期採用。易經用於占筮，說明其中也許潛在著某些訊息科學的意識，未必全部屬於迷信行為。易經有預測訊息的功效，只是長久以來被局限於占筮的範圍。從現代科學角度理解，易經不僅具有高深的哲學思想而且具有科學的時空思維。對易經的原理作創新性的解釋，可令易經抹去巫術迷信的外表，還原其宇宙時空科學的真貌。易經的本質是宇宙中時空轉換與事物變化發展相關的科學文化。

（1）河圖洛書的科學理解

河圖洛書在某種程度上說是易經文化的始源。傳說有河圖洛書之後才出現陰陽五行、八卦及易經文化。河圖洛書只是兩幅圖像而沒有文字表達，所以可能產生於文字發明之前。歷史上雖然有河洛文化的說法，但因為缺乏文字記載，嚴格意義上不可稱之為文化，可能因其後期融入了陰陽五行、八卦及易經等文化因素，經過系列發展後才有了河洛文化的稱謂。總體上，河圖洛書與陰陽五行、八卦及易經文化均屬於中華文化的源頭，歷朝歷代對河圖洛書均有各類解說及發展。現在，從科學思維上再認識源頭文化，自然需要對河圖洛書作科學性的理解與解讀，而今科學知識發達，可以用更多的科學資源對河圖洛書作出新的解說及發展。

河圖洛書的面世年代久遠，諸多傳說因缺乏實證難以確認；歷來對此存

含山文化玉板，史前文化最重要的玉器之一，被認為與河圖洛書和易經有密切關聯

在許多爭論，已成為千古迷團。目前，唯有其遺留下來的歷史證據可供論證、參考，可作為可信的依據。據稱，河圖洛書出現至今已有大約 8000 年歷史。考古證實，6500 年前的古墓之中，存在著河圖的證據，5000 年前的古物中也顯示出洛書的證據。可見，河圖洛書出現的年代非常悠久，也說明其中深藏著極為重要的智慧，因此才會流傳至今。

河圖洛書的本質，自古以來沒有人能夠講明白，即使是今天的科學思維也只能進行局部理解。河圖洛書之所以長久地受人重視並流傳至今，是因為在漫長的實踐過程中，它的確被證明具有奇妙的效用：將其用於天文，可發展出氣象學；用於地理，則衍生出風水學；用於醫術，便造就了中醫學；用於武術，就形成了太極拳等等。應知道中華傳統文化屬於以實證性為主導的文化；只有在實踐中被證實真正發揮作用的內容，才會被認定並得以傳承下來。當今，以科學思維對河圖洛書作出新的理解與論述，一是為了進一步證明源頭文化的宇宙智慧，二是相信河圖洛書中隱含著宇宙萬物運行的法則。

河圖洛書的構成，相信是古人通過敏銳的觀察，在感知天地萬物的變化法則後，以圖像形式進行表達和記錄的結果。

①河圖，古時稱龍馬圖。從含意理解，天體中的星河、地理上的河流及人體中的經脈都有相似之處，都是物質流動現象。以科學思維來理解，河圖可視作物質流動的圖式。

河圖的結構，由十個數字的黑白點表示：單數一、三、五、七、九以白點表示，白點屬陽，稱為天數；雙數二、四、六、八、十以黑點表示，黑點屬陰，稱為地數；中間五白點，外圍十黑點。傳統上對河圖有多種解說：如，左旋之理的解說，白點一、三、七、九圍繞白點五左旋；黑點二、四、六、八圍繞黑點十左旋。兩者都是順時針旋轉，古代稱之萬物五行相生。所謂順生逆死，左旋是順生而行代表生長，右旋是逆生而行代表衰亡。還有另種解說，河圖原為星圖，應用於地理方面，在天象上表現為風、氣；在地形上表現為脈、水，即風水。除此之外還有其他解說，如象形、五行、陰陽及先天之理等等。河圖的本質是什麼，歷來有各種說法：古代地理書、上古氣候圖、上古方位圖以及天河之圖等。

以當今科學思維的理解：河圖是宇宙中的物體運行法則，是物質流動模式的示意圖。

其一，在宇觀現象中，如：銀河系中的星體（恒星、星團、星雲等）圍繞銀河中心旋進流動。根據天文觀察，銀河系有兩條旋臂（人馬座和矩尺座旋臂）繞銀河中心旋轉。當代著名天體物理學家霍金稱，觀察表明銀河系中心是巨大的黑洞（即，併吞及吸入其他星系）。銀河系中星體的旋進流動模式與河圖所示相當吻合。

其二，在宏觀現象中，如：地球上的氣流（颱風、龍捲風等）均呈現旋進流動模式；海洋中的環流或江河中的漩渦也均是呈現旋進流動模式。

其三，在微觀現象中，如：生物體中的 DNA 雙螺旋結構也是以旋進式生長。種種現象表明：宇宙中，物體的成長過程均是旋進式而不是直線式地進行。河圖所表達的是宇宙天體、自然界及人體之中的生成法則和物質流動的模式。

② 洛書，古時稱為龜書。從文字上，洛即脈絡，所以洛書也稱脈絡圖。從含義上理解，天體中有星際網絡、自然界有山川脈絡及人體中有經絡，三者都有相似之處，都有訊息互聯網的現象。

洛書的結構，由九個數字的黑白點表示：單數一、三、七、九以白點表示，白點屬陽，稱為天數；雙數二、四、六、八以黑點表示，黑點屬陰，稱為地數。白點，單數五在中央；其他單數連結為串，分佈四正方位，雙數連串或成矩形，分佈於四隅方位。歷來，洛書多被認為是上古星圖。古人觀測天象，以北極星為定位星。北極星座斗柄所指的八個方位，加中央共九個方位稱為九宮。以最明亮星為標誌，發現九個方位的星體數目，即是洛書所示的方位和數目。以上就是是對洛書與九宮來歷的解說。根據歷史記載及考古證明可知，洛書與九宮有密不可分的關係。

以當今科學思維的理解：洛書是宇宙中物體結構的脈絡分佈示意圖。天體結構、大自然結構與人體結構的脈絡分佈與洛書所示意的圖式相輔相應。在人體現象中：人體的奇經八脈與洛書的八宮相對應。人體奇經八脈中的四陽脈及四陰脈，與洛書中的天數四正方位和地數四隅方位的分佈極為相似。這些不是巧合或偶然的現象，經實踐證實：洛書的原理應用於人體運行，從中發展出中醫學及太極拳並表現出確實的功效。洛書是指導太極拳的理論基礎，反過來太極拳的實踐結果印證洛書的原理。除此之外，洛書的原理應用於對自然界的勘測，發展出勘輿學與風水學並表現出奇妙的效果。

人體、動植物等生命體內部均有經絡分佈，地球是類生命體因而自然界中也有脈絡分佈，宇宙天體也存在網絡分佈。洛書所示的圖式合乎宇宙的法則，不只是簡單地表示星圖。

（2）易經之中的精絕智慧

易經中的宇宙生成論與現代宇宙起源論相當一致。易經闡明宇宙由無極生太極、太極生陰陽而生成地天萬物。當代宇宙學認為，宇宙起源於奇點大爆炸，奇點相當於是“無極”。大爆炸後的初期形成混沌狀態，這狀態相當於“太極”。其後，宇宙之中產生正負粒子，這些粒子相當於是“陰陽”。此後，宇宙在演化中形成各種星體。由於天體持續地膨脹、星體不斷地運行，才產生空間與時間，才出現物質運動、能量轉換、訊息交流、空間轉換、時間變化等現象。對這些宇宙中的現象及規律，古人有相當的認知，並創造出陰陽五行及八卦、六十四卦的古老且不朽的精妙文化。

易經的宇宙生成論，歷來給人玄虛的感覺，皆因為沒有用科學理據進行論證。而今，宇宙學並不玄虛，這是因為宇宙學的知識已經依據天文觀測及物理實驗的結果而得到確認。當今，宇宙學可以印證易經的宇宙生成論，說明易經的智慧是宇宙時空科學的智慧，我們可以從中體會到古人高深的智慧。由此可見，我們以科學的思維來理解易經的智慧是正確的思路，用現有的科學知識來闡釋易經的智慧是可行的路向。

易經之中，有兩個最重要的議題：一是陰陽五行，二是八卦、六十四卦。對這兩個議題作出科學的論證及解讀，有利於認清易經的本質，相關的爭論、未解的疑惑等問題，都可以得到清晰的結論。

依據陰陽五行獲得的啟示：宇宙中一切事物都處於變易、運動之中。事物在變易、運動的同時伴生陰陽五行的變化；即事物的運動，同時產生正負的能量交換及訊息交流。古人正是通過這些變化現象，預知事物的發展趨勢。這也是陰陽五行運用於中醫學的科學性依據。

依據八卦、六十四卦獲得的啟示：有物質運動，便會有空間變動和時間變化；空間和時間都是相對的；空間是立體的，時間也是立體的。在不同的空間及時間中，事物就會呈現不同的狀態，發生不同的演變。古人正是通過時空的變化，預知事物當前與未來的狀態。這是八卦、六十四卦用於占筮、預測所依據的科學理據。

空間與時間的相對性：

空間的相對性——地球上某個固定的空間（位置），該位置（空間）於不同的時間相對於太陽已發生移動。相對於太陽，地球上的固定空間位置隨時間變化而變動。這是地球自轉及繞太陽公轉運動的結果，即是說空間隨運動而改變。

時間的相對性——實驗證明，衛星上的原子鐘因高速運動而導致時間變慢，天上比地面的重力場小，因而時鐘在天上時較在地面運行得慢。這說明，運動速度快慢及重力大小的不同，時間的長短也會跟著變化。

空間與時間的立體性：

空間的立體性——空間的立體概念不但完全可理解，而且從日常生活經驗中均可以明顯感受到空間的立體感，空間是三維的立體狀態是理所當然的認知。時間的立體概念則難於被理解，而且日常生活的經驗中也沒有明顯的時間立體感，時間是一維的直線狀態是出自慣性的認知。

宇宙中的天體及萬物，都處於複雜、多重的相對運動之中，從而產生空間和時間的相對變動，絕對靜止的事物並不存在。事物運動速度及方向有微小的變化，引起的空間變動比較容易被檢測及感知到。就像人們坐在直線行駛的列車上，均能感受到行駛的速度或方向的細微改變，因而感知到空間感。然而，當事物的運動速度及方向發生微小變化，其引起的時間變動則比較難被檢測及感知。

時間的立體性——從宇宙學觀測及實驗得知，大爆炸形成的宇宙，從誕生至今仍然在膨脹。因此，時間之箭指向宇宙膨脹的方向，所以宇宙中的事物都循著時間方向，從過去到現在及向未來發展，正是這支時間之箭操控著宇宙中的事物必然由誕生走向發展及衰亡的規律。如果有人提問：我們是否可以回到過去？理論上可以實現，方法是我們朝著宇宙膨脹的相反方向並以大於宇宙膨脹的速度運動。依據現有最精確的測量值，宇宙膨脹速度（也稱膨脹率或哈勃常數）約是 74 公里 / 秒。這支由宇宙大膨脹產生的一維時間之箭，加上三維的空間就是人們普遍認知的四維時空。

除了宇宙膨脹的時間之箭，時間還有其他維度。例如：地球以 0.465 公里 / 秒的速度（赤道位置）自轉，以 29.8 公里 / 秒的速度繞太陽公轉。相對於太陽，地球的自轉運動和公轉運動，令地球赤道上的時間存在二個維度，即有兩支方向不同的時間之箭。而在地球南極或北極的極點，時間卻只有一個維度，即只有一支公轉方向的時間之箭。因為南極或北極極點的自轉速度等於零，因而地球赤道與南北極的時間不同。由此證明了時間是相對且多維的事實。從相對論可知，當物體的運動速度接近光速，則時間會變得非常慢，質量會變得無限大。

時間是三維立體的概念如果能在未來得到論證和理解，對揭開八卦之中的奧秘及解讀六十四卦的構成和妙用都有非常重要的作用。時間隨運動速度而變化，很難得到驗證，更難被人感覺。所以，時間不是固定的，以及不是一維直線的現象，一直以來很難被察覺及理解。現代利用高精度的原子鐘（2000 萬年誤差 1 秒）測量得到的結論是：運動速度快而時間會變慢，靠近地面的時間較慢而遠離地面的時間較快。

（3）八卦之中的時空奧秘

八卦是易學文化的核心內容。幾千年來，對八卦是怎樣生成，八卦的本質是什麼等問題，仍沒有準確的理論及圓滿的解說。因此，易學未能完全擺脫神學迷信的束縛，八卦、六十四卦亦未能走出令人迷惑的困境。

① 八卦的由來及其本質

八卦的由來

根據傳統說法：八卦源於河圖洛書，古人依河圖洛書畫出八卦。也有說法稱，八卦源於土圭記錄日影，從而形成八卦圖像。還有說法稱，八卦由占卜的龜兆而來等等。《易經・繫辭傳》說："易有太極，是生兩儀，兩儀生四象，四象生八卦。" 這講法很抽象，並且未明確講出八卦的由來。

《易經 ・ 繫辭傳》說："古者庖犧氏之王天下也，仰則觀象於天，俯則觀法於地，觀鳥獸之文與地之宜，近取諸身，遠取諸物，於是始作八卦，以通神明之德，以類萬物之情。" 意思是，古人在觀察天文地理及萬物的過程中，經過生活實踐而總結萬事萬物的變化規律，創造出八卦的符號以理解未知的宇宙及萬事萬物的變化。

從現在的科學視角解說：古人經過對天體、大自然及萬物的觀察總結，發現天地運行及事物變化的法則，從而創造出八卦、六十四卦的系統。古今很多人意想不到的是：從八卦、六十四卦中發現的法則原來是宇宙中時空變化的宇宙規律。受古代缺乏科學知識所局限，古人對宇宙的時空變化及轉換的原理不可能有全面、深入的認知，所以只能在"知其然而不知其所以然"

的條件下不斷地應用、不停地探索及持續地完善。也許，今天的人們還未能完全、充分地認識八卦中的時空奧秘。

八卦的本質

八卦是空間模式及時間模式的表示符號，用於表達不同的時間狀態及空間狀態。人類生存的地球上、宇宙中，萬物都處在多重、複合的運動之中。地球上或宇宙中的任何事物，靜止只是相對的狀態，運動才是絕對的狀態。有運動必定有空間及時間的變化。例如：人生活在地球上，地球繞太陽轉動，太陽系繞銀河系旋動等等。當人體在地上靜止不動時，雖然以地球為參照體，人所在的空間及時間沒有變動，但是以太陽為參照體，空間及時間均時時刻刻在變動。以易經的思維模式，八卦是表示在既定的空間及既定的時間中，事物所表現的特定狀態。

② 八卦之中的未解奧秘

八卦之中，有個自古至今未解的奧秘：八卦有兩種不同的形式，一種是空間八卦，另一種是時間八卦。空間是三維立體的存在，八個不同方位的立體空間構成空間八卦，這可以被人理解。時間是三維立體的存在，八個不同方位的立體時間構成時間八卦，這還未能被人理解。三維立體的時間概念涉及八卦的根本原理之一，對全面理解八卦的內涵至關重要。雖然，曾經有人指出八卦是立體的觀點，但是所指的僅是立體空間概念，而缺少立體時間概念。

時間是一維的概念是當今普遍的認知，不僅是慣性的感知令我們相信宇宙中時間是一維的直線狀態，而且現代的科學界也是認定時間屬於一維的直線狀態。即是說時間只有過去、現在、未來，時間的箭頭由過去穿過現在指向未來。20 世紀初期，偉大的物理學家愛因斯坦在相對論中指出：時間是一維的並且是相對的，物體運動會產生時間的膨脹效應（時間變長）。20 世紀後期，傑出的天體物理學家霍金在關於“時間之箭”的論著中也指明：時間是一維的並且時間箭頭（物理學描述的熱力學箭頭、心理學箭頭及宇宙學箭頭）均指向相同方向——宇宙膨脹的方向。因此，現代科學結論認定：我們所在的宇宙是四維時空——三維的空間加上一維的時間。以易經的思維，我們當下的宇宙應是六維時空；按照易經的思維，應當修正四維時空的觀點。

從易經中的八卦及六十四卦獲得的啟示：空間是三維的立體狀態，時間也是三維的立體狀態；所以，我們所在的是六維的時空——由三維的空間與三維的時間疊合而成的時空。在天體運動之中：以太陽為參照體，地球自轉（線速度 0.465 公里 / 秒）的圓周切線是時間的一支維度；地球公轉（線速度 29.79 公里 / 秒）的橢圓切線是時間的第二支維度；宇宙大膨脹（速度約 74 公里 / 秒）是時間的第三支維度。儘管地球自轉速度遠慢於公轉速度和宇宙大膨脹的速度，自轉引起的時間變化微乎其微，難以感知及測量，但地球畢竟存在多重運動，將導致時間有三個指向。在太陽系中，地球的三種運動方式令時間擁有三個維度，由此推測時間是三維立體的狀態。

③ 先天八卦與後天八卦

古今論八卦，必講伏羲的先天八卦及文王的後天八卦。兩者的排列方位不同，區別在哪裏？幾千年至今仍然講不明白，說不清楚。在有的解說中，先天八卦以河圖為體，後天八卦以洛書為用，觀點各有不同。其實，如果以當今天文科學的時空思維來解讀，則可以給予準確的解說：先天八卦是空間八卦，而後天八卦是時間八卦。

古代，人們對先天八卦及後天八卦的闡釋並不清楚，尤其對後天八卦解說更為模糊，此實屬情有可原。古人對地球、太陽及天體的相對運動狀態認識不足，因而難以解釋運動引起的時空變換的原理；所有的人只是從生活經驗與實踐中，感悟時空變化的現象並且將其運用於生存活動之中。而生活中直觀的認知，是太陽的東升西落，月亮的陰晴陽缺、星辰的斗轉星移……古人立土圭測日影的位置，則是由空間確定時間；而後發展以日晷測日影，則更加精確地確定了時間，並由此制定出四時、二十四節氣等曆法。同理，古人經過觀察、總結及記錄，創造出了八卦符號與圖像。

以今天豐富的天文知識，可對先天八卦及後天八卦作出科學的理解及解說——十七世紀之後，人類通過天文望遠鏡進行觀察，推翻了地心說，並認識到了地球自轉運動、地球繞太陽轉動、太陽繞銀河中心旋動的事實；天體的相對運動，產生了空間轉換及時間變換；從北極點看，地球的自轉及公轉均是逆時針方向……透過這些天文現象，可以科學論證先天八卦及後天八卦確定時空的原理：

A. 先天八卦以日定時空——為什麼是以日作時空定位並且八卦定位是乾南、坤北、離東、兌西？

古人最早以太陽光照射而確定東西南北方位及季節劃分，也以北斗星確定東西南北方位及四時二十四節氣。易經文化發源於黃土高原的黃河流域地區。先賢們活動於北半球，從“仰觀俯察”中認識到太陽光從南面照射過來，故以南面為陽，北面為陰的空間定位非常合理。這是以太陽為參照體，進行空間定位的科學依據，所以先天八卦是空間方位的八卦。由於古人的活動範圍有限，對地球其他區域及地球與太陽的相對運動存在認知不足的局限，因而將先天八卦定位為四面八方，以平面的方式表達：乾南、坤北、離東、坎西、兌東南、巽西南、震東北、艮西北。

從現代的天文及地理知識可知，地球繞地軸自轉構成赤道平面，同時繞太陽公轉構成黃道平面。這一過程中，由於地軸並不與黃道平面垂直，致使赤道平面與黃道平面並不重合或平行，而是呈現 23º26′ 傾斜的夾角，即黃赤交角。黃赤交角決定了熱帶與溫帶的分界線——北回歸線與南回歸線。

根據易經的思維，宇宙萬物一太極；地球即是一太極，南北半球及東西半球即是地球的陰陽與四象，進而生成地球的先天八卦——空間八卦。依照先天八卦的全球空間定位，北半球的空間八卦的位置分佈應是：乾位，為地球面向太陽，北回歸線以南至赤道的地帶；坤位，為地球背向太陽的後面，北回歸線以北的中間地帶等。全球立體定位的地理上描述是：當東半球對正太陽（以東經 105° 為中線），則乾位，應在東半球北回歸線以南（即雲南、廣西、廣東、台灣以南的南海、印尼一帶 ）；坤位，應在西半球北回歸線以北（即北美洲美國、加拿大一帶）；兑位，應在東半球的東面（即日本海溝至馬紹爾群島一帶）；巽位，應在東半球的西面（即非洲的埃及一帶）；坎位，應在東半球的正北面（即中國的黃河流域及以北的蒙古、俄羅斯一帶）；震位，應在西半球的東面（即墨西哥至夏威夷群島一帶）；艮位，應在西半球的西面（即北大西洋一帶）；離位，應在西半球北回歸線以南（即墨西哥南面一帶）。

以立體坐標系表示先天八卦的空間方位：以地球中心為原點，在地球自轉的赤道面，設定兩支經過原點並且互相垂直的箭頭為平面坐標；加上一支經過原點由北極向南極並垂直於赤道面的箭頭為豎向坐標。這樣，三支箭頭都經地球中心的原點並且互相垂直，形成了立體坐標系。三支箭頭經原點朝向太陽方向為“陽爻”，經原點朝相反方向為“陰爻”。豎向的箭頭表示每個單卦的中爻，橫向的兩支箭分別表示每個單卦的下爻及上爻，箭頭為陽爻而箭尾為陰爻。依此立體坐標系，將地球表面劃分成八個如上所述的空間位置。這就是地球上的空間八卦的定位。

先天八卦的方位排列為什麼是乾南、坤北……，自古以來都說不清楚：《說卦傳》只是簡單地交代“天地定位……”，《繫辭傳》也是模糊地說是“天尊地卑，乾坤定矣……”實際還是說不明白。依照現代的科學思維，先天八卦的定位是以太陽對地球熱能輻射的方向為依據。相信這是先天八卦定位的準則，也是古人樸素的科學意識的表達。

B. 後天八卦以年定時空——為什麼是以年作時空定位，並且八卦方位是離南、坎北、震東、兌西？

古人用土圭或日晷測日影，確定每日、每月、每年的時間——利用地球自轉過程、太陽照射的日影確定每日的時辰；利用地球公轉過程，太陽照射的日影確定四時、二十四節氣；利用月球繞地球轉動的過程，藉助月亮圓缺時的位置確定月令時間。這都是以空間確定時間的方法。以太陽為參照體作空間定位或者以空間定時間，均說明古人已深刻認識到空間與時間的對應性及相對性。尤其是時間的相對性，古代很早已有“天上三天，地上三年”的說法，說明古人已經認識到時間不是絕對的而是相對的現象。

近代，人們認識了空間與時間的相對性原理，是在愛因斯坦建立了相對論之後；目前，在理論上及實驗上都證明：物質的運動速度不同，時間的長短與空間的大小也不同。2016 年當代科學界宣佈，探測到來自遙遠宇宙的引力波。這是劃時代的發現，既證實百年前愛因斯坦所預言的引力波的存在，也證明了宇宙中的大時空受引力作用會出現彎曲。現代科學測量證明：地球上高地與低地的時間不同，這是因為以太陽為參照體，地球自轉時高地的運動速度比低地的運動速度快。科學實驗證明：環球飛行過程中，飛機上的原子鐘的時間比固定於地面上的原子鐘的時間走得慢。

由於宇宙天體的相對運動，形成了相對的空間與相對的時間；以不同的參照系觀測，空間位置及時間長短均有不同。關於相對空間與相對時間的認識，古代的智慧竟然超前現代科學數千年，這實在令人感到不可思議。在生活體驗中，空間的相對性及立體概念比較直觀及容易理解，時間的相對性及立體概念比較抽象及難以理解。古人是怎樣察覺時間相對性的現象呢？從《易經・繫辭傳》的論述中可以得到回答：“夫《易》，彰往而察來，而微顯闡幽……。君子知微知彰，知柔知剛，萬夫之望。”從中可見，古人具有超級的觀察力及超凡的悟性，能從微乎其微的事物中透視其中的本質及變化。

後天八卦是以地球年的週期運動而作出的時空定位。在地球繞太陽公轉的運動中，將地球所處的時空與相應的八卦對應起來，並且採用物候等自然現象解釋八卦的定位理由。其實，當時的古人並不明白，地球繞太陽公轉是橢圓軌道；地球在不同時間處於軌道上不同的空間位置，因而決定了物候的現象不同。本質上，是地球公轉運動中的空間（位置）對應時間（季節），空間與時間決定物候的變化，而古人反過來通過觀察物候變化判別不同的時空。在天文知識貧乏的年代，古人利用物候現象，確定地球在太陽系中的位置，同時設立八卦與之對應。這表現出高明的方法與高深的智慧。一年之中，時間（季節）所對應的八卦是：震——春分、巽——立夏、離——夏至、坤——立秋、兌——秋分、乾——立冬、坎——冬至、艮——立春。這就是後天八卦以地球年定位的因由與結果。

以當今的天文知識及科學思維，對後天八卦可以有客觀、準確的認識與理解。眾所周知，空間是物質存在的客觀形式，時間是物質運動的相應體現；地球上的時空與天體的相對運動有關。只有清楚理解地球在天體運動中的相對狀態，才能明白地球上的時空變化，進而才能認識到八卦的設立是有其科學依據的。

地球在天體運動中，處在多重、疊加、相對的運動狀態。其形式有：地球自轉、繞太陽公轉、隨著太陽系在銀河系中旋轉以及銀河系參與宇宙大膨脹運動。地球這些相對運動，形成多維的時間狀態及相對的空間狀態：

其一，地球的自轉運動。該運動以太陽為參照系，地球的自轉週期為一日，地面上的時間日以繼夜地循環及週而復始地變動。地球自轉過程中，在赤道上的線速度是 0.465 公里 / 秒，南極點與北極點的自轉線速度是零。以太陽為參照系，地球在自轉同時繞太陽公轉的狀態下，地面上的時間並不是均勻地變化。面向太陽的地面上，物體的運動速度較慢（公轉速度減去自轉速度），故而時間過得較快；背對太陽的地面上，物體的運動速度較快（公轉速度加上自轉速度），故而時間過得較慢。換句話說，地面上白天的時間比晚上的時間短。雖然，這種時間上的差別微乎其微，但是仍然說明每日之中，時間呈現的變化與運動速度相關。

其二，地球的公轉運動。該運動以太陽為參照系，週期為一年，地球上的時間以年為週期循環並且周而復始地變化。地球的公轉以橢圓方式運動，公轉的平均速度是 29.79 公里 / 秒，地球近日點與遠日點的運動速度不同。由於地球在公轉軌道中不是以均勻的速度運動，所以地球上的時間不是均勻地變化。當地球越靠近日點，運動速度越快因而時間越慢；而地球越靠遠日點，其現象正好相反。因此，地球上每年由春分經夏至到秋分的半年時間約為 186 天。由秋分經冬至到春分的半年時間約為 179 天。換句話說，地球上春夏季的時間比秋冬季的時間長。由此可見，地球上不同季節的時間有所差別，說明每年之中時間呈現的變化與運動速度有關。

地球繞太陽的公轉運動由兩重運動合成：一是向公轉軌道的切線方向運動。二是向日地之間引力的向心方向運動。因此，以太陽為參照系，公轉運動形成地球上的時間是二維：其中一維時間之箭指向公轉方向，另一維時間之箭指向太陽方向。

其三，地球繞銀河中心的旋進運動。該運動以銀河中心為參照系，地球伴隨太陽系繞銀河中心旋轉，運動週期為 2.5 億年，運動速度約為 217 公里 / 秒。

其四，地球在宇宙大膨脹中的運動。在現代宇宙學中，經過天文觀測、數學模型以及物理實驗，已經得出結論：宇宙處於大膨脹之中，速度約為74 公里 / 秒。

綜上所述，在宇宙天體之中，地球都處於多重運動的疊加狀態，所以有多種相對的時空狀態。即使地球的各種相對運動速度與光速相比顯得微不足道，但是與運動速度相應的時間變化均有微乎其微的差異。現代科學技術發明出超級精確的原子鐘，可以測量出運動速度導致時間的幽微變化；而古代先民只憑著直覺觀察及悟覺辨別，就能夠察覺到時間的幽微變化，這種高深的悟性實在令人驚歎不已。古人深知，事物在不同空間及不同時間中，所表現的狀態及變化的趨勢不同；因而需要通過不同的時空組合及與之相應的卦象來判斷及描述事物的狀態及趨勢。這是易經預測所依據的科學原理及展示出來的高深智慧。

（4）六十四卦是時空的組合

《易經》所儲藏的訊息都在八卦與六十四卦之內。自古有句話："天地萬物入八卦"，意指八卦、六十四卦包羅天地萬物的資訊。

八卦、六十四卦是怎麼生成的？數千年來傳承至今唯一的標準解說是："無極生太極，太極生兩儀，兩儀生四象，四象生八卦"。八卦、六十四卦為什麼包羅萬象？自古至今許多論著還是講不清楚。由於種種的疑問未能解開，令八卦、六十四卦長期幽禁在神秘莫測的迷城之中。其中真正的原因，應該是以前研究易經的學者儒生，沒有足夠的科學知識與理論可以解釋這些既存的疑問；只能先求應用與實踐，"知其然而不知其所以然"成為權宜的做法。難怪古今的儒生學者對八卦、六十四卦的探索，都著重於實踐應用而輕於理論探討；又或者偏重於哲理解說而忽視於科學論證。由於缺乏科學理論作解釋，八卦、六十四卦的玄秘迷城始終未能打開，易經的研究與探索就不可能有突破性的發展，也難以走向現代化、科學化及古為今用的道路。

本文嘗試對八卦、六十四卦的生成及本質作出全新的解讀，希望能達到幾個目的：一則，打開八卦、六十四卦的玄秘迷城，為八卦、六十四卦的應用和實踐提供科學性依據。二則，通過新的解讀，尋找《易經》的研究與發展可行的新路向。三則，期望《易經》智慧與科學思維的融合，對時空科學觀有所新啟示。

① 六十四卦的科學結構

六十四卦的結構精美，具有科學上的完美特徵。六十四卦是重卦，八卦是單卦。六十四卦中的每個重卦，是由一個空間八卦的單卦與時間八卦的單卦重疊而合成。即是，八個空間卦與八個時間卦的排列組合結果正好是六十四卦。每個卦表達的是立體時空模式，而古代只用平面符號作出表達。

例如：六十四卦中的乾卦：古人由下而上畫出六條橫線（稱為六陽爻）為圖示，六橫線表示的是六個正方向的維度。坤卦，古人由下而上畫出六條斷線（稱為六陰爻）為圖示，六斷線表示的是六個負方向的維度。用現在科學方式作表達，應採用的是立體坐標系：由一個三維均是正方向的空間坐標與另一個三維均是正方向的時間坐標，兩者重疊起來構成的即是乾卦。而由一個三維均是負方向的空間坐標與另一個三維均是負方向的時間坐標，兩者重疊起來所構成的是坤卦。其他組合及所成的卦由此類推。

對六十四卦的構成，有人以二進制及二分法作解釋：例如，一分為二、二分為四，再分為八、十六、三十二、六十四等。由於易經原理中只涉及八卦及六十四卦而不涉及十六卦或三十二卦，所以依二進制或二分法解釋的理據不能成立。還有，六十四卦之中的六爻結構：有人稱，日夜各有六個時辰，是確立六爻的依據；此說法顯然牽強附會。還有人稱，六爻是取天地人三才而兩之，這說法也不具信服力。

而今，對六十四卦的構成，可以作出科學的解釋：空間是立體的形式因而有八個象限，也稱為八個空間卦；時間也是立體的形式因而也有八個象限，也可稱為八個時間卦。六十四卦即由八個空間卦與八個時間卦所合成。六十四卦之中的六爻結構，即是三維的空間與三維的時間構成六維的時空。以六維的時空模式及概念，理解及解釋六十四卦及六爻的構成，相信這是科學、圓滿的結論。

宇宙之中，任何事物均處於運動及變易之中。無論是宏觀的天體運動或者微觀的粒子運動都不會例外，因此宏觀宇宙及微觀宇宙都存在時空變化，所以都會表現出六十四種不同的時空模式。

② 六十四卦玄秘且奧妙

六十四卦充滿玄秘感，卦名、卦辭、爻辭及象辭讀起來刁鑽古怪而令人深感玄秘，再加上文辭表達艱澀難明而更添神秘感。例如：卦名，每個卦均冠上名稱，最簡潔的卦名只用一個字命名，無以再簡。卦名借用自然、世事、人事等現象作示意，簡練地表達卦的主題。卦辭，每個卦均配上辭語；高度概括事物發生及人事利弊。爻辭，每個卦的六爻分別表示事物變化與發展的六個階段。每個爻辭描述事物在六個不同階段所處的狀態。無論在卦辭或爻辭之中，所描述的內容都是有關自然、社會或生活中的細節。古人用這些細節為例，以類比的方式描述事物的變化過程以及不同階段的狀態及利弊。

由於古今文化的巨大時差，六十四卦之中的辭語、內容及表達方式是幾千年前古老的包裝，在當今人們看來難以理解、感覺玄秘實屬正常。

六十四卦的奧妙智慧，通過科學思維理解及科學方式解讀，令人明白這是超前的時空科學智慧因而有恍然大悟之感。古代的天地人思維，是將天體、大自然及人納入整體思維的模式，六十四卦是將時間、空間及人事納入綜合思維的模式。古人觀察天象、地象及人象，並提出天道（天體運行規律）、地道（大自然運動規律）及人道（人與社會活動規律）。這三個方面運行過程在本質上就是時間、空間及人事的變化過程。古人通過對人事所處的時間與空間變動，預測人與事物的變化發展。這即是六十四卦的奧妙智慧所在。

六十四卦是時間與空間排列組合的六十四種形式，即是事物在運動過程中有六十四種不同的時空模式。事物進入什麼時空模式，決定事物未來所經歷的軌跡及過程。例如：在漂流運動中，漂流者在什麼時間及什麼地點上艇進入河道，將決定漂流者將經歷怎樣的路線，會有什麼遭遇。在相同時間、不同地點或者在不同時間、相同地點進入河道，漂流的路線及經歷必然不同。地球上的任何事物均處於多重的運動之中，其效果類似於事物進入天體運行的宇宙大洪流之中漂流。事物於既定時間及既定地點發生，如同從既定的時空模式進入大洪流中漂流，決定了將會有怎樣的軌跡、過程及結果。六十四卦代表六十四種時空模式，並描述事物在什麼時空模式中會有怎樣的歷程及變化，這是六十四卦的奧妙所在，及其應用依據的科學原理。

本章，以言簡意賅的方式論述陰陽五行及易經的科學本質，旨在印證中華源頭文化是科學的思維、宇宙的智慧。從而使人深深地明白，偉大輝煌的中華文明之光能夠長照不熄的根本原因。源頭文化的科學佐證，不但為中華文化自信提供了最具信服力的依據，而且為中華文明再創歷史的輝煌充滿信心。

（5）易經預測的科學依據

宇宙之中，所有事物均無時無刻不處於運動與變化的狀態；小至物質結構的粒子，大至天體之中的星體，無不處於運動與變化的狀態。宇宙之中，事物之間的運動是絕對的狀態，靜止是相對的狀態，因此所有事物均時時刻刻處於持續變換的時空之中。例如，由於地球對太陽的相對運動，驅使自然界中的所有事物均處於不停轉換的時空之中。在事物的運動及變化過程中，運用《易經》可以預測某個事物在某個時間與空間之中的狀態以及發展趨勢，這是《易經》的玄妙智慧之所在。正是因為《易經》的預測功能具有非凡的實用性，才能夠流傳幾千年直至今日；然而《易經》預測功能所具有的科學性原理及依據，至今還沒有被人清晰地揭開。為此，本節特地對《易經》的預測原理、科學依據進行更為詳細的論述與闡釋：

①《易經》的預測原理：其一，太陽系中，人類及自然界的一切事物所在的時空，是由三維時間與三維空間所組成的六維時空結構，因此自然界中一切事物的運動及變化都必需遵循六維時空的定律。在這個時空結構中，三維時間構成八組不同的時間模式（對應《易經》中所描述的時間八卦），三維空間構成八組不同的空間模式（對應《易經》中所描述的空間八卦）；兩者組合成為六十四種時空結構（對應《易經》中描述的六十四卦）。在時空持續地轉換及事物不斷地變易的過程中，呈現出六十四種時空模式及對應形態，這是《易經》預測的基本原理之一。

其次，《易經》的哲理指出“天地萬物入卜卦”，即闡明八卦之中含蓋了天地萬物的屬性，其意指天地萬物都具有與八卦相應的時空特徵。也可以說，自然界之中的所有事物均具有某種“時空態”的特徵。本文在這裏提出並引入“時空態”這個全新的概念，是通過長期深入地對《易經》進行反覆揣摩，才獲得的啟示與靈感。事物的時空特徵，用現代的術語簡稱為“時空態”，相對而言更加符合科學的表述，更便於理解事物與八卦之間的對應關係。所有事物均有其相應的“時空態”，這是《易經》預測的基本原理之二。關於事物具有“時空態”的概念是否具有科學性，關係到《易經》的預測原理是否具有科學性，在後面將進一步作出論述。

②《易經》預測的依據：《易經》之中的“易”，即是變易、變化。所有事物都在相對運動中，事物所在的時空均不停地轉換，這是《易經》的變易思維。首先，《易經》預測時，是依據事物所在的時空並結合事物本身所對應八卦的“時空態”這兩方面所取得的訊息，進而推測事物的現有狀態與變化趨勢，這是《易經》預測所依據的因素之一。其次，《易經》預測過程，還會參照事物的周圍環境及事物的其他特性提取更多的訊息，從而能夠對事物的現有狀態與變化趨勢作出更精準的推測及判斷。這是《易經》預測所依據的因素之二。

這就是說，在利用《易經》預測的過程中，如果只是依據事物所處的時空與事物所對應八卦的“時空態”作出預測，對事物所處狀態的推測及判斷必然存在著許多不確定性，對事物發展趨勢的推測結果還會出現各種變數。對此，《易經》的預測過程，不僅依據事物所在的時空及事物所對應八卦的“時空態”，而且還參考事物的周圍環境及具體情況，從而能夠對事物的狀態及發展趨勢作出更為準確的推測及判斷。這種對周圍環境及具體情況的參考，是《易經》預測大師們在預測的過程中既能依據時空原理又能結合實際環境、靈活運用的充分體現，也是他們手法高明的表現。在《易經》的運用及發展歷程中，最為令人讚歎的是宋代邵康節的《梅花易數》。作者在其中將《易經》的預測方法靈活運用得出神入化，成為一部廣泛流傳及影響深遠的預測術。

③ 論八卦與時空態：《易經》的哲理指出，所有事物都與八卦之中的卦象相對應，即所有事物的“時空態”都可以用八卦表示。簡單的對應與表示例如，人物的“時空態”：君主、父親等為乾卦；臣子、母親等為坤卦；

長男為震卦，長女為巽卦；中男為坎卦，中女為離卦；少男為艮卦，少女為兌卦。地理的“時空態”：西北、京都等為乾卦，西南、鄉村等為坤卦，東方、鬧市等為震卦，東南、田園等為巽卦，北方、江湖等屬坎卦，南方、乾地等為離卦，東北、山徑等為艮卦，西方、水澤等為兌卦。《易經》的哲理之中，將所有對應八卦的事物劃分為多種別類，如：天時、地理、人物、人事、身體、動物、靜物、屋宇、住宅、食物等。

審視事物的“時空態”時，有些事物所呈現的“時空態”顯而易見，因而容易被人理解及解釋；而有些事物所蘊含的“時空態”不僅抽象而且玄虛，因而難以被人理解及解說清楚。如上面所列出的例子，地理類別之中所屬八卦的“時空態”，由於具體的地理方位（東西南北等）所對應的八卦及所呈現的“時空態”特徵明顯，因而這種地理方位與所對應八卦的“時空態”之間的關係，顯然比較容易被人理解與解釋清楚。然而，地理類別之中的其他事物所屬八卦的“時空態”，如：具體境地（京都、鄉村、鬧市、田園等）所對應的八卦及所呈現的“時空態”特徵，由於非常抽象，因此這類具體環境與其所對應八卦的“時空態”之間的對應道理是什麼，就比較難以理解及解說明白。又如：身體類別之中的人體器官所對應八卦的“時空態”：首為乾卦，腹為坤卦，足為震卦，股為巽卦，耳為坎卦，目為離卦，手為艮卦，口為兌卦，而這些人體器官所呈現八卦的“時空態”更加抽象，非但難以理解而且以當今的科學知識根本無從作出“令人信服”的解釋。如果人們想解釋這些抽象且玄虛的問題，也許必須追溯至宇宙的起源以及人類進化的起點，才能清楚地理解這些事物形成的過程及其對應八卦的“時空態”所根據的原理。

根據易經的宇宙生成論：“無極生太極，太極生陰陽，陰陽生四象，四象生八卦。”八卦由陰陽生成而來，所以為了理解八卦的“時空態”就有必要從陰陽說起。而以最簡單的陰陽為例：天地之間的萬事萬物都涉及陰陽，陰陽屬於哲學問題也是科學問題。為什麼事物對應的陽與陰分別是天地、日月、正負、雄雌、奇偶、高低、動靜、剛柔等等？這個問題要以科學的角度理解與解釋，必須追究至宇宙起源、混沌狀態及陰陽生成之始。陰陽的問題看似簡單，但是涉及一切事物。由於事物對應著的八卦的"時空態"是從陰陽演化而來，以今日的科學知識及理論還難以全面地理解及解說事物的陰陽，自然也不可能嚴謹、精準地解釋事物所對應的八卦的"時空態"。唯有以傳統哲學的理論，才能夠較為圓滿地理解與解說事物存在著陰陽及八卦的"時空態"等特徵。

雖然現代科學較之《易經》產生的年代已經達到相當進步的階段，但是距離科學的盡頭還是非常遙遠。應該承認，現有科學對宇宙的認知還是相當有限，因此並不可能準確解釋宇宙中的所有事物。就是說，現代科學雖然已經能夠解說部分事物的陰陽及所對應的八卦的"時空態"，但是依舊無法全面解析所有事物的陰陽與所對應的八卦的"時空態"所具有的科學道理。必須明確的是，《易經》雖然目前還無法全面解析所有事物，但並不代表至今未能解析的部分事物所對應的八卦的"時空態"不合理，更不能斷定其不具有科學性。

隨著科學理論知識的加深與發展，目前尚未能解析的疑難部分，將會經由未來科學的成果逐漸得到破解。《易經》認為一切事物都具有某種時空特徵的"時空態"，本身就富有科學認知的價值。通過對"時空態"的認識與研究，可以幫助人類加深對宇宙之中一切事物的狀態和變化的認知。如果能夠以科學的方式來審視與理解事物的"時空態"，既可為人們增添一個觀測事物的新維度，又可對《易經》的玄秘文化進行破解與發展。因此，事物的"時空態"不僅是個全新的概念，而且是項非常值得研究的新課題。

（三）天人學說的偉大真理

天人文化是中國最偉大的傳統文化之一。天人文化對中華民族的影響非常深遠，這種天人文化滲透到宇宙觀、人生觀、命運觀，甚至影響中醫養生等諸多方面。但是時至今日，天人文化還沒有受到正確、客觀及科學的看待，人們仍然將天人文化看作是神學文化。其實，天人文化中隱藏著超前的科學思想和意識。以現有的科學知識，目前還只能部分理解和解釋天人關係。

天人文化是中國最偉大的傳統文化之一

1. 天人感應

天人感應是中華民族傳統文化中非常古老的觀念，在商周時期已經存在。易經中表達的理念“天垂象，見吉凶”，即體現天人感應的思維。在先秦時期的典籍中，也多方面反映出天人感應的觀念。至漢代，董仲舒總結和發展了“天人感應”學說，進一步完善了“天人合一”理論。

天人感應是非常古老又非常偉大的學說，當時的中國人能夠有這種超級智慧實在令人驚訝。時至今日，“天人感應”學說仍然具有重要的現實意義。從天人學說之中，不僅可以獲得很多關係人類生存與發展的啟示，還可以清晰地指引人們如何探索及改進命運。那麼，應該怎樣理解和解釋“天人感應”學說？古代有其當時背景下的解說，現代也有科學背景下的解讀。

（1）古代對天人感應的論述

古人認為，上天有意志、有感知，對人間的事物會做出相應的反應。上至天子，下到百姓，上天均會依照人們的行為作出裁決，並且施以賞善懲惡的報應。古人還認為，上天做出反應之前會有預兆。古人觀察太陽出現黑子、日食、變色、無光等變化現象，認定是上天有意對人賞罰而有所表示。這是古人認為宇宙天體（即上天）有意志的一種描述與表達，這種認知正是科學思維的初型。早期，古人在觀察太陽的過程中，產生了“日中有三足烏”的神話，三足烏被稱為日精。以現代天文學的理論進行分析，這是古人當時對太陽黑子活動做形象化的描述。太陽黑子影響人類的生存和命運，已經是現代科學確認的事實。在觀察太陽之外，古人也對其他天文現象進行了觀察與研究，並且認為天上星體排列位置的變化，是上天對人間將會發生的事情作出預示。如，二十八宿的位置變化、月亮光暗或變色、月食等現象，預示著社會變化或朝代更迭等一系列事件的發生。古人還認為，上天通過預示不僅能夠讓人知道上天的意志，人也可以通過溝通和交流向上天反映人的訴求。古人舉行祭天之類的儀式，就是向上天表達人的祈求。

（2）當今對天人感應的理解

古代人類對天體的認識是依靠眼睛的直接觀察，因此所獲得的天文信息及知識必然非常有限。在那個年代，古人能夠意識到天人之間存在著感應現象，的確是令人讚歎的超前思維。為什麼古人能夠有這種認知和高超的智慧？相信這是古人在生活實踐中，從萬事萬物的變化裏得到的直接或間接的啟示。以今天的科學知識來看，天人之間任何時刻都發生著感應，天體和人體之間在任何時間都進行著能量信息的感應和交流。

天人之間如何產生感應？至今已知的只是一小部分，而未知的還是佔絕大部分。今天科學所認識的範疇屬於已知的部分：天體運行過程中，通過各種各樣的能量交換和信息交流，產生天體和人體之間的感應。天體中所有的星體，在運轉和運行的過程中都會對地球及人體產生感應。例如，在地球繞太陽運行的過程中，太陽發出的一系列能量與信息感應著地球與人體，如引力、光能輻射、高能粒子等。太陽感應作用於地球和人類，對人體產生直接和間接作用。直接作用如，陽光照射之下光線及溫度的變化，引起人體生理發生變化並且驅動人的行為也發生變化。間接作用如，太陽內部劇烈的活動，引致抵達地球的輻射能量發生變化，導致大自然的氣候及環境發生變化，因而間接導致人的行為及社會活動發生變化。在太陽感應之下，人類社會產生複雜、綜合的效應。相同的例子還有不少，如月亮繞地球運行的過程中，引力引起地核運動、潮汐漲落等方面的變化，同時也導致人的生理、情緒及行為發生變化。月球對人體產生感應作用，是多方面的。除此之外，太陽系內的其他行星、太陽系外的星座以及銀河系內外的星系，其運行過程都

神秘的五星圖案在高古文明的器物上多次出現，需要現代科技的解讀

會對地球及人體產生極其微妙、千絲萬縷的感應作用。太陽系外的其他遙遠星體在運行過程中，對地球與人類還有哪些感應形式與效應，仍是現代科學尚未認識的範疇。例如，近代科學才認識的量子糾纏效應，很可能是其中的感應形式之一。總之，宇宙天體對地球與人類產生的能量及信息感應，是非常複雜的過程。

天人感應的含義，不只是天體對人體的感應，還包括地球、大自然對人體的感應。地球和大自然的各種運動，也會發出各種能量和信息，並對人體產生感應。地球在自轉運動過程中，會產生一系列能量和信息變化，並對人體作出各種形式的感應。例如，地球的自轉運動，影響人體血液循環和生理循環等方面，導致人在不同時間有不同的作息和行為模式。例如，科學家發現人體活動存在 24 小時生理節律週期，人體基因在一天中的週期性地變化，是調控如睡眠和新陳代謝等的生理功能的關鍵。大自然的運動過程，也會以多種形式作用於人體。例如，四季更替伴隨氣溫及環境的變化，導致人在不同季節有不同的生理狀態和活動模式。

總之，天人感應是非常複雜的過程。目前，現代科學所認識的還只是這個過程的一小部分，尚未認識的部分還佔絕大多數。以今天的科學知識，對天人感應學說應該能有更深入的理解，令人們從古代的感性思維轉向現代的理性認知。根據現在的科學知識理解，“天人感應”的實質是：天體、大自然與人體之間，進行著各種形式的能量交換和信息交流，因而影響或改變人體的生理、心理及精神活動，進而操控及改變人類的社會活動或社會狀態。

（3）古代論述應作現代解讀

古人認為，天是萬事萬物的絕對主宰，人事變故、社會更遷、自然變幻等都是天意的體現。這樣的論述，是建立在感性認知和抽象表達的基礎上。如今，我們可以用理性認知代替感性認知，並用科學方式來解讀古人的抽象表達。對於古人的觀點，許多現代人質疑“天人感應”是否真實存在，而且懷疑“天”主宰世間萬事萬物的事實，其中不少人認為“天人感應”是神學性質與迷信觀念。對難以直觀證實的觀點產生質疑是正常的，但是經過科學解讀，可以論證古人的觀點並不是神學或迷信，而是正確和客觀的事實。

天體之中，有無數的星體在運行，存在恒星、行星、衛星、彗星、超新星、紅矮星等各種星體。星體只要運行就會散發出各種能量和信息，就會對地球及人類產生能量和信息感應。其感應作用，有強或弱、整體或局部、長期或短期的區別。對自然界和人類影響最大的恒星是太陽，太陽內部在劇烈運動時所釋放出巨大的能量，能夠對地球萬物和人類產生決定性的影響。現代天文物理方面的知識證實，太陽在活躍期會輻射巨大的能量，影響地球的氣象、水文及自然生態。已知的太陽活動週期，有 11 年的黑子週期和 22 年的磁場週期。當太陽黑子活躍時，會改變地球的降水量，進而影響江河川溪的流量。如果太陽黑子爆發期再遇上其他天文週期，二者相互疊加，自然界則會出現極端的氣象變化，並由此造成嚴重的澇旱，進而導致糧食歉收、饑荒蔓延或瘟疫傳染等社會現象。中國歷史上多次發生因嚴重饑荒導致社會動亂甚至引致改朝換代的重大事件，表面起因是天災和饑荒導致民不聊生，但其實質上的深層原因是太陽黑子週期或太陽磁週期爆發並與其他天體運行週期疊加造成了天災、農作物減產，最終通過嚴重饑荒引發社會動盪甚至政權更迭。

星體運動週期的長短有很大差別：最短的週期以天或以月計，短的週期為幾年至幾十年，中等週期為幾十年至上百年，長的週期為幾千年至上萬年，更長的週期為百萬年至千萬年以上。這些星體的運動週期與個人、國家或民族以及全人類的命運都有直接或間接的關係。週期長短有其不同的意義：幾天至幾個月、幾年至幾十年的星體運動週期，對個人的生存和命運的起伏有著短期的意義；幾十年至幾百年的星體運動週期，對一個國家更迭和民族興衰具有特殊的意義；幾百年至幾千年的星體運動週期，對人類文明和歷史演變有著深遠的意義。例如，幾天至幾十年的星體運動週期，與人體生理週期疊加之後組成的命運曲線，操控著具體個人生命的短期、中期、長期的命運走勢。

由此可見，天體運行及變動關聯著大自然與人類的生存與發展。從天體、大自然及人類的一系列連鎖感應來看，所伴生的信息都可以視為“天意”的表達。天體、大自然及人類的一連串因果關係都明顯地展現了“天”是萬事萬物的最終主宰。

2. 天人合一

“天人合一”理論是在“天人感應”的基礎上發展起來的天人學說。早在春秋戰國時期，《易經》與《黃帝內經》就已經有樸素的“天人合一”觀，並將“天人感應”和“天人合一”觀作為中醫理論的一部分。西漢時期，董仲舒對“天人感應”現象在理論上做了更為詳盡的解說，進一步完善和發展了“天人合一”的理論。董氏所著的《春秋繁露》一書詳述了“天人合一”理論，認為天和人無論在形體上或者性質上均相似。“天人合一”理論還細分為多個層次，如天人同構、天人同類、天人同象和天人同數。

“天人合一”是非常了不起的思維，是非常偉大的科學理論。對“天人合一”觀，必須以大時空的視角看待天和人，才能理解天和人具有相同性和一體性。天和人的關係，在小時空尺度上難以理解為何有相同性，而在大時空尺度上才能看清其間存在的相同性。所謂小時空的尺度是指，幾十上百年的人生歷程、幾百數千年的人類歷史、幾百萬年的人類進化的時空尺度。大時空的尺度是指，幾億年前真核細胞及原生生物出現，與幾十億年來地球形成及演化的時空尺度。之所以特別提出小時空尺度和大時空尺度的概念，是因為只有用這兩種時空尺度觀看天和人的關係，才能明白為什麼天和人有相同性和一體性。今天，人們可以用現有的科技知識解讀天人合一的理論，可以以現代的理性思維來深入理解產生於中國古代的“天人合一”觀。

（1）天人同構

《黃帝內經》對“天人合一”觀的具體理論是天人同構，並論述人體結構與天體結構是相符的。一年的天數（天的歲數）有 365 天，人有 360 節；月數有 12 個月，人的大節有 12 分；天有五行，人有五臟；天有四季，人有四肢；天有日月，人有耳目；天有山川，人有脈絡等。以今天的科學知識，要透徹地論證這個觀點確實不容易，但是簡單否定這個觀點更是沒有理由。也許有人輕易地認為天人同構及形體相符是牽強附會的說法。然而，人體三百六十節、四肢及五臟六腑等結構，並不是偶然或無緣無故地形成的。人體結構如何形成？要追溯其最初的根源，就必須從生命的起源開始。根據現有西方科學研究對生物進化史的認知，從生命起源到人類誕生，經歷了非常漫長的過程。這個過程是大時空尺度的歷史進程。從真核細胞→原生生物→動物→魚類→哺乳類動物→人類，經過六億至三十五億年。這是四十六億年前地球誕生之後才發生的事情，可以想像，從生命起源至人類誕生的演化過程中，地球、月球和太陽的運行起著關鍵性作用，其他天體的運行也產生了重要影響。可以說，原始生命受天體運行的感應而逐漸演變成人類；也可以說，原始生命演化成人類的過程，是地球、月球、太陽及其他星體的運行過程，是將原始生命整合、塑造成人體形態和結構的過程。用另一種形象的描述，天體是獨具匠心的“超級雕塑家”，以精微的功夫、漫長的時間，將泥沙模樣的原始細胞雕塑成人體形態。古人將天上的星體視為神靈，有其深刻的意義，而不只是神學名稱而已。

受天體運行的相同感應，地球上所有動物與人類的形體都具有相似性；也因為對自然界環境的感應不同，所以動物之間或動物與人類之間的形體也存在差異性。例如：同樣在太陽光的能量和信息感應下，所有動物包括人類都生有兩隻眼睛；同樣在天體的其他能量和信息感應下，所有哺乳類動物包括人類都生有頭部、四肢、內臟等。很明顯，這是來自天體的相同感應而造成的形體相似性。而在大自然的不同環境中，動物之間的形態存在著差異性。例如：同在陸地環境中，所有陸棲動物的形態都有其共同性；同在海洋環境中，所有水棲動物的形態也有其共同性。這說明，地球上不同的自然環境產生不同的感應，會造成動物形體的差異性。“天人感應”的本質是天體、自然界與人的感應，“天人合一”的本質是天體、自然界與人的天、地、人合一。由此進行定義，“天”的概念應包括天體和自然界。

“天人合一”廣義上的含義，是天體、自然界與人的合一。天人相符還應該包括自然界與人體的相符。例如：大自然有山川河流，人有經絡經脈；大自然有氣流循環，人有呼有吸吐故納新；大自然有水流循環，人有血液流動；地殼岩石中的元素含量與人體血液中的化學元素豐度非常相似。人在宇宙之中出現，在地球上誕生，在與天體、自然界的感應中進化。從大時空的視野看來，應當是天體塑造了人的軟件（意識、經絡），而地球自然界塑造了人的硬件（軀體、形態）。

（2）天人同象

“天人合一”觀的理論還提出了“天人同象”，即指出人與天的法象、形象、氣象相符。以氣象而言：天有春夏秋冬，人有喜怒哀樂：春暖為喜氣，夏熱為樂氣，秋冷為怒氣，冬寒為哀氣，所以天和人的氣象相符。從簡單的天文氣象知識所知，天氣的暖、熱、冷、寒變化是天體運行的緣故。太陽輻射的能量和信息，推動地球的水圈和大氣圈的運動，引起地球氣溫和氣候發生變化。同樣，從人體生理知識所知，人的喜、怒、哀、樂等情緒變化，也是人體與外部環境變動相關。外部環境的能量和信息，刺激人體內分泌、內循環等生理變化，引起人的心理和精神發生變化。很明顯，天和人的氣象成因和現象有高度的相似性。

人所具有的形象、情緒和特性都不是偶然的現象，而是人類在天體、自然界共同影響之下的結果。“天人合一”理論之中的論述，不是神學上的觀念，也不是非理性的思維，而是具有高度科學性的觀念與超前科學性的思維。只因“天人合一”描繪的是一幅超巨的宇宙圖式，必須以大時空的視覺才能看得清楚與看得明白。古人早已經認識到人體是小宇宙，“天人合一”的思維正是全息宇宙的思維。根據現代天文學統計，宇宙中星體的數量與人腦中細胞的數量近乎相同。有人認為宇宙似超級的大腦也具有思維，更有觀點認為宇宙本身就是一個不斷擴展的超巨神經系統。由此看來，“天人合一”觀相信人的思維與宇宙思維的模式相似，是有很強的超前科學意識的。以人體的視覺看，基因、細胞和人體是合一的整體；以宇宙的視覺看，人、地球與宇宙天體也是合一的整體。

（3）災異之說

“天人合一”理論中，“災異”感應之說是最受非議的說法。古人認為，自然災害的出現是上天對社會及國家混亂的譴責和懲誡，異象的出現是上天對人尚未覺悟作出的嚴厲警告。這種觀點被今日許多人們所非議，他們認為這屬於無稽之談，甚至是妖言惑眾的說法。事實上，通過今天的科學思維可以理解，這種觀點不是邪說，反而是理性的思維；關鍵在於怎樣辨別其中的因果關係，以及如何解釋說其中的內在因果與邏輯。

古人看待“災異”現象的因果關係是：國家社會出現混亂是原因，引起上天的譴責是結果；而上天懲罰是原因，災難發生是結果。同樣，古人看待“異象”產生的因果關係是：由於人沒有覺悟，才有上天作出警告的結果；而上天警告是原因，“異象”出現是結果。當然，受古代科技水準的局限，古人對災害和災異的成因沒有清楚的認識，所以對災異感應之說的理解和解釋，存在某些誤區也是無可厚非的事。

以今天的科學知識進行研判，災異現象的因果關係是：天體運動造成災害是原因，引起國家和社會混亂是結果；而災難發生這個原因，被人誤解是上天譴責的結果。同樣，異象產生的因果關係是：天體發生大變動或大事件，才導致天體和自然界有異象；由於有異象的出現，才會使人誤會是上天的警告。通常狀態下，人們對天體正常運行所引起的各種現象（天象、地象和物象）已經習以為常。當天體發生大變動或大事件，天體運行所引起的不正常現象則被人們視為異象。天體發生大變動或大事件，可能是幾十年、幾百年、上千年一遇的突發事件，甚至是更長的天文週期之中遇到的異常事件。

異象在天象方面的表現，如星體處於特殊位置，有七星連珠、熒惑守心等現象；異象在地象方面的表現，如地殼運動的大地震和海嘯、氣候反常等現象；異象在物象方面的表現，如動物的反常動態與怪異活動等現象。類似的例子，在古代史籍之中有很多記錄。

3. 異象與預兆

中國歷史上，每逢有大事件發生都會有異象的出現，古人將這些異象視為事件發生之前由“天”發出的預兆。在古籍史書中有許多有關這類預兆的案例記載，但是由於無法得到合理的科學解釋，所以被很多人看作是迷信思想。雖然也有不少人相信這是經驗之談，但是以現有的科學知識不可能解釋一切，以目前的科學方法也不能證實一切。但是必須強調的是，依據現有的科學知識及藉助當今的科學思維，已經可以理解其中某些預兆的內在因果與邏輯。

近代，最引人稱奇的預兆事件是：1976 年 3 月 8 日，中國東北吉林的天上掉落了世界歷史上罕見的隕石雨。其中有三塊大隕石，最大的重達 1700 多公斤。在隕石雨事件發生的當年，中國三位領袖級的偉大人物相繼逝世。同年 7 月 28 日，中國河北唐山發生里氏 7.8 級強烈地震，近二十五萬人遇難。對此次事件，人們議論紛紛並認為，隕石雨之中的三塊大隕石預示逝世的三位偉大人物，無數小隕石預示唐山地區遇難的二十幾萬人。

上述的預兆是巧合嗎？歷史所記載的許多類似事件沒有理由都是巧合。而如果上述的預兆不是巧合，又應當怎樣去理解這種現象？

其一，從天體運行的角度看，天體運動各種能量和信息感應（引力、輻射等）同時作用於其他星體（產生彗星、隕石）和自然界（引發地震、海嘯）以及人體（影響生理、心理、精神），必然會產生天象、地象和物象三種現象。天體運動所引發的隕石跌落是天象，大地震是地象，人命傷亡是物象。這三者發生，雖然在時間上有先後的差別，但是放在歷史的跨度看基本上屬於同步的事件。而由於天象出現在先，所以就成為預兆。例如，地震發生之前，由於某些動物的敏感性比較強，所以動物率先對相關預兆做出反應，這些動物的反常活動在地震發生之前就出現了；而敏感動物的反常表現，間接地被對天象相對不夠敏感的人類視為地震發生的預兆。

其二，從互聯宇宙觀的角度看，人體、人類社會、自然界和宇宙天體是互聯互動、互相關聯的關係。整個宇宙類似巨大無比、立體結構的網絡，任何大小事物都是網絡上巨細不同的結點；而任何節點的顫動，都會傳遞到其他節點，只是傳遞結果的順序與強弱不同而已。天體運行中發生任何變動或事件，都會如連鎖反應般地牽動相關網絡節點，感應自然界和人類。天體運行發生變動、引致隕石雨跌落、大地震發生以及人命傷亡，是宇宙天體互聯互動的結果。表面上，隕石雨、大地震和人命傷亡，這三方面好像是各不相干的獨立事件。只有以互聯宇宙的思維才能理解，這實際上是整體事件的多種相關表現。

其三，為什麼重要人物出現事故的天象預兆會與眾不同？這可以從多米諾骨牌效應得到啟示。在一系列骨牌當中，處於關鍵位置的骨牌起著牽一髮而動全身的效應；而處於邊緣位置的骨牌一旦坍塌並不影響全域。同樣在人類社會中，處於關鍵時空（時間和位置）的重要人物，發出的能量和信息會產生巨大的外部效應，在出現事故之前也會有強烈的反應或前兆，會讓人們感受到天象的異常。平凡的人物處在相對次要的時空，所發出的能量和信息必然產生較弱的外部效應，在發生事故之前可能也有比較輕度的反應或前兆，但是並不足以引起人們的察覺。

古代所記載的許多“天人感應”的現象，應看作是歷代先民對生活實踐和經驗累積的記錄。儘管其中很多記錄是可信的歷史資料，但是受當時科學知識的局限，遇見這些天人現象之時古人無法作出合理的解釋。即使以當今的科學知識，面對這些“天人感應”的現象之時人們也不可能全部解釋清楚。所以，對這些“天人感應”的現象不應被視為神話或迷信而輕易否定，反而應當成為探索天人之際的寶貴信息而給予重視，並加以深入研究。

第六章 命運觀論說

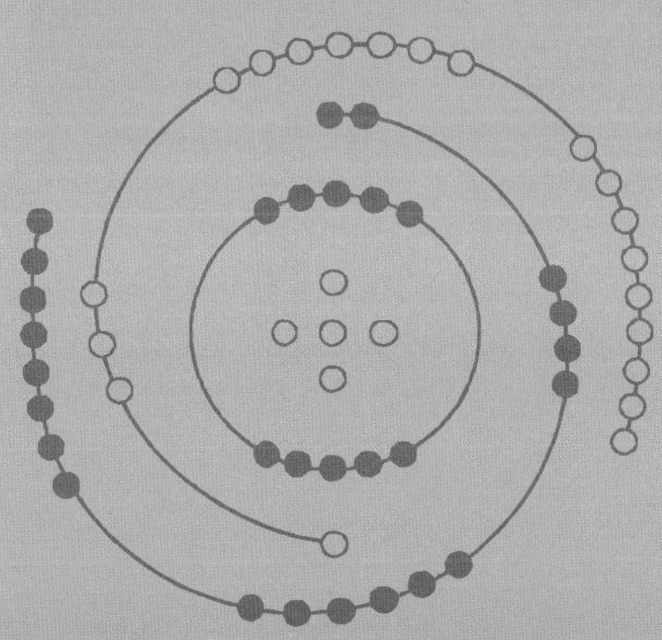

少林寺三教合一碑，宗教深度影響人們的命運觀

（一）命運觀的成因

命運事關每一個人，可以說是絕大多數人都會關心的議題。無論什麼宗教信仰、什麼社會階層或秉持什麼人生觀念的人，基本都會認同命運這回事。然而，不同的人在具體的命運觀上則不盡相同，並不是所有人都持有

一樣的命運觀。自古至今，社會上所出現的命運觀有很多，如宿命論、命定論、神義論、業報論、道德定命論、性格定命論等。可見，歷來人們所持的命運觀非常不一致，根本原因是對命運的成因沒有共同的認識。這些原因有：

1. 歷史的原因

隨著歷史的變遷，人類社會的主流命運觀也會跟著變化。原始時代，人們從十分有限的生活實踐中感受到：來自太陽與大自然的某種無形力量，感應並支配著人的活動，從而產生了太陽神與自然神的崇拜。而這種原始宗教信仰，塑造起命運由神靈主宰的命運觀。進入農耕時代，人們從相對廣泛的生活經驗中認識並發現：除了太陽與大自然之外，還有天上其他星體的運行與命運密切相關。這種對天的崇拜與信仰，令人們深信命運由天神、天帝或上天所主宰，進而產生天定論的命運觀。到了工業時代，從更廣闊的生產活動中人們通過科學方法瞭解到：有許多已知的因素制約著命運，進而誕生科學命運觀。到了今天的信息時代，從微觀宇宙至宏觀宇宙的探索中人們認識到：還有更多的未知因素操控著人類的命運，因而未來將有可能出現嶄新的命運觀。

從不同時代的命運觀，可以看出隨著歷史的變遷，命運觀被不斷地修正。雖然如此，古老的命運觀在今日並不一定完全過時，今時的命運觀在未來也不一定絕對正確。試舉個例子：經由天文觀察發現，太陽系邊沿有一堵太空牆，阻擋著人類的飛行器穿越出外太空。因此有科學家猜想，人類生存的太陽系有可能是高維文明的試驗場。在宇宙的實驗室中，太陽系類似實驗室中的玻璃球，人類則類似於在這個玻璃球中被實驗的微生物。如果真是這樣，則表明高維文明的生命體主宰著人類的命運，而古代天定論的命運觀中主宰人類命運的天神、天帝，可以被視為高維文明生命體。這樣，古代天定論的命運觀或宗教神定論的命運觀，有可能本來就是正確的命運觀。

2. 宗教的影響

人類信仰存在差異是公認的事實，而一個人的命運觀必然深受宗教信仰的影響。基督教的信仰是神創造一切，所以信仰者多是抱持神定論的命運觀；伊斯蘭教的信仰是造物主，因此信仰者多是抱持命定論的命運觀；佛教的信仰是因果、業報及輪迴，因此信仰者多是抱持因果業報的命運觀；道教的信仰是多神眾神，因此信仰者多是抱持超凡脫俗的命運觀。世界上四大宗教的信仰不同，信仰者的命運觀必然會有很大的差別。在現實世界中，宗教信仰會影響人的命運觀是不爭的事實，卻並不是確定一個人命運觀的唯一因素。而具有同樣宗教信仰的人，其命運觀也並非絕對一樣。

在現實生活中，每個人的努力奮鬥、積極追求，本質上都是圍繞著改善自己的命運來進行的，這意味著基本上所有人都相信命運可以改進。既然人可以改進自己的命運，那麼命運就不是完全屬於神定或天定。從這個角度看，人們的命運觀在現實生活中與宗教信仰中並不完全一致。

3. 哲學的因素

命運這個議題，古往今來之所以困擾了許許多多的思想家、政治家、宗教家、哲學家，是因為這些智者對命運的成因缺乏全面、統一的認知。也正是由於人們對命運的成因各有各自的認知，因而對命運的解說往往各持己見且糾纏不清，對於應該持有什麼命運觀更是採取各行其是的態度。一個人的命運觀的確立，除了與歷史、宗教有關之外，哲學思想對建構怎樣的命運觀也有極大的影響；而哲學思想必須建立在準確認識命運成因的基礎上，才能對建構命運觀起著正確的引導作用。古今中外的名人智士之中，以哲學角度討論命運的例子多不勝舉。但是這些名人智士往往只是以各自的哲學觀點論述命運，並沒有從命運成因的角度去探索命運，因此得出的結果往往都存在某些缺陷。例如：古代，孔子以儒家的哲學思想看待命運及確認天定論的命運觀，所以孔子提出人們應“知天命”。但是究竟命運的成因是什麼？孔子並沒有明確地闡述，因此以儒家哲學思想所確立的命運觀缺少應有的理據基礎。近代，馬克思講述過命運，即是肯定命運的存在。馬克思是無神論及唯物論者，以這種哲學思想看待命運必然持以科學的命運觀。雖然馬克思沒有論述有關命運的成因，但是以科學唯物主義思想確立的命運觀，必然需要科學上的理據。命運的成因既是科學上的研究課題，也是非常複雜的系統工程；只有徹底清楚命運的成因，才能建構正確完美的命運觀。

哲學思想雖然會影響主流社會的命運觀，但並不是確定一個人命運觀的唯一原因。古代，在儒家哲學思想的影響下，孔子的天命論成為主流社會的命運觀，流行於漫長的農耕時期。近代，在馬克思哲學思想的影響下，辯證唯物論及科學命運觀也風行於工業時期。可見，主流社會的命運觀不僅與哲學思想有關，而且與人類文明的進程相關。

（二）古今命運觀

前面所有章節的論述，都與揭開命運真相的議題相關。

在遠古時代，人們對命運早已存有明確的意識，並且深深地明白命運是人生的首要大事。自古以來，上至聖人下到百姓皆非常重注命運，才引來諸多智者孜孜不倦地對命運進行探索。在這過程中，產生了許多令人讚歎的命運預測大師，同時也創造了豐厚的命運預測文化。這些文化是傳統文化中的重要組成部分，但是由於長久以來人們對這類文化無法充分理解，並且沒有完善的理論可以作出精準的解釋，所以往往被當作玄學文化，不僅得不到合理的對待，更加不可能光明正大地走進學術的殿堂。而今，藉助現代科學的思維便會發現，這些未解的玄秘文化之中存在著寶貴的學術價值。為了闡明當下所說的事實，下面以古今影響較大的命運觀為例，作出簡單的論述和分析。

1. 天命論

天命論是中國歷史早期，商周之際產生並由周人系統提出的命運觀，而周人意識中的“天”具有主宰者含義。天命論認為人的命運由天注定，天會賞善懲惡。自古至今，大部分人都相信天命論，所以才會出現許多關於天命的詞語，如，“天命弄人”“天命難違”“謀事在人，成事在天”“天命攸歸 ”“聽天由命”“畏天知命” 等等。天命論中，天的含義既有廣泛性又有概括性：有神靈的性質，有天體的性質，也有大自然的性質。儘管天命論中，天的概念存在著泛化性和不定性，但是天命論中，卻包含著天地人的綜合性思維。天命論的命運觀，既有科學意義，也存在著局限性。

古代，為什麼多數人相信命運由天注定？相信是從生活實踐中，人們發覺自己的生命活動貌似依循主觀的意願而行，但實際上自己所做的一切，盡在不由自主之中進行著。人們體悟到命運始終不在自我意志的控制之中，似乎冥冥之中有主宰者從中在操控。究竟誰是命運的主宰者，這是歷來人們最想知道的事。在尚未明白命運真相之前，古人將左右命運的一切原因歸結為天的意旨。將“天”視為命運的主宰者，是高明之舉。“天”的稱謂，既表示人的敬畏心理，也體現“天”作為主宰者的最高地位。當然，古人相信命運由天注定有其多方面的原因，如宗教文化、傳統文化以及認知局限的緣故。

現當代，不少人因為西風東漸，認為天命論是唯心主義或宗教色彩的命運觀。其實，這種基於不同文化體系或背景的判斷，與天命論產生的歷史背景、古時的認知局限，及其抽象的論述方式所引發的誤解相關。有些人基於淺層的西方科學的基本觀點，完全否定天命論的意義，並認為命運的掌控在我而不在天。然而，在現實的生活實踐中，每個人都能體驗到生命過程，大多在沒有意識或不由自主之中悄然而過；其命運的過程並非真正是在自我意識掌控之下的生命歷程，而是外部影響產生自然反應的生命歷程。

如何客觀地看待天命論？其實從科學思維中，已經可以得到新的看法。

我們應該知道，命運是由生命的運動軌跡集合而成。人體、自然界和天體互感互動並左右著生命活動，因而生命運動軌跡受人體、自然界和天體的共同制約。由於天的概念涵蓋了人體、自然界和天體，所以命運的實質是生命運動在天的制約之下形成的生命運動軌跡，這個結論說明天命論的基本精神完全成立。天制約著人類的命運，也包括其他生命體。從這個角度這可以理解，天命論是富有科學意義的命運觀。古代的人們由於受制於認知的局限，所以對天命論的理解和解說未免存在著許多局限和誤區。但是在當今科技水平上，完全否定天命論或者認為天命論是迷信思想，就明顯存在誤解和偏見。這種思想有其多種原因：

其一，很多人都不清楚命運的真相。表面上，大家都知道命運是由生命活動的軌跡構成，人的生命活動由自己的思想行為所決定，而思想行為受自我意識所支配。實際上，人們每時每刻的行為並不是純粹由自我意識所支配，而是由人體生理運動週期、自然界運動週期和天體運行週期三者互感互動的結果所支配。表面上，每個人似乎都有獨立自主的能動性，但這並不是獨立於上述三大運行週期之外的主觀能動性。所有的人，在做某個行動或者某件事情之前，雖然經過自身的思量之後成為思想、意願並付之行動，但是這種行動是在上述三方面的信息（人體生理、自然界和天體）制約之下的結果。也可以說，所有人每時每刻的行為，表面上是獨立自主的現象，而實際上是“心不由己”的自然反應。這種“心不由己”的反應，真相是沒有命運意識之下的意識及行為的體現。

其二，一個人某時某刻的所作所為，是人體、自然界和天體三大系統運行週期，經過互感互動之後被制約的結果。三大系統運行週期之中，有非常繁多、長短不同的週期。這些運動週期產生交集，一起制約生命運動的走向。當某些運行週期同時處於高峰或低谷時，會對人的行為產生特別明顯的制約作用。即是說，一個人是在三大運行週期的制約之下描繪出起伏跌宕的命運曲線。舉例而言：某個人某時刻正在海邊，海上突然發生大海嘯事件；這個人立刻意識到災難發生，便會本能地做出逃生行為。其實這種逃生行為從命運的角度早已經被預先確定，這個事件的前因後果是：天體運行週期和地球運動週期互感互動，引起自然界地質變動而且預定會在某時某地引起地震和海嘯；當海嘯發生的信息傳遞到人體的感官時，人體的生理活動受到了信息的刺激，體內的生理運動週期便會發生調整，因而人體本能地做出反應並產生出逃生的意識和行為。表面上，發生海嘯這個偶然事件是引致這些人產生逃生意識和行為的原因；本質上，是天體運行、自然界地質運動和人體生理運動互感互動的因果。

其三，很多人既不明白命運的真相，又不具有命運的意識，且沒有命運的預知能力，因此也就缺乏自我意識及調節命運的能力。這些人的命運，只能完全受人體、自然界和天體三大運行系統的支配。其實，人對於命運週期中的某些運動週期可以作出調節或迴避，因此命運是能夠作出調整及改進的。可以採用的方法，例如：

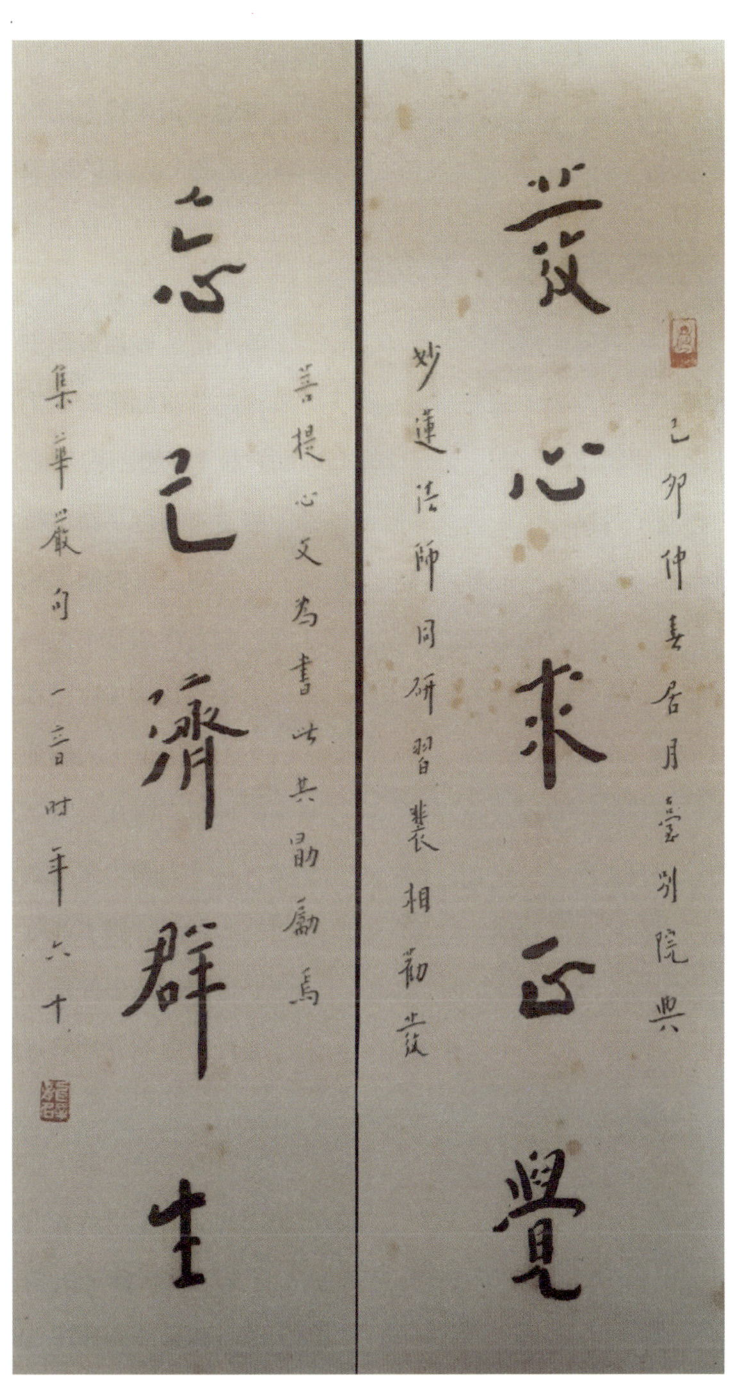
發心求正覺
己卯仲春居月臺別院與
妙蓮法師同研習聚相勸發
忘己濟群生
菩提心文為書此共勖勵焉
集華嚴句 一音時年六十

弘一法師真跡

一方面，通過調節人體運動週期可以調整命運。例如，患有高血壓的人，人體生理運動必然異常。這類人，因高血壓容易產生情緒衝動，而情緒衝動又會引致血壓高，這兩者是互為因果的關係。人的高血壓影響身心健康，情緒衝動影響生活工作，兩者在生理、心理的互感互動結果必然影響命運。如果能夠控制心理情緒，則能調整生理運動週期，進而可以調整高血壓。人的生理、心理和精神三者之中，包含了眾多的人體運動週期，並且在錯綜複雜的互感互動中影響命運。一個人，管控好自身的生理、心理狀態，即是調節好人體的運動週期，這是調整命運的有效方法之一。

另一方面，可以利用大自然運動週期調整命運。例如，傳統的二十四節氣是大自然運動週期之一。早在古代，中醫已經懂得並善於將二十四節氣的特性用於康養、醫療之中。根據節氣調節不同飲食及生活習慣以達到健身養生，因應節氣採用不同藥物及治療時機以達到最佳治病效果，是中醫學的重要理論與實踐。而農夫懂得並善於利用二十四節氣進行農耕作業，根據節氣播種耕耘及勞動作業以保障收穫，因應季節種植不同作物以求得最佳的成果。人們有了豐衣足食、生存保障和安居樂業，自然而然地就改善了命運。這些例證，都是科學地利用大自然的運動週期改進命運的簡單實例。

而通過科學地運用天體運行週期，也可以有效地改進命運。在第四章中，已經列出許多科學利用“天體運行週期”的許多實例，此處不贅。

2. 果報論

因果報應論是佛家的哲學觀和命運觀。中國佛教史之中，釋慧遠的“三報論”是因果報應論的典型代表。“三報論”認為一個人所造的業，會有三報：一是現報，是指今生受報應；二是生報，是指來生受報應；三是後報，是指來生之後幾生甚至更多生再受報應。任何凡人必受報應，行善或行惡均有報應。因果報應論認為：一個人所造的業是因，所受的報應是果；造成因果報應的業有三種：口業、身業和意業，三種造業之中口業最為嚴重，身業和意業屬於其次。佛家稱：種善因必得善果，種惡因必得惡果。因果報應又稱為善惡報應。

探索因果報應論與命運的關係，首要應理清三個問題：一、人是否有前世、今生和來世？二、因是怎樣轉化為果而產生報應的？三、因果報應是不是決定命運的全部原因？

其一，關於前生、來世之說也許很多人並不相信，但是由宗教、民間及科學研究提供的種種案例，都證實許多人有前生的記憶這回事。正如前面所述的生命現象之中已經列出的許多實例，表明不能輕易否定前世今生的說法。人是否有前生、來世，就必須證實是否有生命輪迴。如果能夠證實並且肯定有生命輪迴，就能說明有前生的輪迴才有今生，今生過後有輪迴必然有來生。而宗教、民間以及科學研究提供的實例，雖然可以證明某些人有前生的記憶，但是還不足以說明人的生命有輪迴，只是提高或強化了有生命輪迴的可能性。

根據佛教的三世因果論，認為人的生命有輪迴，有前世、今生和來世。要問生命輪迴的本質是什麼，應先明確生命的定義是什麼。

傳統的思維認為，生命是由軀體和靈魂所構成，因此生命輪迴是靈魂的輪迴而不是軀體的輪迴。這樣，生命輪迴才可以解釋三世因果論和三報論。如果將一個人的生命體類比成一部電腦，軀體類似於硬件，而靈魂類似於軟件。生命的遺傳類似於硬件的重複製造，而生命的輪迴類似於軟件的重新下載。每當前一代的電腦硬件損毀而需要被淘汰，軟件可以下載至今代的電腦之中。前代電腦軟件的運行程序可以轉載至今代電腦之中，今代的軟件載入了新的程序也可以再轉載至新一代的電腦之中。這個過程，猶如前世、今生和來世的生命輪迴。電腦軟件代際之間的載入及轉載，猶如人生造業和報應的流轉。我們從現代遺傳工程學或者生物工程克隆技術中知道，生命體經過自然繁衍或人工複製，得到的結果是生命的軀體而不是生命的靈魂。無論是經過遺傳還是克隆而誕生的新生命，其軀體的外表與之前的生命體基本相似，而靈魂的特性卻根本不同。生物工程技術既然已經可以克隆動物，也必然可以克隆人類。克隆出來的人體，雖然軀體完全相同，但是靈魂是否也會相同？這是一個大問題。如果克隆出來的生命體其靈魂也能相同，這說明靈魂也可以複製；如果克隆出來的生命體其靈魂不同，這就說明靈魂只有一個而且無法複製。這個問題與人的生命輪迴有關，還是應當讓生命科學的科學家們去做進一步的深入探索，說不定佛家的生命輪迴理論，通過未來生命科學的研究結果可以得到解釋。依照生命輪迴論看，佛教的本質雖然是宗教，但是卻更像是前科學。

其二，因怎樣轉化為果而產生報應？

佛教因果論中講因緣和因果。“因緣際會”是事物有“緣”的才會聚會在一起，有事物的聚會才產生結果。“因”和“果”的中間媒介就是“緣”，由於“緣”的關係“因”才會產生“果”。這是佛教的文字般若，即是高超智慧的表達：既特別簡單又特別清晰，其中的哲理更是特別深刻。

因果關係涉及的事物，至少要有兩方面或更多的事物互相作用才會產生因果，單一事物是產生不了任何因果的。事物互相作用的過程中有什麼因，則會產生什麼果。這個果可以成為其他的因，並與其他事物互動再產生出下一個果，因因果果無窮無盡是事物變化不停的本質。因果現象隨時隨地地發生，信手拈來的任何事物其變化過程皆有因果。如天上的雲霧向這裏的天空飄來，冷空氣也向這裏的天空吹來，兩者以恰好的方向和速度匯合，才引致此時此地的天空下雨。雲霧和冷空氣是“因”，促使兩者會合的是“緣”，

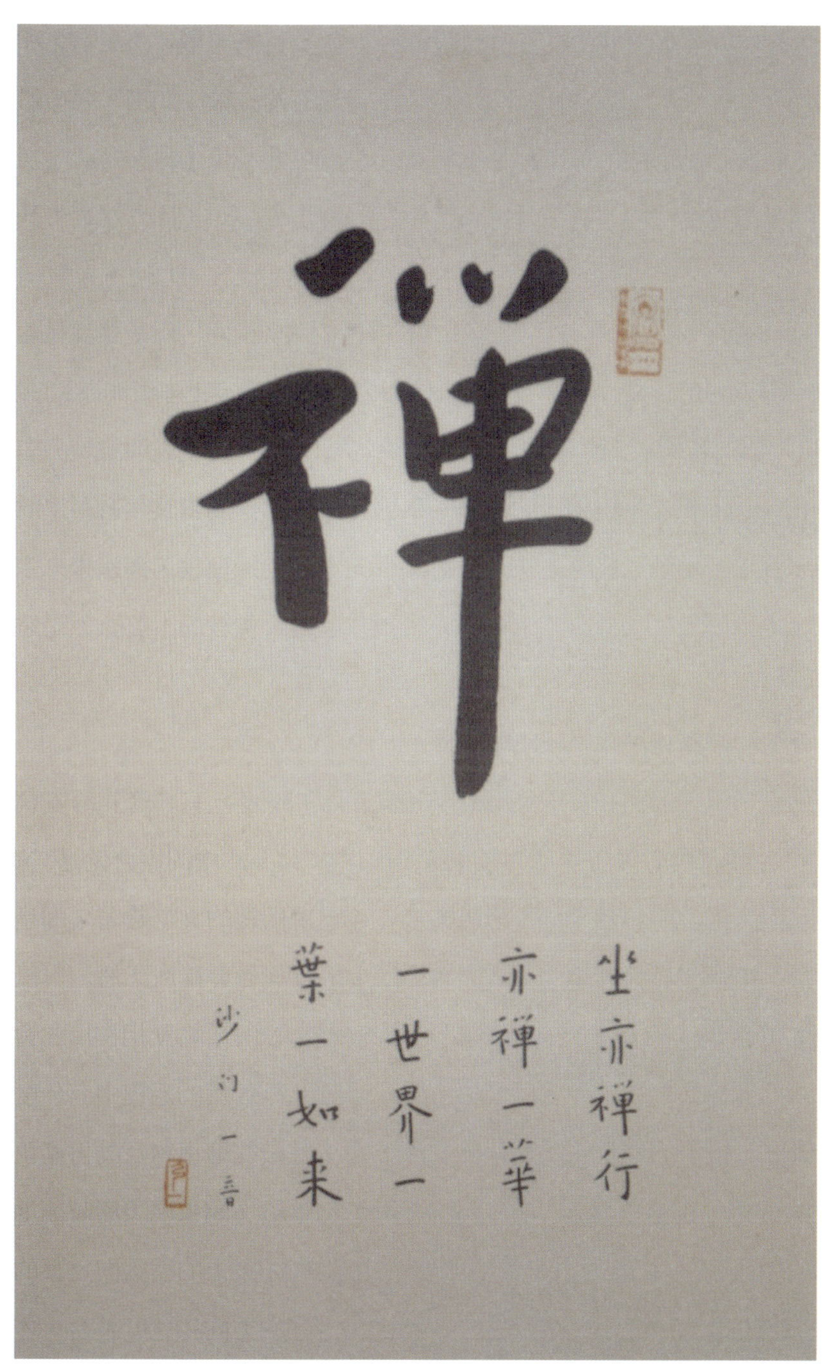

弘一法師真跡

此時天空降下來的雨是“果”。表面上看，這是一件平常又簡單的事情，然而正是“因”“緣”和“果”三者的結合，才注定在此時此地下雨，而不是在其他時間地點下雨，可見其中隱藏著玄妙的的因果關係。

因果報應涉及的事物：任何人的所作所為都會得到相應的報應，佛家所講“善有善報、惡有惡報”，應看本質上是行善或者行惡，而不是看表面上所表現的善或惡。分清真正的善和惡必須有大智慧，不但要看結果還要看動機。善或惡的根源是“意”，即企圖心是向善或是向惡。佛家提出“大情大智”，情與智兩者缺一不可；有情也要有智，才不會好心做壞事。中國古代，有個“東郭先生與狼”的故事：東郭先生救了一隻狼，其表面上看是做善事而實際上是做了惡事，這是有情無智的表現；狼得救之後恩將仇報，反而想吃掉東郭先生；最終結果東郭先生獲救，狼反而被農夫打死。雖然東郭先生有情無智，但是其本意向善，因而得到善報。這個故事的情節很簡單，卻十分地清晰闡述了因果報應的關係。

佛家指出，無明和貪愛是造惡業和受惡報的根源。人的知識有限，智慧也有限。再高明的人，都不可能有絕對的聰明，只有大小不同的無知和無明。每個人的社會位置不同，所處的位置越重要所造的業就越重；因無知與無明所造的惡業必然越重，因大智大慧所造的善業也會越大。無知與無明並非個人的意願，但是會造成愚蠢與愚昧：愚蠢會造成罪過，愚昧會製造罪惡，因此無知與無明會形成危害也會種下罪惡。

其三，因果報應是制約命運的要素，是決定命運的部分原因。佛教因果報應論的例子很多。現報——今生受報應，日常生活中的例子很多，人們比較容易理解；生報——來生受報應，這種現象是否真的存在，似乎一般人不能理解；後報——以後幾世才受報應，似乎由歷史和宗教才能解說清楚，這更加難以被人取信。類似的事物，雖然以過去的認知不能理解，但是隨著人類科學的進步，某些玄而未解的事物正逐漸被破解。如：現代基因科學發現，命運中的許多因素會遺傳，不止外表、性格、疾病、冒險精神等都有遺傳，甚至智力、知識等也有遺傳。根據科學研究的例子：有個家庭三代人都是殺人犯，因為三代人都遺傳了暴力基因。由此可知，從遺傳學的方法和角度，可以解釋來自於前輩與後代的因果報應。

遺傳基因是生命輪替的因果，是前輩與後代的因果報應。遺傳基因和今生因果一樣，可影響人的生命運行週期，是制約命運的部分因素但不是決定命運的全部因素。

3. 性格定命論

性格定命論是許多中外文人學者推崇的命運論，其中有些言論甚至成為名言或格言。例如："性格決定命運""性格就是命運""性格主宰命運"等等。這種命運論肯定是錯誤的論斷，不但對命運的成因做了不正確的認知，而且造成性格和命運之間的因果倒置。

命運由人生經歷的軌跡所組成，人生軌跡上不同時間點的生命狀態，體現了各個節點的命運狀態。個人的行為主導著命運的走向，而什麼因素決定人的行為呢？性格肯定不是決定行為的唯一因素。決定一個人的行為的因素，既有內在原因也有外在原因；內在原因之中，性格只是其中的一個因素而不是唯一的因素。性格的形成有內在原因也有外在原因：其一，性格的形成有生理和遺傳基因的原因，這是內在的成因。每個人出生前在母體的懷孕之中，已經接受和繼承了父母的遺傳基因並且確定了性格的"種子"；來自父母的遺傳基因與本身的生理基因，經過交感與融合之後確定了先天性格。其二，性格的形成也有生存環境的原因，這是外在的成因。每個人，從誕生的時刻開始即離開母體之後，正式進入宇宙大循環之中。在這個過程中，人體的生理週期與自然界、天體的運行週期融合於一起並互感互動。人體先天的生理循環和遺傳信息，必會受到後天生活環境的信息所感應與修整。人的性格也不例外，也會被後天信息所“修改”。性格形成的後天因果，歸根結底是由人、自然界和天體運行週期所決定。

性格不是決定命運的“因”，而是先天命運預設的“果”；後天的命運與性格之間是互為因果的關係，所以性格會影響命運。性格定命論既存在著片面性，又將因果顛倒及本末倒置。正確的看法應是：人體生理週期、自然界週期和天體週期，三者經過“共鳴”之後而確定後天命運的形成。什麼命運決定有怎樣的性格，相反地性格又會影響命運。現代醫學證明，具有冒險性格的人，或具有膽怯性格的人，其冒險基因或膽怯基因都是來自於遺傳。例如，有人遺傳了冒險基因，天生具有冒險精神。這類人之中，如果既有冒險精神又具有高智商，多數人能夠闖出一番大事業；如果具有冒險精神但是只具有低智商或低情商，多數人的命運就會起伏不定甚至以失敗告終。而如果有人遺傳了膽怯基因，天生優柔寡斷而且膽小怕事，這類人即使智商和情商很高，或者說已經具備行事的有利條件，但是由於不敢付之行動，最終會無所作為、平庸度日。

性格是否可以改變？如上面所述，性格的形成有內在和外在的成因，性格的內在成因是生理特性和遺傳基因，所以如果調整生理特性或改編遺傳基因，理應可以節制或改變性格。傳統有老句話：“三歲定八十”，意思是人的性格從小就基本定型，說明性格已經在生理和遺傳之中塑造而成型。相信，有命運意識、有智慧、有理性及有自制力的人，性格可以自我節制；有命運意識與修心養性的人，性格可以自我調整。性格的外在成因是生存環境，所以，改變生存環境也可以調節或改變性格。例如，地理環境會塑造人的性格。在遼闊的草原上，遊牧決定了牧民的生活方式，而遊牧生活塑造了牧民們比較普遍的豪邁性格。

除上述的命運觀之外，還有其他古今中外不同的命運觀，如：神義論、宿命論、道德定命論，還有前定論、上帝定命論、歷史決定論等，這裏不多做討論和論述。無論人們是否相信命運，或者認同哪種命運觀，每個人都希望擁有好的命運，每個國家民族都希望國運亨通。從生活經驗所知，人與人之間沒有完全相同的命運；即使雙胞胎的信息相同，其命運也不完全一樣。從歷史經驗所知，沒有任何國家民族能夠長盛不衰，只有在盛衰交替之中開創最興盛的國運。總體而言，人與自然界、天體的和諧互動，是把握個人和國家民族最佳命運的根本途徑。

（三）命運的真相

通過前幾章對天、地、人三大系統的總體論述，參照古今命運觀的啟示，結合現代科技發展的成果，相信命運的成因已經得到了比較科學的解釋，命運的過程得到了合理解讀。可以說，隨著當代科技的迅速發展，一個更科學、完整、全新的命運觀已經呈現，這就是"人地天命運觀"。客觀而言，命運的奧秘開始被破解，命運的真相正在被揭開。

1. 命運運行程式

命運運行程式這個困擾人類幾千年的話題終於可以找到答案：人的命運受三大系統運行週期的制約，準確地說是受人體系統的生物運動週期、地球系統的自然界運動週期和宇宙系統的天體運行週期等三大系統制約。這三大系統的運行週期，編寫了個人命運和國家民族命運的運行程式。每個人的命運，都是獨一無二的運行過程，與其他任何人都不相同。其中的原因是：人與人之間，不僅先天命運程式不可能一樣，即使是兄弟或者雙胞胎之間的先天命運程式也不會一樣；而後天的命運程式，則更加不可能相同。

（1）先天命運程式

每個人的命運程式，都是在先天命運程式的基礎上載入了後天命運程式。所謂先天命運程式，簡單的表達就是：先天命運程式，等於前生信息加上遺傳信息，再加上母體生命活動信息；三方面信息互感互動，就預定了一個人的先天命運程式。

首先，從悠久歷史傳承及生活實踐，人們發現命運不僅受遺傳信息的影響，似乎還受前生信息的影響。遺傳信息影響命運已經是人們認識的科學事實，但是前生信息影響命運之說，可能會備受爭議。在生命輪迴現象尚未確切證實之前，前生信息只能當做可能性來探討。是否有前生及是否存在著前生信息，至今人們還未能充分肯定及清晰認知；就像人們未曾認識遺傳基因和遺傳信息之前，遺傳現象同樣令人感到非常的困惑。有許多事例說明，人的前生信息儲存在潛意識之中，類似於遺傳信息儲存在基因之中。前面生命輪迴的章節中列出的許多案例，就是潛意識存在著前生信息的引證。

其次，一個人的生命從母體懷孕之時開始，已經選擇並承載著父母及祖輩的遺傳基因，因此，遺傳基因是構成先天命運程式的部分信息。種種的例證可以證明，遺傳基因制約著一個人的命運。從遺傳基因科學可知，遺傳信息以密碼的形式儲存在基因之內。上一代的遺傳信息，通過基因的形式遺傳給後代。這種現象可以理解為，祖輩的所作所為不但會直接影響後代，還會以遺傳基因的形式影響著子孫後代。從因果關係看，先天的“因”會造成後天的“果”，前輩的“因”也會造成子孫後代的“果”。古人云，“前人積德為後人積福”，現在以遺傳學的角度看，這個觀點具有相當的科學性。

生命從母體懷孕著床之時，已選擇並承載著父母及祖輩的遺傳基因

最後，一個人在誕生之前，從胚胎階段已經開始與母體、大自然及天體，進行直接和間接的信息感應與交流。在這個過程中，一個人的先天命運程式被逐步編成及設定下來。胎兒與母體在信息交流的過程中，胎教是生動有趣的實例。胎教最早出現於西周時期，可見古人很早就已經從生活實踐中知道，胎兒可以通過母體感應外界的信息。胎教的具體做法是：在母體懷孕期間通過唱歌、音樂、自然環境、對話和情緒調適，令胎兒在母體腹中受到陶冶，從而提高嬰兒的生理、心理等先天素質。

（2）後天命運程式

後天命運程式是指一個人在生命活動的過程中，人體系統、大自然系統及天體系統經過互感互動，而形成操控命運的運行程式。簡單的表達是：後天命運程式等於，人體系統運動週期，疊加大自然系統的運動週期，再疊加天體系統的運行週期。之所以將先天命運程式和後天命運程式分別論述，是因為一個人的特徵、性格等，有些在先天已經形成，而有些在後天才得以形成。一個人的某些行為，有的是先天因素引起的結果，即先天的“因”結成今天的“果”；有的是後天因素引起的結果，即後天的“因”結成今天的“果”。例如，遺傳性疾病引起人的行為失常或者生理缺陷，這是受先天命運的制約；而生活中發生的疾病引起人的行為異常或者生理損傷，這是受後天命運的制約。

總而言之，一個人的生命活動過程，是依循著自身獨有的命運程式而運行。這個命運程式由先天命運程式和後天命運程式共同合成，操縱著人的一生命運。簡單的表達是：一個人的命運程式等於，先天命運程式（前生信息加遺傳信息）加上後天命運信息（人地天運行程式）。

前生信息是本人前世的私人信息，而遺傳信息是前人留下的設定信息。用一個類比，前生信息類似本人的私人資料，可以在不同世代的電腦之間流轉下載；當前世的電腦老化而報廢，只能將私人資料轉載至今生的電腦之中。人的潛意識類似電腦的記憶器，儲存了前世電腦的私人檔案；而通過潛意識的記憶器，可以將私人檔案下載至今生電腦之中。

遺傳信息是父母祖輩留下的信息，是與生俱來的設定程式的一部分。用一個類比，遺傳信息好比電腦出廠設定程序，可以陸續再載入其他應用程序。人類一代代地進化，遺傳信息一代代地載入；好比電腦一代代地變更，應用程序也一代代地更新。人類在進化和遺傳的過程中，累積了早期的原始信息及後期的遺傳信息；好比電腦在演變和更換的過程中，仍然保留著某些出廠的設定程序和載入的應用程序。

2. 命運運行軌跡

一個人的生命經歷，在某個時間及空間所對應的生命狀態，就是命運運行的軌跡。在生命活動中，時間和空間不停地變化，對應的生命狀態也必然跟著變化。假設，一個人坐著不動，表面上是時間發生變化而空間位置不變；實際上是在時間變化的同時，空間也跟著變動。因為這個坐著的人，雖然其所在的位置相對於周圍事物沒有變化，但是相對於天體其所在的空間已經不同；而隨著時間的變化，這個人的生命狀態也有微妙的變化。在不同的時間和空間中對應著不同的生命狀態，這就是命運軌跡的運行過程。從理論上講，一個人的命運軌跡處於不停的變化之中，命運過程也在不斷的運行與變化之中。這種變化，從短的時間節點來看，其變化的結果不太明顯；但是從較長的時間段來看，其變化的結果明顯不同。

一個人的命運軌跡，就像一條隨著時間而波動的曲線。任何人，一生的命運都不可能一帆風順、暢通無阻，命運軌跡像波浪一樣跌宕起伏，必須經歷許多風險與波折。之所以一個人的命運會有起伏與波折，是因為天、地、人三大系統的運行週期有波動，這種波動交互影響就造成了命運的起伏與波折。從前面的論述可以看到，命運受人體、自然界和天體三大系統中的運行週期所制約。各個系統中，都有許許多多短期、中期和長期的運行週期。這些運行週期分佈的形式，決定著命運的波動走勢。例如：

一年之中，當較多運行週期的高峰期集中地出現，則此年之內的命運會表現出興旺的狀態；相反，如果較多運行週期的低潮期在這年集中出現，則這年之內的命運會表現出低落的狀態。每一年的命運，在傳統玄學文化中稱為年運。

十年之中，當許多運行週期的高峰期在這十年集中出現，則這十年的命運會表現出運好的狀態；相反，如果許多運行週期的低潮期在這十年集中出現，則這十年之內的命運會表現出運差的狀態。每十年的命運，在傳統玄學文化中稱為大運。現實社會中，有的人年輕時少年得志，而有的人到老時才大器晚成，往往屬於大運所展現的命運現象。

3. 論國運的興衰

一個國家的命運程式，由民族活動週期、自然運動週期和天體運行週期所糾纏互動而成。一個民族的獨特基因，決定了民族的性格、智商等諸多方面，從而制約著該民族的命運。一個國家獨特的自然環境、地理位置，制衡著所在地民族的活動方式、行為特質等諸多方面，從而制約著該國家的命運。天體運行週期感應著大自然的運動及變化，並驅動某民族的活動及行為，最終制約著該國家民族的命運和興衰。

中國歷史上，每 300 年左右便會出現朝代更迭，這成為難以逃避的歷史規律。近代，有人將這個規律稱為歷史週期律。1945 年毛澤東主席在延安與黃炎培會晤之時，討論了這個議題。這次對話，討論了為何中國歷朝歷代不能跳出興亡的週期，以及怎樣才能打破這週期律的問題。是次對話，如今已經成為令人津津樂道、富有歷史價值的“延安對”。歷史週期律關乎國運的興衰，是所有國民都共同關注的問題。歷史週期律的成因，以政治角度看是社會制度導致朝代的興亡，但是以文化角度看則是文化局限引起朝代的興衰。就是 ，以不同的角度觀察與研判，所得的答案會不一樣。筆者認為，歷史週期律的終極成因是由天文運行週期所引起的，天體運行週期制約著自然界的運動變化及人類的活動行為，所產生的一系列連鎖反應導致了歷史週期律的行程。其過程是：天體運動→地震事件、氣候變化→農業歉收、糧食短缺→饑荒蔓延、瘟疫流行→社會矛盾、天災人禍→國家動亂、更朝換代等。這種帶有規律性的重複過程，從許多歷史變故和事件之中可以得到引證：

例一：中國歷史上，西周時期（公元前 1046 年）至新中國成立（1949 年）近 3000 年，中國屬於農業文明的社會。從周朝開始，每隔 250—300 年往往會出現一次改朝換代；每次朝代更迭，多是由農民起義推翻舊王朝並建立新朝代；農民起義的原因，是天災人禍引發的社會矛盾；尖銳社會矛盾爆發的原因，是饑荒和瘟疫蔓延；而饑荒和瘟疫，往往是由天體運行造成的氣候變化所導致。由此可見，在農業文明社會之中，天體運行週期是導致更朝換代的根源。以人類歷史的尺度衡量，250—300 年的天體運行週期，屬於中長週期。

例二：根據考古發現，2000 多年前中國新疆的羅布泊曾經有一個著名的樓蘭古國（公元前 176—公元 630 年），樓蘭古國出現的年代與西漢出現的年代（公元前 206 年）非常相近，距今大約 2200 年，但是其存在了 800 多年之後卻神秘地消失了。這個樓蘭古國曾經相當繁盛，被稱為羅布泊文明或樓蘭文化。樓蘭古國為什麼會消失？科學的解釋應該是天體運行週期改變了氣候，使得樓蘭古國所在區域逐漸無法支持人類的生產與生活，最終被當時的人們所放棄。樓蘭古國的出現及興起，最重要的地理條件是擁有豐富的水資源；所以在樓蘭古國出現之前，羅布泊地區原本應是雨水充沛、物產豐饒。而樓蘭古國的消失同樣與氣候條件、地理環境的惡化密切相關，這也在一定程度上導致了羅布泊地區的極度乾燥和沙漠化。

根據新聞報導，2022 年是新疆塔里木河流域近 10 年來降水量最多的一年，以至塔克拉瑪干沙漠中形成了眾多湖泊。早在 2002 年，中國科學院院士施雅風已經關注到西北地區的氣候暖化及濕化現象，並作出科學判斷。《中國氣象報》指出，中國西北地區的降水量從 1980 年代中期呈現逐步增加的趨勢，截至 2020 年該趨勢仍在持續。氣候統計的週期為 30 年，而這一增長過程已經持續35年。從這現象看，似乎中國西北地區正在恢復2200年前的氣候狀態，即可能重現樓蘭古國出現之初的氣候特徵。顯然，2200年的氣候週期是受到相應的天體運行週期所制約。以人類歷史的尺度衡量，2200年的天體運行週期是屬於長週期。

約2200年前，新疆羅布泊地區雨水充足，氣候濕潤，生機盎然，這為樓蘭古國的興起提供了條件。從遺跡考古資料可以看出，當時的樓蘭古國非常繁華。古老的絲綢之路經過這裏，不僅促進了樓蘭古國昌盛發展，而且推進了漢朝與西域的貿易與交流。樓蘭古國的建立與大漢盛世的開啟幾乎在同時間發生，天體運行是導致氣候變化的主要原因。2200年後的今天，西北地區也因為天體運行引起了氣候變化，正在恢復良好的生態環境。今天，中國的“一帶一路”正經過這裏，不僅會為西北地區帶來重大發展機遇，而且能夠推進中國與歐亞大陸的經濟合作與交流。西北地區的生態環境變化與中華民族復興進程幾乎同步展開，這可能意味著經歷2200年長週期的輪迴，西北地區的繁榮與中華盛世再次於同一時段到來。

例三：天體運行週期制約著國運的興衰，這不僅能夠從歷朝歷代的更迭之中得到證實，而且能夠從中古到近代的歷史事件之中得到印證。如成吉思汗（1162年—1227年）當年之所以能夠長驅直入進攻歐洲，是因為天體運行為其創造了機會。當時，蒙古草原碰上千年難遇的降雨量，令草原上的草木生長茂盛，使戰馬得以大量繁殖。成吉思汗的軍隊在征戰之時，戰馬作為作戰工具，既可拖曳備用戰馬以供換乘，又可拖運糧草甚至可以供應馬奶，這樣既可以維持戰馬的體力又能保障糧草的供應。又如，二次世界大戰期間，德國大規模進攻莫斯科。莫斯科保衛戰事關蘇聯的生死存亡，是人類歷史上規模最大城市戰爭。但是在1941年12月1日，莫斯科氣溫下降至零下20度，蘇聯軍隊尚可接受氣溫的突降，而德國軍隊嚴重缺乏冬季軍服以致難以忍受嚴寒，大部分的坦克、大炮、機槍無法正常操作。12 月 5 日蘇聯大反攻時，氣溫下降至從來未有過的零下 40 度，甚至有夜間零下 50 度的說法。據戰後相關統計，整個冬季戰役德軍的各種損失達到 90 萬人，約佔東線德軍總數的 1/4；其中戰鬥傷亡約 38 萬人，非戰鬥減員達到 50 餘萬人，而其中凍傷人數達到近 23 萬人。就是說，非戰鬥減員竟然超過了戰鬥減員。必須承認，在這場大決戰的緊要關頭，零下幾十度的酷寒幫助蘇聯紅軍贏得了莫斯科保衛戰的最終勝利，而這也成為了第二次世界大戰的轉捩點。

從這兩個事例看出，天體運行週期制約之下的氣候變化，竟然決定了戰爭的勝負和國家的命運。因此可以說，天文運行週期對大自然和人類的制約是多方面、多形式的，不單能夠透過自然界的氣候變化制約人的思想行為，甚至還可以制約人類社會及決定國家命運。

第七章 命運可以預測

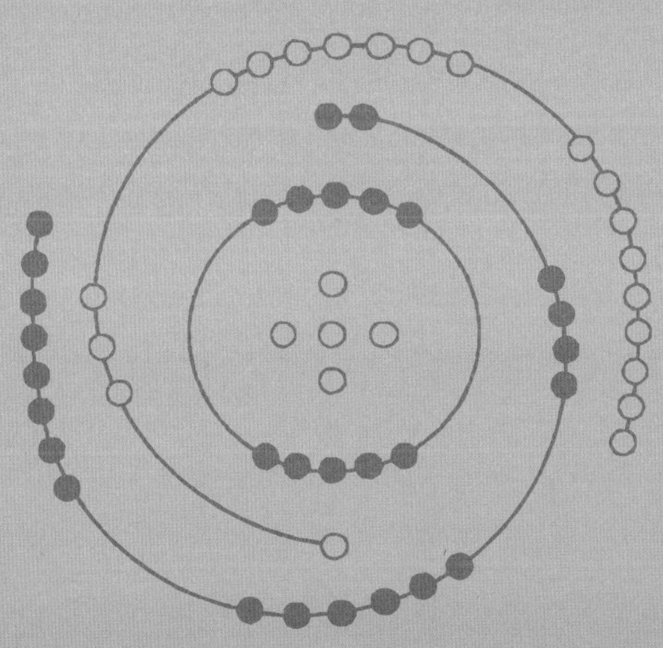

命運蜿蜒曲折、隱隱約約，能否預測？

命運是否能夠預測？這是個古老的命題，也是一個非常重要的問題。

命運預測對人生過程有著積極的指導意義，而對命運能否預測的話題，歷來存在著不少爭議。命運可以預測的觀點認為：許多傳統的預測結果已經證明，傳統的命運預測方法不但具有相當的準確性，而且富有相當的科學性。命運不可預測的觀點認為：傳統預測術存在神秘性及不可解釋性，以現代科學邏輯及思維模式無法解釋，屬於不科學甚至偽科學，所以認定預測結果不可信。還有另一種觀點認為：對命運預測的觀點“不可全信也不可不信”，除非證實傳統預測方法有科學依據。如果命運不可預測，為什麼傳統預測方法可以根深蒂固地存在於傳統文化之中？如果命運可以預測，為什麼又有許多不確定性和不可理解的問題？應該怎樣正確地看待命運可否預測這個問題？

第一，應該明白決定命運的因素非常複雜。人是小宇宙，與大宇宙一樣是個無比複雜的系統。人的一切經歷，是人體與自然界、宇宙天體互動的結果，命運是由天、地、人系統共同構建的複雜運動過程決定的。命運預測是個巨大的系統性的工程，無論預測的範圍和形式，都與現代科學上其他方面的預測有極大的差別。

第二，對傳統預測方法和方術，應該以客觀的態度看待，不單應該理解其中具有的相當的科學性，也必須理解其中存在的時代局限性。在古代信息範圍狹窄而且知識貧乏的條件下，前人竟有這麼高明的智慧，不能不令人由衷地讚歎。從傳統預測方法中，可以看到古代智慧綻放著科學思想的光輝。例如，四柱八字預測術，所依據的科學數據是出生的時辰，即是人在出生之時所在天體之中的相對位置。相術預測方法，包含並涉及了生物信息、人體全息學等方面的科學道理。在後面的章節中，將以現代的科學思維和表達方式，來解讀傳統預測術的哲理。

第三，對待前人的思想智慧，應該採取繼承、發展和弘揚的精神。前人發明看似簡單實用的預測方法，其實是經過無數生活實踐之後作出的總結，並且經歷了逐步的完善和理論化。傳統的預測工具樸素簡單，預測的精確度有所不足，實屬正常的現象。傳統的預測方法，雖然存在著許多需要繼續完善之處，但是仍有許多值得探討及可供發展的空間。通過持續的努力，我們必然可以提升預測的準確性和精確度。其實，今天許多科學成果的應用，也是在不斷的完善之中得到提高和發展的。如天氣預報的方法從傳統的百葉箱，到今天的衛星雲圖，就是在不斷地進步與發展：以前只局限於從地面搜集氣象信息進行天氣預測，現在已提升至從太空的視角進行天氣預測。

第四，對傳統預測方法的神秘性和不可解釋性，應該以另外的角度來看待：一方面，面對宇宙中的萬事萬物，前人受到知識和認知的局限而無法作出精準的科學解析，即使以現代的科學知識和認知也只能作出部分或有限的解釋。另一方面，對許多宇宙中未知的奧秘，前人受當時的知識水平所限制而不能理解，以人們今天的科學知識水平也不可能全部理解。對這些未解和神秘的事物，需要等待未來科技有更大的進步並大幅突破人類現有的認知之後，才能作出解釋。

第五，傳統的思維方法與當今科學的思維邏輯及方式，存在很大的差異，不能因為這種差異而否定傳統的思維方法。例如，中西醫的思維邏輯及方法有很大差異，但是中醫的許多思想方法已經被大量實際案例證明具有實用性和有效性。還有，古今文化的思維模式也存在著很大的差別，這兩種文化恰好需要有機地結合，才能將傳統文化成果轉化為具有時代價值的知識。傳統命運預測術，通過與現代科學知識理論相結合，相信能夠進一步得到完善與發展，並且有望成為一門新興的命運預測科學。

命運是否能夠預測，在於事物的變化是否有序；而正是因為所有的事物都是有序地變化，因此命運是可以預測的。古人有句話："天有不測風雲，人有旦夕禍福。"隨著人類科技水平不斷地發展，天氣預測的精確度和準確性也跟著得到提升。如今既然天氣可以預測，當然命運也可以預測。也就是說，藉助現代科技並融合應用，相信傳統的命運預測術必定能夠得到創新與發展。

傳統命運預測術的方法很多，有四柱八字、梅花易數、紫薇斗數、鐵版神數、風水術數、面相術、姓名學、卜卦等等。這些預測術是中華民族長期實踐經驗的總結，也是統計歸納的成果，同時經過了大量實證的驗證。這些預測術由於缺乏嚴謹的理論基礎，相對更加注重實際應用而難以做清晰的理論解釋，所以被稱為玄學。憑著幾千年智慧的開發與經驗的積累，傳統預測術已經形成一套獨特的玄學文化。從思維方式至文化形式，從表達方式至採用術語，這類玄學文化仍然保留著傳統的習慣與風格。對此，現代的人感到難以理喻甚至視為違背科學的文化，也是情有可原的。如果將古代的表述作出現代的解讀，即是將傳統智慧與科學思維結合，由此所理解的傳統命運預測術，則會令人感到其中充滿科學思想。但是傳統命運預測術至今還沒有走出玄學的門檻，多數預測師只是繼承傳統習慣，沿用傳統的算命方式為人進行命運測算。很多預測師都能夠熟讀各種口訣，但是其中的多數只是將前人的經驗總結搬來照用，只有少數預測師懂得活學活用，並將前人的學術成果與當今的社會變遷相結合。傳統預測術由於至今沒有科學理論作為系統內核，所以還未能發展成為一門科學的預側學，更談不上使之從玄學廟堂走進科學殿堂。而現在已經到了將傳統預測學科學化，使之成為一門科學，並將之擺放在科學殿堂中的重要位置的時候了：因為這門命運預測科學事關重大，將關係到個人、家庭、國家民族甚至全人類的禍福。

（一）預測術新解讀

傳統文化與現代科學相結合，是中華文化創新與發展的必經之路。玄學文化的科學化，是傳統文化做時代轉化的重要領域，也是重要標誌。傳統預測術的科學解讀，對玄學文化的科學化具有重大意義。為了科學解讀傳統預測術，有必要對相關概念作出論述與界定：

1. 有序與無序

所有事物運動的過程都是有序的，也正是因為有其規律性，所以事物的運動和發展才可以預測。序，即是秩序、規律或週期。任何事物因為有運動，才表現出其有序和無序。生物界、自然界和天文界中所有事物的運動過程，表面上可能處於雜亂無章、無序可尋的狀態，但是實際上或者說其內在實際處於井然有序、條理清晰的狀態。

以日常生活中所見，有些事物是有規律可循，而更多的事物似乎是處於雜亂無章的狀態。這種現象的實質是：無序是由無數的有序所合成，無數的有序隱形於無序之中。無序的狀態，猶如許許多多不同的頻率、波幅、波長等疊合在一起的多重運動，形成了雜亂交錯的波浪。有序的狀態，好像有一個或多個同樣的頻率、波幅、波長等結合在一起的多重運動，形成的節律清晰的波浪。無序可以分解成無數的有序，許多的有序合成之後則變為無序。無論是生物界、自然界或者天文界，歸根結底都是有序的世界。

以人而言，人體的生理運動呈現出各種生理節律，人體中有各種生理循環週期。從現有生理學已知，人體的生理、心理、思維節律有一百多種，未知的部分必定會更多。人類的生命過程，不僅表現為人體內在的生理活動具備有序性，還表現在人體外在的一切活動同樣是有序的。所有人在生活中的作息規律都是有序進行的，每天、每月、每年的生理、情緒、精神行為的變化規律也是有序進行的。人的生命存在，是有序狀態下的存在。有序不但是人體的內在規律，而且是人的喜好傾向；外部環境有序的事物，與人體有序的狀態會產生共鳴。人對有序的事物會產生自然的好感，例如人對聲音的感覺是，厭惡噪音而喜愛音樂。無序的聲音是噪音，有序的聲音是音樂。當一個人聽到帶有節奏的聲音時非但不會厭煩還會喜歡，比如有節奏的鼓聲會引起人的好感。鼓聲其實是噪音，但節奏卻是有序的狀態，所以當無序的噪音變成有序的狀態時就成為音樂，有序的噪音因此就產生了美感。人愛好生活有條理、社會有制度等，這一切都是因為人體存在著有序基因的緣故。

以自然界而言，大氣、水文和地殼都是在有規律的狀態下運動。例如：

自然界中，二十四節氣變化規律的精確程度令人感到驚奇，動植物的週期性變化與二十四節氣的對應準確無誤。這些現象，表現出非常有序的狀態。一年四季的季節性氣候變化，與此伴生的物候變化及各種規律都是有序的狀態。有些自然現象，表面看好似無序，如大地上的江河橫流、海岸線彎曲參差等看似處於毫無規則的狀態，實際上這些是由許多有序運動制約之下的自然狀態。

以天體而言，天體運動都是在有序中進行的。衛星與行星、行星與恒星、太陽系與銀河系、銀河系與一系列的星團星系都遵循週期性運行。而天體運動有短、中週期，還有長或超長的週期。宇宙天體有序地運行，伴生著自然界和人體的有序運動。天體的週期性運行，感應著自然界和生物界的週期性運動，由此將天體的運行程式下載至所有生物體之中。生物的生長節律稱為生物鐘，地質系統變動週期稱為地質鐘，天體各級運行週期稱為天文鐘。生物活動規律以及人體生理、心理、思維規律，均和地質運動、天體運行的規律緊緊相扣、息息相關。從中可以看到，這些規律始終源自天體運行。

概括而言，從微觀世界至宏觀宇宙，所有事物均處於有序的運動狀態之中。在微觀世界中，電子繞原子核有序轉動，原子有序地構成分子，分子有序地組成物質等。表面上各種事物雜亂無章，實際上其內在隱存著一絲不亂的程式。即使是在無序的表象中，也能夠找到有序性存在的證據。

萬物皆有序，宇宙中的萬事萬物都一絲不苟地依據既定的規律運行。在所有事物中，小至組成物質的粒子，大至太空中的星體，全部遵循著既定的法則運行。宇宙中存在著形形色色的規律，人類不可能完完全全地按照所有規律行事，所以人的命運之中才會有利與害、分與合、盛與衰、成與敗等等的事情發生。最主要在重大的事情上必須順著相應的規律行事，才會取得順利與成功；如果違逆相應的規律行事，必定會導致失敗和滅亡。《孟子‧離婁上》有“順天者存，逆天者亡”的說法；長沙馬王堆漢墓出土文獻中有“順天者昌，逆天者亡，毋逆天道，則不失所守”的文字。簡單地說就是：順序則昌，逆序則亡。

從醫學角度上，人體的生理活動是依照各種週期有序地進行。人在一天二十四小時之中，如果生命活動依照生理規律有序地工作、休息、飲食等，就會精力充沛、身體健康；如果生命生活違反生理規律、次序混亂，必然導致身心疲勞、百病叢生。早在古代，人們已經深深地明白了人體生理規律。《黃帝內經》中提出了時間醫學和時間養生的理念：每天、每月、每年四季甚至一生之中，在什麼時間應做什麼事，這樣才有益於身心健康。

從氣象角度看，大自然有序地運行表現出各種各樣的自然規律。古人掌握了氣候及物候的規律，即一年四季、二十四節氣、一百二十候的變化，依照季節安排農事耕作可得到最佳收穫，依照節氣安排生活工作可改善生活品質，依照物候觀察動植物變動可調整有利的生存環境。現代的人們對氣象規律有了更廣泛深入的瞭解，有了更精準的預測，能夠將氣象規律應用於各領域之中。總之，按照大自然的規律，順序而行則事事順利，逆序而行則於事不利。

從經濟角度上，經濟規律也是在有序之中運行。宏觀經濟運行有膨脹期也有衰退期，有高峰期也有低谷期；微觀經濟波浪式地運行，有高潮期也有低潮期。金融市場上，證券及商品期貨規律也呈現週期性的變動。表面上，經濟波動看似是漲跌不定的波浪，令人眼花繚亂而看不清楚。實際上，無論是宏觀經濟或微觀經濟，都由許多有序的運行週期交互重疊而成。許多有序的合成因為交互重疊似乎變得雜亂無章，這是引起人們視線模糊的主要原因。也許有人不知，經濟週期竟然與二十四節氣、四季的週期吻合。所以，依照經濟規律的運作必將獲得回報，違背經濟規律的運作必然遭受損失。企業的成功，其中一個重要原因是善於把握準確的經濟週期。

2. 偶然與必然

偶然與必然是哲學中最有爭議的話題。古今中外，許多哲學家、思想家、科學家提出各種觀點，論述事物的偶然性和必然性。很多專家提出一系列的論據，從哲學、數學、自然科學等角度論證其所持觀點的正確性。

究竟什麼觀點才是正確的，並且被人接受？其實，正確與否都有相對性。為什麼這樣講？因為正確與否，往往與具體的人的認識水準、知識範疇、智慧高低等等具有相對性。對於宇宙中的萬事萬物，人類所認知的事物至今還是微不足道的，未知事物仍佔絕大部分；人類當前的知識量還是很少，尚有更多知識還未被認識。人類的思維能力就目前而言還是存在相當大的局限，智慧水平距離高級文明還是很遠。不少人都慣性地以有限的認知去判斷一切，以現有的知識去解釋一切，以有限的思維能力去分析理解一切。

對偶然性和必然性如果能夠掌握客觀正確的認識，將有助於我們準確地看待宇宙中的萬事萬物，以及正確地理解命運過程。宇宙中的一切事物都處於運動狀態及無常變化之中，有運動的事物，才能體現出有序或無序的狀態；有事物的運動，才能呈現出偶然或必然的現象。偶然是什麼？這個概念可以理解為：事物出現的概率很低及突然地出現、不明緣故地發生，或者由不可理解的原因導致。這類現象，人們認為是屬於偶然事件。必然是什麼？這個概念可以理解為：事物出現的概率很高及有規律地出現，有因果關係的發生，或者由有依有據的原因導致。這一類現象，人們認為是屬於必然事件。下面的一些例子，可以說明偶然性和必然性的真正關係。

（1）低概率的偶然：例一，有人認為，在百萬張彩票中抽中頭獎是屬於偶然。準確的事實是什麼？百萬彩票抽中某一張是偶然的事，反過來看某一張彩票被抽中是必然的事。抽中的原因，有彩票購買者的行動、時間、地點等因素，有抽獎者的動態、時間、位置等因素的互動，才得出某張彩票被抽中的結果。換個說法，這個偶然性的事件，本質上是：中獎者和抽獎者的人體循環，與自然界運動週期及天體運行週期互感互動的必然結果。例二，有人朝天空射箭，射中了快速飛翔的飛鳥，是偶然或必然？偌大的天空，射中快速飛翔的飛鳥絕非易事。一個百發百中的射手射中飛鳥，是必然的事，大家對此完全可以理解；一個未經訓練的射手射中飛鳥，這個貌似偶然的事而實則是必然的事，對此許多人則不能理解。從上述的例子，說明偶然或必然是相對的，對於某個事物屬於偶然，而對於另個事物則屬於必然。

（2）突變的偶然：例一，如突然發生地震，究竟是偶然還是必然？對地震的成因，在沒有科學認識和預測方法之前，人們以為地震是偶然的突發事件。當有了地震的科學預測知識之後，人們明白地震屬於必然的爆發事件，是天體運行和地殼運動產生互動而引致地殼板塊擠壓，當壓力超過臨界點時就必然會爆發地震。由此可見，地震突然爆發貌似偶然，然而之前的天體運行、地殼運動和板塊擠壓的逐漸變化過程，已經醞釀了地震爆發的必然性。這事例說明了突變中的偶然，產生於漸變的必然之中。例二，有科學家認為，生命過程中發生基因突變或者物種突變屬於偶然現象。實際上，這一類突變的偶然性與地震爆發的偶然性一樣，在基因突變或者物種突變之前，在一系列逐漸變化的過程中已經醞釀並決定了基因突變的必然性。這說明偶然是相對的，必然才是絕對的。

（3）超常的偶然：生物界、自然界和天文界之中，各種事物的運動週期有短期、中期、長期甚至超長期的運動週期。在幾個月、幾年或者幾十年中週期性出現的事物，通常被人為地認定是正常或必然的事物。之所以有這種認識，是因為絕大多數人的壽命最多一百多年；而人的一生中經歷的事情，被理所當然地認為是正常的事。經過百年、千年甚至萬年的運行週期才出現的事物，無疑會被人為地認定為超常或者偶然的事物。從這例子可以看出，事物的出現是屬於偶然或者必然，有時間上的相對性及週期長短的相對性。之所以有偶然性是因為有時間的局限，否則沒有超乎常規的偶然性。

（4）不明緣故的偶然：日常生活中，之所以一般人認為某些事物的出現屬於偶然，全在於人們觀察事物的過程中存在著局限性。這些局限性的原因：有如何理解複雜因果的局限、智慧和智力方面的局限、有限生命與有限時空的局限，還有以有限知識理解無限事物的局限等。總而言之，事物的偶然性是人類認識局限的錯覺，事物的必然性是宇宙運行的結果。

歸納起來，宇宙中萬事萬物的運動都是在有序的狀態下進行的，任何事物的出現都是必然會發生的事情。只有對宇宙中一切事物的有序性和必然性加以深刻的認識，才能夠對命運構成的原因和過程形成準確的理解，也才能夠正確地、現實地、客觀地看待和面對命運。

（二）宇宙充滿信息

宇宙空間到處充滿信息，地表上的空氣中載入著聲音的信息，地球上空的電磁波中承載著各種電波的信息，宇宙之中的光波和能量波中負載著無量的信息。還有，以其他形式為載體的信息充斥整個宇宙。今天，人類認識的信息載體，除了空氣、電磁波和引力波之外還有量子。人們接收或傳遞信息，除了利用聲音、光線和電波之外，還有屬於現代新科技的量子通訊。

泰山摩崖石刻：人類與大自然、宇宙之間，每時每刻都進行著信息感應和交流

1. 人的信息感知

人類與大自然、宇宙之間，每時每刻都進行著信息感應和交流，並通過人體五官感知的信息瞭解宇宙萬事萬物。人體是一個多功能的感應體，既接收外來信息又對外發出信息。人體功能中五個感應器官是：眼、耳、鼻、舌、身；分別感應：光、聲、氣、味、觸。五個感應器官加上大腦，類似於

五個感測器配上電腦處理器，即是佛家所說的六根。人體這五個器官的感知能力有局限性，感知的範圍和靈敏度也相當有限。在某些感應能力方面，人類比不上其他動物。例如，陸地上的鳥類、蜜蜂、蝴蝶能夠感應地球的磁場，海中的鯊魚、龍蝦、海龜能夠通過磁場進行導航，水中的蛇、青蛙和魚類能夠感應紅外線等等。這些感應能力，人類的確不具備或不及動物敏感。由於人體器官的感知能力存在著局限性，所以人體直接感知的信息及結果也存在著片面性。

雖然人類直接感知信息的能力存在著局限性，但是間接感知信息的能力卻非常強大。人類通過智慧和創造力，發明創造出各種接收器和感應器，延伸、放大了人體的信息接受和感應功能，間接地增強了人體的信息感知能力。如：顯微鏡、望遠鏡、天文望遠鏡以及射電望遠鏡等，極大限度地放大了眼睛對光的感知能力。還有其他各種各類的儀器裝備，也大幅度地放大和強化了人體的其他器官的感知能力。這一切間接的感知能力，可以視為人體五官功能的延伸和外化。例如，藉助間接感知，人的眼睛可以看到大量從來未認識到的事物；從微觀世界到宏觀宇宙，從物理的粒子尺度到天體的天文尺度，極大地開闊了人的視野和感知範圍。

在農業文明時期，人類都是通過直接感知取得信息，去瞭解宇宙中的萬事萬物。自工業文明之後，人類更多是通過間接感知，取得豐富的信息進而認識宇宙中的萬事萬物。雖然人類能夠通過直接和間接感知取得大量的信息，但是由於人體直接感知範圍的局限性，人類所感知的信息並不能完全準確、全面地反映宇宙中的萬事萬物。因此，人類所看到、聽到及感覺到的事物不可能全部正確。例如，某些人感覺不到的自然現象或事物，動物卻能夠看到、聽到或聞到。自古至今，之所以世上有許多玄秘的事物，根本的原因都與人體的感知缺失相關。除了感知信息的局限之外，人類與外部的信息交流也存在局限。

人類接收或傳遞信息的效率是逐步提升的：在農耕社會時代依靠人力交換信息，消耗大量時間和人力、物力，但是效率比較低下；在工業時代藉助機電器具交流信息，大幅度提升了信息交流的數量和效率；而在信息時代運用更高層級的科技設施，能夠進行超速和海量的信息交流。無論在哪個時代，人類所接收或傳遞的信息都存在著兩個問題：一是信息的滯後（不是即時的信息）；二是信息的真假（不是絕對的信息）。

（1）信息被滯後，是因為信息的接收和傳遞之間存在著時間差。例如，當下所看到的事物或聽到的聲音，已經是剛才傳來的信息而不是即時的信息。更大的時差是，當下從宇宙中接收到的信息，可能已經是上億年之前傳來而當下才到達的信息。又如，在地震爆發之前，某些動物預先感應地殼變化的信息，因此會出現許多反常的行為。動物的反應說明地震的前兆已經發生，而人類感知到地震時已經是滯後的信息。

（2）信息有真假，是因為信息的接收和傳遞過程存在著失真缺陷。例如，人類觀看事物的顏色只能看到三個維度，而蜂鳥能看到四個維度的顏色。這說明人類的眼睛只接收到部分光線的信息，比對鳥類及其他動物，人類堪稱一定程度的色盲，因而所看到的事物並不完全真實。又如，人類聽到的聲音只限於特定頻率範圍，而大象能以超低頻的聲音進行交流，蝙蝠能發出及接收超高頻聲音，這說明人類的耳朵也只能收到部分聲音的信息。此外，還有更多的事例可說明人體感知存在缺失，以致獲得的信息不夠真實、全面而造成認知上的錯覺。

2. 人與宇宙交感

人體從大自然中，能夠直接感知到前述的光、聲、氣、味、觸五種信息。從天體中，只能夠直接感知到光和熱兩種信息。實際上，宇宙天體中的許多信息是人體無法直接感知的。例如，宇宙星體之間的引力波、宇宙射線或微波輻射、太陽輻射高能粒子等等，人體均無法直接感知這些宇宙信息，只有藉助感應器才能部分地間接感知。來自宇宙的大量信息，時時刻刻通過直接感應或者間接感應，深深地影響著人體生理、心理、精神及生存環境。人與宇宙信息的交感，類似人與自然界信息的交流一樣頻繁；人與宇宙天體的關係，類似人與周圍環境的接觸一樣平常。也許有人以為，宇宙中的星體距離我們非常遙遠，對人的影響與近身的周圍環境不能相比。其實不然，宇宙中的星體都會對人類產生信息感應，只是因為人體感知微弱或者無法感知而被忽略。儘管所有的星體距離地球非常遙遠，但是對人體的信息感應就如同在咫尺之間。以前，人們可能對遙遠星體的感應力不能理解，但是現在量子糾纏的科學原理令人相信，無論星體距離我們有多麼遙遠，這些星體對人類及大自然的信息感應完全可能在瞬間實現。

宇宙中的星體與人體之間有著密集的信息交感，因此宇宙天體與人的生存及命運息息相關。這種觀念，古代先民在生活經驗和實踐中已經深有體會。因此，古人將星體視作神靈來膜拜，將每顆星體視為一位星神，例如，太歲星（木星）、文曲星、武曲星、二十八宿星等，並由此創造出許多相關的神話故事與傳說。古人知道並相信，天上星體與地上人們的禍福密切相關。如何解釋這些天人現象？在知識有限的古代，用神話故事或傳說來作解說是一個絕妙的方法。其實，在這些故事與神話的深層之處，隱藏著的種種真相是值得科學研究的課題。

古人對星體觀測和驗證的結果，發現星體運行及排列位置與社會變動及人的命運有相應的關係。例如：“五星連珠”，即是金、木、水、火、土五顆行星排列成一條直線，中國古代的占星學將此視為最吉利的天象。中國歷史上，有史書記載的一次是漢朝開國皇帝劉邦登基那一年。又如“熒惑守心”，即是火星運行到二十八宿的“心宿”（簡稱為心）位置並停留一段時間，這種天象被稱為“熒惑守心”。這種“熒惑守心”天象被視為大不吉，意味著天子失位或者死亡。史書記載發生“熒惑守心”的事件：一次在西漢末年出現這種天象，漢成帝在一年之內暴斃；另一次，《史記·秦始皇本紀》記載：“三十六年，熒惑守心”。次年，秦始皇死於巡遊途中。漫長的驗證和統計成果說明，古代累積下來的許多觀測事例，具有相當的說服力和可信性。然而，由於古代神話故事和傳說的敘事方式，令這些相關的天文觀察及實踐成果蒙上的神秘和迷信的外表。對於星體與人體有信息交感的現象，不僅古代無法作出合理的解釋，甚至現代科學上也少有解釋。無論如何，星體與人體有信息交感是肯定的事實。據現有科學研究所知，來自太陽、月亮以及超新星的輻射及感應，對人的生存與命運產生了關鍵性的作用；同樣來自其他星體的輻射和感應，也必然會對人類產生某些無形和深遠的影響。

3. 神鬼現象破解

中國傳統文化中，神鬼文化是其中最為獨特、最具爭議的文化，中國傳統文化也是世界上所有國家民族中擁有較多神鬼的文化。也許有些人會認為，在科學昌明的今天談論神鬼文化簡直是愚昧之事。但是如果走出慣性思維，以另外的角度審視神鬼文化便會發現，神鬼文化是古代原始形態的信息學。

自古以來，在神話傳說或者宗教信仰中，神鬼有各種名稱、形象及特徵。人們對信奉的神靈，虔誠地供奉、膜拜及祈禱，希望得到神靈保佑、排憂解難、解除苦厄以及改變命運。人們忌憚鬼怪，將其歸咎為一切災難的製造者，並採用各種方式驅離或者迴避以免厄運纏身。這些習俗流行了幾千年，時至今日，中國不少農村之中還存在著這種現象，城市居民則較多地認為這是封建迷信的表現和或心靈寄託的行為。

今天看來，拜神驅鬼的舉動被很多人認為是愚昧無知的行為，大多數人將神鬼之說視為反科學的迷信。究竟世間是否有神鬼的存在？如果沒有的話，為什麼神鬼文化可以保存幾千年並能夠流傳至今？神靈崇拜究竟是否靈驗？答案如果是否定的話，為什麼人們會持續不斷地保持著信奉和膜拜？

世間是否有神鬼？在古代的《易傳》中對神有這樣的描述："神無方而易無體"，"陰陽不測之謂神"，"以通神明之德"；"天生神物"；"《易》無思也，無為也……非天下之至神，其孰能與於此？"從中可以看出，古人認知的神並沒有具體的形態。在生存實踐中，古人體驗到某些神秘力量操控著人們的生存狀態，但是又不知道其中的淵源及真相。由於古人只憑人體的五官對事物加以直接感知，所得到的信息非常有限，對事物的認知有很大的局限性，因而無法明白各種各樣的詭異現象。以古人的思維，將所有未知的事物分成兩類：一類是，將有利於生存與命運的未知事物歸結為"神"；另一類是，將危害生存與命運的未知事物歸結為"鬼"。以現代的思維，可以做出新的定義："神"是有利於人們生存的正能量和正信息，"鬼"是不利於人們生存的負能量和負信息。以新的定義看，世間的確有"神或鬼"的存在，"神或鬼"之說並非迷信。

神靈膜拜是否靈驗？人們在神靈膜拜和祈求中，必定體驗到了確實有應驗且能得到回報的祈望。也正是因為有許多實踐證實了神靈膜拜的靈驗，這類習俗才可能持久地延續下來。

如果神靈膜拜確實靈驗，應該以怎樣的科學思維來理解這些現象？這可以從人體的意念力現象得到理解。人體之中潛藏著巨大的功能，發揮出來的功能僅屬一小部分而已，絕大部分功能並沒有被開發出來。如人體有意念力，即是能量場（氣功上稱氣場），當人體的意念高度集中時會產生強大的意念力。這種意念力會對外產生微妙的作用，能在某種程度上促進一個人達成所期望的目的。神靈膜拜的實質，是信奉神靈的人藉助神靈的信息，誘發出自己內在的意念力，從而促進內外合力達成所祈望的目標。人們信奉的神靈，各有不同的角色，因而人們藉助的信息有所不同。人們所祈求的事多種多樣，當所求的事與所對應神靈的信息一致，會產生信息共鳴並誘發出強大的意念力。這種意念力，對一個人祈求的目標會形成促進的效應。神靈應驗的實質，是自身的意念力（能量場）發揮了巨大的功效，也就是說神靈就在自己的身中。無論在宗教信仰、生活經驗還是科學研究之中，有很多事例可以幫助我們來理解神靈的現象。

例一：以宗教的角度看，在信奉基督教、佛教、道教、伊斯蘭教等宗教時，多數信徒在虔誠的膜拜和祈禱之後都會感應到神靈的應驗，因此其信仰才能夠持之以恒地一代一代延續下去。在膜拜和祈禱的過程中，是否虔誠與能否應驗有關，虔誠的信仰就會有堅定不移的意念。所信奉的神靈類似一個恒定的信息源，藉助這個信息源令信奉者產生信息共振，並由此誘發出強大的意念力（能量場）。這就是為什麼信徒雖然所持的宗教信仰不同、所信奉的神靈不一樣，但是祈求同樣的事，卻都可以從各自信奉的神靈得到應驗的結果。

例二：部分實驗表明：人的意念也許能夠感應植物，通過意念力可以加速植物生長的進度；人的意念也可能感應生物，通過意念力能夠加快生物的繁殖速度；一個人的意念力可以在一定程度上感應他人，干擾甚至影響他人的意識及行為。這些例子，說明人的意念力也許能夠影響外部的事物，進而可以改變外部環境。人的意念力有大有小，意念力大的人容易營造有利的外部環境，達成自己所希望的目標。有宗教信仰及神靈崇拜的人，更能激勵自身的意念力，進而實現自己所期望的目標。應該說，神靈崇拜及其應驗，與意念力有很大關聯。

例三：從生活實踐經驗上，有許多精神行為與神靈膜拜在本質上完全相似，這也可以印證和理解神靈膜拜靈驗的原因。社會上有些人為了追求人生目標或事業，會抱著堅定不移的信念和意志，通過鍥而不捨的拚搏和努力，最終大多都能夠達成目標及獲得成功。在這個過程中，一個人追求的目標猶如膜拜的神靈釋放出信息，同樣也會誘發出自身的意念力。其堅定的意志和信念則猶如虔誠的信仰，所追求的目標或事業類似信息源，藉助這個信息源會產生信息共振，也可以誘發出強大的意念力（能量場）。這個意念力（能量場），就是實現人生目標或幫助事業成功的無形的神秘力量。

以科學思維，“神”可以理解為對人有利的信息，授人以正面信息和正能量並能誘導人體增強能量場。每位神靈都代表著某種正面信息，祈求者受某種正面信息的感應，身心的正能量得到放大而增強，強化克服困難、排除苦難的力量。“鬼”可以理解為對人有害的信息，授人以負面信息和負能量並會削弱人體的能量場。當某些人受到負面信息的感應時，身心都被負能量感染，會出現事事倒霉、厄運纏身的狀態。膜拜神靈的表象是目前還難以解釋的迷信行為，而其內在卻隱藏著科學的效果。也許這個觀點會受人非議及否定，對此相關話題，在後面將有充分的解析：在與神靈、祖先的信息交流之中，隱藏著科學性的原理和方法，應當結合生命科學進一步深入探索和研究。

4. 同神靈信息交流

古今中外，無論是宗教文化、世俗文化之中都有許多關於神鬼的記載。究竟所記載天地之間有多少神鬼？歸納起來神鬼有三路：一是，天上的神鬼；二是，地上的神鬼；三是，人間的神鬼。以今天的科學語言來表達，分別是：來自天體之中的未知信息、來自自然界的未知信息、來自人間的未知信息。

天神，指天體中所對應的星體。在古希臘的神話和西方的占星術中，將太陽系中的十個行星稱為神。每位神不但有他或她的故事，還有司掌的事情、人性化的形象、人格化的特徵等。在古代，東方的宗教和中國傳統文化中，也將天體中的星體列為神仙，每顆星體視為一位神仙：把太陽系中的行星如金星、木星、水星、火星、土星稱為五星君；太陽系外的星體，例如把二十八宿稱為二十八位神仙，北斗七星中有文曲星君、武曲星君等。古人傳說的宇宙是滿天居住著神仙的地方，這是一種既真實且有趣的表述方式。今天人們描述的宇宙是滿佈星體、散佈各種信息的星際網絡，這又是另一種現代科學的表述方式，而兩者的含義基本相同。事實上，古人的認知是：天上的各位神仙，掌管著人間的禍福；今天的認知是：天體中的每顆星體，發出各種已知及未知的信息，感應著人類的生存活動。

地神，指大自然中受人膜拜的事物。在中華文化中，傳統的神話傳說、宗教文化和世俗文化，記錄了自然界中代表各類事物的神靈，有山、水、樹、動物等神靈。例如：山神，有泰山的東嶽神，衡山的南嶽神，華山的西嶽神，衡山的北嶽神，嵩山的中嶽神。水神，一般也稱為龍王，管理地上和天上的水，包括河神、大海、江河湖泊的神靈，其中，四海龍王是所有龍王的首領。地神，包括土地神、石神（有靈氣的石頭如石敢當）、樹神、花神等。地上房屋的神靈，則有大門的文武門神、廚房的灶神（土地公），以及睡床的床母神。地上的神靈無所不有、無所不在，的確十分熱鬧又有趣。

“萬物皆有靈”是古老又偉大的思維，是中華文化中的超前智慧。大自然中各類信息無處不在，自然界中所有事物時時刻刻都在釋放或接收信息，互相之間都進行著信息感應和交流。無論是生命體或者非生命體，無論是直接或者間接交流，任何物體都是信息體，都會發出信息或者接收信息。如果對自然界的萬物仔細觀察便會清楚地發現，任何物體之間時刻都在進行信息交流。人生活在大自然之中，同樣時刻接收著周圍萬物的信息。這些信息有強有弱，對人的生存狀態影響有大有小。信息強而且影響大的信息體，古人稱之為神靈，並將之人性化、形象化，這是對信息體和信息形式的簡明表達和理解。所以，傳統的宗教文化和世俗文化常以各類神靈來描述各類信息。

人神，指離世之後受人膜拜的人物。在西方宗教文化或東方宗教文化中，都有許多真實人物被格升為神的現象。聖人或英雄人物去世之後，被人們尊敬為神，這些真實人物往往具有人格上的特質，或者對歷史文化產生了巨大影響。這種具有真實的故事和事蹟而不是傳說或神話中的人物，我們將之統稱為人神。在宗教之中，基督教的耶穌、伊斯蘭教的穆罕默德、佛教的釋迦摩尼、道教的老子（太上老君）等聖人都是人神。在中國歷史之中，華夏民族的祖先黃帝是受歷代皇帝和黃炎子孫祭祀的人神。在民間的人神崇拜中，三國時代的關羽被尊為關帝爺神，宋代的民族英雄岳飛被尊為岳王爺神，北宋時期的海邊姑娘林默娘被尊為媽祖娘娘（或稱天后娘娘）等，這都是源自英雄人物的人神。類似的例子有很多，這些生存於一千年甚至兩千年之前的歷史人物，被人們以人神膜拜至今，既不因為時代變遷而使熱誠度有所淡薄，也沒有因為科學進步而使虔誠度有所降低，而是世代相傳且歷久不衰地受人敬奉。現代社會已經進入科技時代，但是對人神崇拜的熱誠程度與過去一樣依然不減：每年都有大批來自全國各地的炎黃子孫前往陝西，參與黃帝的公祭大典；每年有眾多信眾前往浙江舟山的普陀山，膜拜觀音菩薩；每年有許多台灣民眾專程到福建，參加天后聖誕的盛會膜拜媽祖娘娘；香港的每個警察局，都供奉著關公（關帝爺）的神像。這一系列的表象是否純屬宗教文化及世俗文化的現象，其中是否涉及信息科學、生命科學等方面的內涵，值得人們思悟。

總結而言，在自然界釋放的各種信息及發生的各種現象中，被人類所感知和認識的還只是一小部分，更多的未知信息及現象還需要漫長的時間、科技的發展與艱苦的努力去探索。對影響人類生存狀態的未知能量和信息，古代先民將那些對生存有利的因素稱之為神，對生存有害的因素稱之為鬼；將有利的事物稱為吉神，有害的事物稱為凶煞；將有利的信息稱為正氣，有害的信息稱為邪氣，這是辯證的思維方式和簡明的表達方法。對於中國傳統文化中的神與鬼，是屬於對未能解析的宇宙信息與能量的描述，還是屬於迷信思想，關鍵在於如何解讀以及怎樣理解，這也可以說是見仁見智的事情。

5. 同祖先信息交流

在中國傳統的世俗文化中，多神多教信奉是其獨特的文化現象之一。除了前面列出的少數神靈例子之外，還有更多的人神信奉，就是供奉和膜拜祖先。在世俗文化中人們普遍地認定祖先也是神靈，很多家庭、家族將早已去世的祖先視為神靈拜祭。拜祭祖先的過程，不只是紀念性的儀式，而且有著科學上的意義。

舉行拜祭祖先的儀式，表面上只是一個紀念性的活動，實際上是一場信息感應與交流的盛會。傳統上，人們拜祭祖先的出發點是追思祖先的功績與恩澤，祈求祖先的“在天之靈”保佑子孫後代平安昌順等。這種出發點與思想，在現代的有些人看來可能是落後或迷信，但是以科學思維為出發點，人們拜祭祖先的儀式可以看做是開通與祖先的信息連接，讓子孫後代與祖先進行信息感應與共鳴的過程。這個觀點，以現代的科學思維和科學原理可以得到合理的理解和解釋。

首先應該明白的，是每個人與祖先之間存在的關係。以前，傳統的認知是每個人都傳承其祖先的血統，所以與祖先的因緣是延續血統的關係。今天，科學的認知是每個人都傳承其祖先的遺傳基因，所以與祖先的因緣是遺傳基因的關係。生命科學的發展，讓我們明白每個人跟其祖先的真實關係，準確地說不是在血統而是在基因的聯繫。每個人從誕生的一刻起，身體之中的遺傳基因已經承載了父母及祖祖輩輩的遺傳信息。每一個人的先天特徵都離不開父母及祖先的遺傳信息。拜祭祖先的儀式，主要是營造某種氣氛，從而誘發、調動起人體之內的感應力和意念力，激發人體之內的生命信息與祖先的遺傳信息產生感應和共鳴。基於這個觀點，舉行祭拜祖先的儀式越是隆重且莊嚴，越是能夠達到激發信息感應和共鳴的效果。經過信息的感應和共鳴之後，一個人的精神意識會產生變化；在顯意識上也許表現不太明顯，但在潛意識中會發生長期且微妙的變化。

在世俗文化的認知中，人們相信祖先去世之後的靈魂還在，所以才會認定祖先有"在天之靈"之說。科學昌明的今天，我們也不要認為這種說法是迷信思想。以現代科學的角度，有科學家認為人去世之後並非"煙消雲散"，人的靈魂會以量子的形式進入宇宙之中。科學上不斷出現的研究案例，證實靈魂的存在：例一，美國北卡羅納州的維克森林醫學院的醫學教授羅伯特·蘭扎稱：從量子物理學的角度，有足夠證據證明，人死後並未消失，而只是意識造成的幻象。在量子物理基礎上，當一個人的身體的所有細胞完全停止活動，超脫於身體的意識信息仍然活躍，即靈魂仍然存在。而羅伯特·蘭扎，曾經被《時代週刊》評為全球 100 位最具影響力的人物之一。例二，墨西哥有個由科學家、心理學家、醫學家組成的靈魂科研團隊，對一百名志願者做靈魂稱重實驗，發現靈魂重量（生命前後的體重差）在 18—35 克之間。

傳統文化的認知中，人們認為人的思維與記憶存在於心中，因此才會有“心中有數”“心想事成”之類的成語，這是人們從長期的生活體驗中得出的認知。以現在的科學認識所知，人的思維在大腦之中，而人的記憶是在基因之中。美國靈長類動物研究中心的奈恩和克里通過研究指出：靈長類動物的一些記憶可以從一代傳承至另一代，這證明基因中的記憶可以遺傳。同樣，人的記憶也可以一代代地遺傳下來，每個人的基因中遺傳了祖先的記憶。記憶可以遺傳，那麼說明知識也能夠遺傳。遺傳的記憶或知識，可能儲存在人的潛意識之中。

從前面的論述可以看出，世俗文化中認定祖先也是神靈的觀念存在科學理論上的依據。以科學思維和科學原理來看，這種觀念不但可以得到理解和解釋，而且也應當給予恰當的肯定。看待世俗文化，不能簡單、輕易地認定其是低俗、迷信的文化。這種文化能夠流傳幾千年，至今還不會被歷史淹沒就足以說明，世俗文化也是不容忽視的文化。世俗文化是屬於實踐型的文化，而科學文化則屬於實驗型的文化。兩者的表述的方式雖然大不相同，而根本的思想精神卻非常一致。

（三）傳統預測術的科學性

中國傳統文化中，玄學文化是其中既有玄秘性又富爭論性的分支文化。玄學文化的歷史源遠流長，在魏晉南北朝，玄學盛行成為抽象的哲學思潮。現代，玄學被籠統地指為不可理解和解釋的文化，如易經、卜卦、四柱八字、紫微斗數、梅花易數、風水術及各類命理術數。與其他傳統文化的本質一樣，玄學文化也是屬於實踐型和智慧型結合的文化，是生活實踐和智慧相結合的成果。玄學文化中，部分的文化現象以現有的科學知識能夠作出理解和解析，並且從中可以發掘出許多所隱含的科學思想；另有部分的文化現象以現有的科學知識無法作出理解和解析，只能期待更深入的研究或在發展了更高層級的科技之後，才能夠作出解釋。

古代由於歷史（特別是科技水平）的局限，人們只能對大千世界中大量未知的奧秘進行歸納或判斷，無法給出精準的理論解析和足夠的實證，因此就以玄秘文化看待。隨著科學的進步，未知事物中的奧秘不斷被人們破解，令一些原本被視為玄秘的思路與方法獲得了合理的解釋，逐漸變得不再玄虛。玄學文化與科學文化相結合，是實現玄學向科學轉化的必經途徑；這不僅是玄學走出玄秘之門的出路，而且是玄學展現出真實容貌的契機。本書在前面對玄學之中的陰陽五行作出了科學的解說，並論證其科學原理是信息及能量轉換的五種形式，從而揭開了長期掩映在陰陽五行學說之上的玄秘面紗。前面章節也對玄學之中的易經作出具體解讀，並論述其中的奧秘是時空轉換與事物變化的關係，從而消除了其困惑人們幾千年的迷霧。本書其後也將對某些傳統測命術的本質作出部分論述，意在揭開玄學之中的部分奧秘，展現其令人驚奇的高度智慧。

1. 占卜的科學性及依據

龜卜是原始的占卜凶吉的方法，以龜甲的紋理判斷凶吉，所以稱為龜卜。占筮是古老的占卜問事的方法，以蓍草為用具占問禍福，通稱為占卜。占筮與《易經》成為一體，所以自古將《周易》稱為占筮之書。後來改以銅錢與龜殼為用具占卜問事，俗稱為卜卦。隨著占卜的發展，前人也發明了其他取卦方式，結合《易經》的運用，統稱為卜卦。古代盛行占卜是有各種的現實需要，而且占卜的結果經實踐證明確有實際的功效。歷來，許多人認為占卜屬於迷信行為，甚至《易經》也因此牽連而被人誤解為迷信之書。究竟占卜是純屬迷信行為，還是未被認識的科學方法？這是有待商榷的問題。如果占卜純屬迷信行為，則占卜結果不可能具有相當的準確性，且長期被人們採用並傳承下來。假如占卜是屬科學行為，然而就占卜的預估與印證而言，並不具有重複性及百分之百的準確率，因而很難得到遵奉邏輯實證主義的西方實證科學的肯定。當然，儘管占卜所屬的性質目前還存在著不確定性，但是從科學的角度已經可以對占卜作出更加符合邏輯實證主義的理解和解釋：正因為占卜方法潛藏著科學性且有相當的科學依據，所以占卜的方式才會被人採用，占卜的結果才會受人信服。

例子一，占筮是最早利用蓍草為工具的占卜方式：通過筮而取卦，然後運用《易經》，由卦象和爻辭判斷事物的變化及凶吉。占筮的實質是占問者以意念分配蓍草，分配的結果是取卦的依據，所取得的卦又是占問事物凶吉及推斷事物變化的根據。

多數人都認為占筮具有濃厚的迷信成分，但是又認同《易經》富有哲學思想，卦象及爻辭則含有豐富的哲理。古代的大思想家均視《易經》為哲學著作而不占筮，但是另有些人則專注於將《易經》應用於占筮卻無視其中的哲學內涵。可見古代人們對占筮與《易經》的看法，明顯存在著矛盾。而今，我們可以從科學的思維來看待占筮及《周易》。

例子二，卜卦是利用銅錢與龜殼為工具的占卜方式：通過搖動銅錢取卦，然後由卦象和爻辭判斷事物的變化及凶吉。卜卦的實質是占卜者以意念搖動銅錢，搖動的結果是取卦的依據，所取得的卦又是占問事物凶吉及事物變化的根據。

無論是用蓍草占筮還是用銅錢占卜，只是占卜所用的工具與形式不同而已，占卜的目的與效果理應相同。無論採用何種占卜工具，所占卜的事是否準確，全在於占卜者如何運用意念而得到怎樣的操作結果。占卜有許多規矩，如不能一事二問、不誠不占等等。占卜的結果有多種情況，如：不同占卜者所占得的結果未必相同，相同的占卜者重複占卜的結果也未必相同。這是為什麼？以科學的思維可以理解，這是因為不同占卜者占卜時的意念並不相同，相同的占卜者重複占卜時的意念也不盡相同。應該說，這也是為什麼占卜結果在不可被重複及不是絕對相同的情況下，占卜方式仍然受到不少人青睞，並且在經歷了漫長的歷史變遷後還能以比較原始的方式流傳至今的關鍵原因。

可以說，占卜正是因為有其實用性、可信性及科學性才能傳承下來，因此不能輕易地將占卜定性為巫術或迷信。對於其中潛在的未解的科學方法與原理，以當今的科學思維將可以逐步作出更為確定且合理的理解與解釋：

其一，占卜的科學依據是全息宇宙與互聯宇宙的原理。從悠久的生存實踐中，古人發覺及體驗宇宙萬物的全息性與互聯性，並進而懂得將之用於占卜。古代有句名言："見微知著"（類似佛家之"一粒微塵中還有三千大千世界"），印證了古人的這種思維與認知。由於宇宙有全息性，所以萬事萬物的形態有相似性；宇宙有互聯性，所以萬事萬物之間的信息互聯互通。由於不同時空之中事物的信息互感互動，因此通過占卜能夠提取不同時空的信息，以及由某個時空信息判斷事物的狀態及變化。應該承認，宇宙之中存在著各種電磁波、能量波，不同時空之中可以互相感應及收發信息，是占卜在科學意義上的依據。

其二，占卜的操作依據是人的意念產生意念力（簡稱念力）。念力是人體中的神奇潛能，這是古今人們都知道也有人認同的事情。傳統文化中有許多相關的記載，這種人體潛能發揮出來的能力俗稱為"神通"。現代科學中也有許多相關的實驗，試圖論證這種人體超能力的存在，並將其表現出來的超能力稱為"特異功能"。當今對特異功能的研究與實驗認為：有些人的意念能夠發出特別強的念力，可以運用意念隔空取物或者遙感致動；某些人的意念能夠產生稍強的念力，可以運用意念感知事物或者感應他人。

人的意念產生念力的現象，是當今人體科學正在探索與研究，並且運用於多個領域的新課題之一。例如，念力改變物理狀態、影響發生事件、感應生物系統、影響植物生理等。其實，人們已經不自覺地運用念力於日常生活之中，只是普通人的潛能未能充分發揮出來因而念力微弱，大多數人的念力表現不是特別明顯因而令人不以為意。

在生活實踐中，古人早就認識念力的存在並且應用於占卜等諸多方面。古人在這個方面展現的智慧，不能不令人由衷地驚歎。但是古人對念力的認識與運用，在西風東漸之後非但未能得到後人的理解還經常被誤會為巫術及迷信。當然，由於中國傳統文化明顯帶有實踐型與智慧型文化的特點，對人體的念力，古人著重於實踐與應用而缺乏理論解釋，這也是造成秉持邏輯實證主義觀點的人對念力產生誤解的重要原因。

其三，占卜是占卜者運用念力操作（揲數取卦或搖銅錢取卦）的結果。占卜的過程中，常見占卜者舉行某些特殊儀式或古怪舉動，如：齋戒沐浴、唸唸有詞等。這些儀式及舉動，表面上貌似占卜者做出的裝腔作勢的迷信行為，實際上是占卜者調動專注程度、增強念力、提升占卜準確性的舉動。占卜所取得的卦是《易經》中的六十四卦之一（即是六十四種時空態之一），由卦象可推斷受占卜事物的狀態及變化。《易經》是關於時空的科學，卦象是表達時空的符號。對此，有理由猜想：占卜者用意念感應到受占卜的事物及所對應的時空，通過念力影響蓍草揲數或銅錢搖卦，令得出的結果能夠展現出相應的時空卦，然後由所占得的時空卦推導事物的狀態與變化。占卜的玄妙之處可能在於占卜者的意念與念力：占卜者的意念專注與念力強弱決定占卜的準確性。這是對占卜原理的推論及猜想，雖然這種猜想符合科學邏輯，但是尚需作出更多的探索及研究。

綜上所述，將全息宇宙及互聯宇宙的思維與占卜原理聯繫起來，有理由說明占卜涉及宇宙；將人體意念及念力現象與占卜行為結合起來，有理由認為占卜涉及人體。由此相信，占卜非但不是巫術或迷信行為，反而是值得研究的。

此外，還有其他繁多的占卜方式，《梅花易數》是其中一項值得特別闡述的話題。《梅花易數》的占卜起卦方式很多，有直接依據物數、時間、聲音、文字、長度及動靜之物等起卦：既不需要蓍草取卦或銅錢搖卦，也不需要特殊儀式或特別舉動以調動念力。這表明，《梅花易數》這類卜卦方式可以不必利用意念及念力而直接起卦，然後運用《易經》由卦象推斷所占事物的狀態及變化。由於所起的卦是時空的表達符號，說明直接起卦的實質依據是事物潛在的時空特徵及所在的時空信息。就是說，《梅花易數》這類的占卜方式不需要意念及念力，取卦的信息直接從全息宇宙和互聯宇宙之中來。宇宙之中，所有事物的變化本質上是時空的轉化，一切事物表現的某種現象均對應某個時空段中的時空狀態。因為宇宙具有全息性與互聯性，信息在不同時空之間互感互通，《梅花易數》的占卜原理，即是依據事物的時空特徵及所在時空段確定其時空狀態，由該時空狀態對相關事物的狀態及變化進行推斷。以下的簡單例子，說明《梅花易數》占卜的依據是時空特徵。

例如：占物起卦時，以被占的物體為上卦，以物體的方位為下卦，上下兩個單卦組合在一起構成完整的重卦（時空卦）。通過這個重卦（時空卦）的時空狀態，結合物體周圍環境的信息，可以推斷該物體所發生的事情。《易經》的思維認為：天地萬物入八卦，即天地萬物均具有八卦屬性，或者說任何事物都有其時空特徵（或稱八卦屬類）。既然天地萬物之中皆隱藏著相應的時空特徵，因此所占的物體也有其潛在的時空特徵（或稱八卦屬類）。物體的時空特徵與所在的時空方位，是占物起卦的時空依據。

《梅花易數》占卜起卦，不僅以實在的物體起卦（如：人物、動物、靜物等）而且也以抽象的事物起卦（如：時間、聲音、文字、長度等）。以實在的物體起卦，是以物體相應的時空特徵（八卦屬類）及該物體所在的時間或方位為起卦的時空依據；以抽象的事物起卦，也是以事物相應的時空特徵（八卦屬類）及該事物發生的時間或方位為起卦的時空依據。無論以任何事物起卦，所得到的都是一個完整的重卦（時空卦），即《易經》中的六十四卦之一。

《梅花易數》的占卜起卦方式中，占卜的原理可以通過全息宇宙與互聯宇宙的思維得到理解和解釋，起卦的依據可以由事物潛在的時空特徵與所在的時空狀態作出解說。起卦之後，通過占得的卦象（時空符號）與爻辭（時空表達），加上靈活地結合周圍環境的信息進行推導，由此可以精準地推斷事物的狀態及變化。總而言之，《梅花易數》是在《易經》的基礎上，集傳統經驗智慧之大成的預測學，是實踐型與智慧型的學術而不是神秘不解的玄學。其中大部分占卜起卦的預測方式，可以通過科學思維得到理解和解釋，是值得以現代科學方法加以深入研究與發展的信息預測學。

2. 四柱八字有科學依據

四柱八字預測術是玄學文化中一顆智慧明珠，是古人生活實踐和智慧的結晶，是有科學性依據的命運預測術。四柱八字的科學性，體現在命運預測的根據，是以一個人出生的時辰（年、月、日、時四要素）為基本參數。這意味著一個人出生的時間，人體對應著天體之中星體所在的相應位置；什麼時間出生的人，即是人體在星體運行中的某種相應位置，開始了生命歷程。

四柱八字預測術中，時間是以年柱、月柱、日柱、時柱的格式排列，以天干地支紀時的方式表示。四柱八字中，以天干地支紀時法用於命運測算，是非常巧妙的設計。中國曆法中的天干地支，與天文現象有密切的關係。天干地支的採用，據說是舜帝即位，天上出現五星連珠，當年定位為甲子年，干支紀年法從此開始。四柱八字由四組天干地支所構成，年柱以六十個天干地支的排列組合表示，這意味著六十年為一個循環週期。太陽系中，水星、金星、火星、木星和土星，五星連珠的公倍數週期大約為六十年。不同的年份，地球與其他行星的相對位置不同。月柱主要以十二地支表示，這意味著地球繞太陽公轉每年一個循環週期，在這個週期中月球繞地球運轉十二個循環週期。不同的月份，地球和月球在繞太陽公轉軌道上的位置不同。日柱以天干地支表示，這意味著地球自轉每天一個循環週期；不同的日子，地球與月球、太陽的相對位置不同。時柱主要以十二地支表示，不同的時辰地球上某個位置與月球、太陽的相對位置都不同。例如，在中國大地上，子時表示地面的位置背著太陽，午時表示地面的位置向著太陽，而子時或午時出生的人命運就會有不同。

四柱八字中，除了時間排列和紀時方式之外，還巧妙地運用陰陽五行於其中，構成了一套完整的預測方法。這是獨具匠心、精妙設計的預測術。四柱八字預測術能夠經歷千年流傳至今，完全在於其中具有實用性和科學性，因此才有延續不斷的生命力。當然，四柱八字預測術，既有科學性也有局限性，既有可測性也有誤差性。

其一，時間範圍存在局限：四柱八字中，時間模式是以天干地支表示，時間最長是六十甲子年。但是這只是根據太陽系內行星運行及六十年之間的時間變化而預測一個人出生之後的命運過程，因此四柱八卦中應用的時間範圍存在著局限。

在古代，前人早已經深深地認識到，人的活動及命運與星體的位置息息相關。宇宙天體中，對人類命運影響最大的星體是太陽及太陽系內的其他行星。例如，在地球繞太陽公轉的軌道上，地球與太陽之間的相對運動及位置不同，地球上的季節和氣候就有很大的變化，而這種變化明顯地左右著人的生活和命運。同樣，地球與太陽系中其他行星的相對運動及位置不同，地球上的生態環境及人體生理等方面也受到很大的影響，而這些影響或明或暗地操控著人的活動與行為。由此可見，地球與其他星體之間的相對運動及位置，關係到人的生活與命運。太陽系內的行星，相對於太陽的運行週期最長只是幾十年，一個人的壽命同樣也是幾十或近百年，所以四柱八字之中所用的時間範圍，是參照太陽以及太陽系之內的行星運行週期及相對位置。其實，太陽系外的星體運行有幾百年、上千年或者上億年的長週期。雖然這些星體與地球的相對運動及位置也會影響到人的生活與命運，但是這對於生命有限的人類而言，命運預測已經沒有太大的意義，只對幾百年國運或者幾千年文明的預測才具有意義。在這種情況之下，四柱八字中的四組天干地支，對幾百年或上千年長週期的事情，就無法作出描述及預測。

其二，預測依據存在不足：一個人的命運，是由人體生理、大自然和天體這三大系統的運行交互影響所決定。人出生的時間，即是人體生理週期與大自然運動週期、天體運動週期大融合的開始，也可以看作是人體開始進入這三大系統運行並交互影響所形成的宇宙大洪流之中漂流。比如，知道漂流開始的時間，依據這時間只可以預測出漂流的粗略過程及經歷的大概路線；如果還知道漂流開始的地點和具體的漂流者是誰，依據既定的時間、既定的地點和既定的漂流者，則可以預測出漂流的詳細過程及經歷的準確路線。四柱八字預測中，所依據的時辰只是涉及部分天體信息，缺少人體生理及大自然的信息，所以預測的結果必然存在誤差。

有人提出，同時間出生的人很多，為什麼命運不完全相同？根據三大運動週期決定命運的結論，出生時間相同的人，所經歷的部分天文週期相同，所以命運信息有大部分相同的現象。然而，出生時間相同的人，由於出生的地點、經歷的大自然週期和出生的遺傳基因、先天的人體生理循環週期都不可能一樣，所以命運信息不可能完全相同。也許有人提問，雙胞胎的命運是否完全相同？的確，雙胞胎或多胞胎出生的人，命運信息會非常接近於相同，但是也並不是絕對一致：因為雙胞胎或多胞胎的人，其遺傳基因相同，出生的時間或地點可能很相近，但是不可能絕對相同，所以命運過程還是會有些微差異。由此可知，四柱八字中還有兩個決定命運的主要因素沒有納入在內：一是來自遺傳基因的生理因素，二是出生地點的大自然因素，所以預測的精確度必然還會存在一定的誤差。如果，四柱八卦加上這兩個因素，有可能發展成為更多柱位元組合的預測模型，這樣必然會大大提高預測的精確度。據傳，測命術應該是起源於漢代甚至更早，唐代命理學家李虛中被視為中國古代八字命理學的宗師，他將原有的三柱六字與五行相結合，開創命理學的理論；經宋代的徐子平演進與發展之後成為四柱八字，無疑使預測的精確性大為提高。可見，四柱八字是在不斷的發展之中逐步完善的。今天，四柱八字應當與現代科學相結合，相信在結合之後必定會有更多的創新和發展。

其三，古今文化存在差異：四柱八字之中，自古流傳下來了許多奇異的術語，這正是當時文化色彩的真實反映。今天人們沿用這些術語，不但與西方科學的表達方式不同，而且帶有濃厚的玄學色彩，容易被視為“迷信”。例如，六親關係中的名稱、正印與偏印、正官與偏官、正財與偏財、傷官與食神、比肩與劫財，還有吉神與凶煞等。四柱八字預測術中，自古累積下許多口訣和詩訣；這些口訣和詩訣是大量實踐經驗的總結，為推測命運提供了極大的方便。歷來的算命者，不需要懂得太多的理論或者解說，只要懂得排列天干地支以及熟背口訣與詩訣，便可以行走江湖以算命為生。正是因為測算的結果有相當的準確性，四柱八字預測術才可能得到人們相信而長期地延續下來。由此可以看出，四柱八字預測術是帶有科學內涵的實踐型玄學文化。

四柱八字存在著局限性，所以推算的結果難免存在著誤差。四柱八字的局限性也不應該被無視，但是其科學性顯然也不應該被否定。古今文化存在著差異，推算的結果難以用目前的科學理論進行解釋，也難以用目前的技術手段進行驗證，這些都是合情合理的事。但是無論如何，四柱八字乃是前人的創造性成果和了不起的智慧。前人精心研究、設計出奇妙的推算方式，並用大量的實踐案例作出驗證及統計，通過所得的結果建立理論並編出了詩訣等，為後人留下了珍貴、獨特的文化遺產。後人走在前人用智慧開闢的光輝道路上，對四柱八字的理論和實踐給予進一步的完善，相信還有非常廣闊的發展空間。未來對四柱八字的研究與實踐，需要綜合多門科學加以深入研究，包括：人體生命科學、自然科學和天文科學等，需要大批的預測學家共同探索，使前人的智慧更加科學化和學術化。如果四柱八字預測學發展成為一門由現代科學理論與實踐支撐的學科，不僅對具體的個人有良好作用，對一個民族甚至一個國家，都具有重要的意義。

3. 風水學包含綜合科學

“風水”這個名詞直觀的意思是氣流和水流，氣流和水流的流向決定生存環境並影響命運狀態。而空氣和水是人和一切生物最重要的生存資源，與食物一樣是地球生命必不可缺的物質元素。對“風水”一詞的真正含義更貼切的描述是氣脈和能量。

“風水學”傳統上被稱為玄術，意思指玄秘的方術；也被稱為勘輿學，意思指勘察地理環境的學術。風水學的實質，簡單地說是選擇最佳生存環境的學術，準確地說是創造及選擇有利的生存環境及時空的學問。一個人的生命狀態及命運過程，是由人體生理循環、大自然運動和天體運行的綜合運動結果所決定的。要擁有最佳的生命狀態及命運過程，主動創造及選擇最有利的生存環境及時空，是最有效的方法之一。而風水學就是根據不同人的命式，創造及選擇其最有利的生存環境和時空。

風水學中，有玄學方面的玄術部分，也有科學方面的學術部分。用目前的科學方式還不能理解和解釋的方法被稱為玄術，用科學方式能夠理解和解釋的方法則被稱為學術。風水學中的玄學方面涉及陰陽五行、九宮八卦、二十八宿、二十四節氣、生辰八字等。風水學中的科學方面涉及：地理及地貌學、地質學、環境學、植被學、水文及氣象學、心理學、物理學等。事實上，風水學是一門綜合性的學問。風水學長期被認為是迷信或偽科學，至今人們對風水學是否屬於科學仍然存在著爭議。主要原因在於：一是風水學語言的表述，令其中的玄術部分披上玄秘的面紗。例如，風水學中講青龍、白虎、朱雀、玄武等之類的詞語，容易引起人們的誤解。此外，風水學只注重實用，令其中的應用過程缺乏科學理論依據，因而蒙上玄之又玄的迷霧。例如，風水學中，用動物的形態比喻地形的穴位等，應用之中令人有難以理喻的感覺，也難怪有人對風水學持有偏見和誤解。其實，風水學中的各種原理，已經可以從現有科學知識中得到部分理解和解釋；風水學中的實際應用，都有充分的科學依據和道理。下面舉些簡單的例子加以說明：

例子一，在興建房屋的佈局上，風水學講究建築房屋的方向應當是坐北朝南，其依據的原理是地球的磁力線是南北方向。還有，中華大地正位於地球的北半球，坐北朝南的房屋可以冬季背風招陽、夏季迎風納涼，符合日照緯度變化與氣候變化的科學規律。相應地，南半球的房屋多會選擇坐南朝北。在生活上，風水學講究人在睡覺時的方向應當是頭西腳東，其根據的原理是地球的自轉方向由西向東轉動。相對於太陽，人體的朝向應該與地球自轉方向一致。這種情形與人坐車一樣，當人體朝向車輛前進的方向時會覺得精神和舒適，當人體背向車輛前進的方向時會覺得頭暈和疲勞。

例子二，風水學中包含多種多樣的玄術和學術，其中最複雜和最講究的是風水穴。從整體及大局的視野看，風水穴涉及一座城鎮的興衰並且關係到一大群人的運氣；從個體及局部的視野看，風水穴涉及一棟房屋的坐向並且關係到一個家庭的運氣。風水穴的概念具有一定的依據和道理：人類生活在地球上，地球本身類似於一個生命體；地表上的山脈和江河，類似於人體的經脈和經絡；地面上的城市重鎮或交通樞紐，則類似於人體的穴位。一個好的風水穴，會帶旺一群人或者一個家庭的運氣；同樣，一個興旺的城鎮或樞紐也會帶給一個群體好的運氣。從這個角度切入，就可以理解風水穴的概念。曾經有個小鎮經常出現意外的事情，風水師在小鎮上的某個位置，設計及建築了一座塔用於改變風水格局。這樣做法在平常人看來是不可思議的事，人們很容易將之視為一種玄術。但是以另一個角度看，風水師將地球視為生命體，將小鎮看作為一個風水穴位；而建築一座塔於小鎮的某個位置，則相當於在穴位上針灸一樣，起到調整“經絡與經脈”的作用。

風水學中，有一套堅守傳統、自為一體的理論和術語。這些風水文化的根源，其實也是來自於傳統的玄學文化。風水學根據陰陽五行，將“宅”分為陽宅和陰宅。陽宅是在生的人居住的地方，陽宅風水影響當前居住者的命運。陰宅是去世的人安息的墓地，陰宅風水影響著子孫後代的命運。前人從長期的實踐經驗中總結得出的結論，認為陽宅及陰宅均與人的運氣有相應的因果關係。歷來的人們對這種因果關係深信不疑，並形成風水文化代代相傳下來。關於陽宅風水影響居住者的運氣之說，以現有的生活知識而言所有人都能夠理解。例如，住宅所在的位置關係到氣流、濕度、溫度，住宅所在的方向關係到光線、磁場，住宅所在的周圍環境關係到空氣品質、安全衛生等。而這些因素會影響人的生理、心理和精神，因而會影響居住者的運氣。住宅的風水以及其複雜的因素，對人的運氣會構成怎樣的影響？現代的環境科學等許多學科的理論知識，已經可以做出專業的解釋。關於陰宅的風水會影響子孫後代的運氣，以現有的科學知識而言還是難以為絕大多數人所理解，不少人將之視為無稽之談甚至是迷信的思想。然而，有關陰宅對後代的影響是經歷了許許多多實踐而得出的結論，大量的實踐經驗表明陰宅的確會影響子孫後代的運氣。也正因為如此，不少人傾向於相信陰宅風水，有些高度相信的人會專門選擇甚至重建陰宅。陰宅風水的觀點，從遺傳信息學的角度也許可以探知其中的端倪，或者說更容易理解。從遺傳信息的角度看，每個人身體中的細胞都儲存著先輩及祖宗的遺傳基因；而每個人生命過程中，身體內外時刻都在進行著信息交流。從量子信息的角度猜想，陰宅風水可以理解為陰宅之中祖先的信息，與子孫後代的信息產生量子糾纏與交流。如果有這種可能，那麼陰宅風水與子孫後代的運氣相關聯，便能夠得到理解。也許其中還涉及某些未知的科學，有待未來科學的新發現才能夠作出合理的解釋。

風水學是風水和命運關係的學問，其中涉及多種學科；不僅涵蓋傳統的天、地、人思維，而且蘊涵信息與能量、時間與空間的思維。風水學中的觀點認為，風水會隨著時間和空間的流轉而變化。古代有句名言："風水輪流轉"，這體現了風水學中辯證的哲學思維。

4. 相學是人體信息科學

相學是觀察人體相貌的玄學文化，也是觀察及收集人體信息的學術。相學是最古老的傳統文化之一，據說起源於三皇五帝時代。古人在漫長的社會實踐中，經過觀察、歸納和總結而瞭解有關人體相貌的豐富知識，並形成了一門獨特的學問。以現代科學的觀點，相學屬於人體信息學中的重要學問。有科研人員原本以為相術與科學兩者完全不相容，接觸相術之後才幡然發現，在古老的相學文化中竟然包含很多的人體信息。

古人所說的“相由心生”，也可以解讀為人體體內信息的體表顯現。從前面的論述所知，人體是小宇宙又是一個開放的大系統，人體系統內部時刻進行著複雜的生理、心理、精神活動和信息交流，這些活動及信息均透過相貌外表顯現出來。相術是觀察人的外在相貌而透視內在狀況的學術，通過相術可以瞭解一個人的性格、氣質、心態、才能、喜好、生理狀態、思想情緒及精神智慧等方面的情況，從而可以推測一個人的遭遇和命運，所以自古有“入門休問榮枯事，且看容顏便得知”的說法。相術的觀測內容有：五官、氣色、面相、手相、骨相、痣相、聲相、形相等，從上述涉及的諸多因素，可以看出這是系統性、全面性涉及人體信息的學術。

五官相法：眼睛（眉毛）、耳朵、鼻子、口部（嘴唇）、舌頭，這是人體中五個最重要的信息感測器。古人採用類比的方法來描述這五個信息感測器的形狀與特徵。例如，眼形，借用不同動物的眼形來描述其形態；鼻形，採用不同動物的名稱示意其形狀。

氣色相法：肉相、髮相、印堂（兩眼眉之間）與法令（嘴角的肉紋）的氣色。這些相法均體現出科學思維，例如：古人認為，肉相之中骨為陽而肉為陰，骨肉均衡顯示陰陽平衡。還有，氣色是氣和色兩個不同的概念，觀察氣色是由色察氣。這些由表及裏的相法，都包含著辯證統一的哲學思維。

面相：“外形”體現靜態的信息，“精神”體現動態的信息。靜態的外形顯示先天或長期經歷的特徵，動態的精神顯示短期的生理或心理活動。古人認為，面部部位與天地演變及世事變化有對應的關係，不同部位與不同年歲的運氣相對應。面相還包括面部的特定部位（或穴位），這些都與現代生理學及心理學相關。

手相：古代手相對掌紋的相法，配八卦十二宮，天地人三才，對應春夏秋冬四季氣色變化，並注重於掌紋圖形特徵。現代手相的相法，注重掌紋的紋線走勢及氣質，並將紋線分為生命線、智慧線、感情線、命運線和成功線。很明顯，現代與古代的手相已經有所不同。由於手相缺乏預測實證，解釋過程中存在著矛盾，所以被學術界認定為偽科學。但是以人體全息觀而論，局部的手掌確實能夠反映出人體的部分重要信息。

此外，還有骨相、痣相、聲相與形相等多種相法。例如形相，是觀察整體的身形體態和行動舉止的相法。這是綜合的看相方式，先定其形再定其格。從整體上觀其形，聞其聲，察其色，再配合其他局部的相法可以全面地推斷某個人的狀況。這是既有整體觀又有局部觀的科學方法。

總體而言，相術只是通過觀察人體外表而收集人體信息的手段，所以觀察的方法有其科學性也有局限性。例如，從肉相觀察人的皮膚是粗細、堅軟、粗糙或光滑，可以推斷這人的生活是舒適安逸或是飽經風霜。從氣勢觀察人的表面是青、赤、白、黃、黑，可以推斷被觀察者的身心狀況包括是否身患疾病。然而，相術只是通過觀察而接收到人體外表的光波信息，無法接受到人體的體味、體溫等其他方面的信息，所以相術只能獲得人體的部分信息而並非全部信息。古人說："醫相同源"，即是中醫診症和相術的方法及原理有相同的源流，同樣是根據觀顏察色的方法和陰陽五行的原理幫助判斷。中醫診症，採用望、聞、問、切四種手段，主要目的在於取得人體生理方面的信息。相術的手段，也是通過外在表徵取得人體生理、心理和精神等多方面的信息，幫助相士進行判斷。真正高明的中醫，既是醫術家也是相學家及心理學家。

相學包括相術和相理，相術是觀察和推斷，相理是相術的論據和解說。相術方面，由於起源的歷史非常古老，經過不同朝代實踐的總結和累積，通過文字口訣和圖像記錄而傳承下來。相術經過數千年驗證且有大量豐富的記錄，許多內容是近代實證科學所不具備的豐富資料。因此，相學中有許多實踐成果，可為多門科學研究提供寶貴的參考資料，如：中醫學、心理學、生命科學等方面。相理方面，因為古代缺乏足夠科學知識的支撐，所以理論方面難免存在著不足和局限性。相理之中所依據的原理和推斷的方法，有部分經過實踐證實具有合理性和科學性，屬於值得繼承的文化理論；另有部分在實踐中不能得到圓滿的科學解釋，還需要不斷完善與發展。總而言之，相學不僅是傳統文化中的玄學文化之一，而且是涉及人體信息與人體科學的學術。相學與現代科學的結合，是相學向科學化轉型的歷史契機。

5. 姓名學涉及多門學問

姓名學是命名和預測的學術，也是玄學文化中的分支文化。以前，姓名學之所以被稱為玄學，是因為與玄學文化密切相關。現在，許多玄學文化已經可以科學解讀，所以姓名學應該被視為學術。在文化上，姓名學屬於傳統文化的一部分，其中包含姓氏文化和名字文化。在預測上，姓名學則是屬於信息預測術，其中隱藏著姓名持有者的部分信息。姓名學的起源很早，孕育於原始時期的母系社會，形成於父系社會的姓氏文化。姓名學有很多流派，所依據的原理來自於玄學文化中的易經、五行、四柱八卦，等等。由於姓名學的歷史悠久，傳承至今形成了傳統姓名學和現代姓名學兩個流派或分支。長期以來，姓名學均被視為玄學文化，而今透過科學思維可以發現，姓名學之中包含著歷史學、民俗學、社會學、心理學和法學等多種學問。

在文化上，姓名學中的姓氏文化和名字文化有許多獨特性。幾千年來，由於中國社會是父系社會，所以父系賦予姓特別的意義，姓代表了父系的遺傳基因。相同的姓表示，來自於相同的宗族、基因及特性。傳統的姓氏文化中，姓源於母系社會，氏源於父系社會，秦漢以後，姓氏逐漸合併。姓氏約束著婚姻關係：同姓男女之間，氏同或不同者都不可以通婚；異姓男女之間，氏同或不同者都可以通婚。傳統的名字文化中，命名的種類有各種各樣，包括人名、字型大小、字輩、銜頭等。命名的方式有各種規紀和忌諱，例如，嬰兒若是依循字輩取名也要避開與前輩同名等。現代的命名文化中，命名的種類與古代大同小異：人名、筆名、藝名、商標、公司名稱等。命名不僅是一種智慧，而且是一門藝術。自古至今，人們都非常重視為嬰兒起名，因為姓名伴隨著人的一生，姓名與一個人的命運相關。同時，人們都非常注重事物的命名，因為名字表達某種特殊的含義，名字與某個人或某事物的信息和形象有著直接關聯。姓名和名字之中，潛藏著兩方面的性能：

其一，姓名是一個人的代表符號。一個人的姓名，對內是心理暗示而對外是信息傳遞。例如，當某個人的姓名被人叫響，意味著這個人的符號正在發出信息，也意味著這個姓名正在傳遞某個人的信息。

其二，姓名中儲藏著擁有者的某些信息。通過姓名學，可以預測出所持姓名者或名主的某些信息。例如，姓名反映出一個人的人際關係、命運等方面的信息，名字（商標或名稱）反映一家公司或企業的經營狀態及未來前景等方面的信息。

預測術上，姓名學透過姓氏和名字可以預測人事。姓名不僅與傳統社會人文有關，而且與中華文字結構有著密不可分的關係。中華文字構成的名字包含：數（筆畫）、形（象形）、聲（讀音）、意（寓意）、義（意義）幾方面因素，所以名字中儲存著數字信息、形象信息、聲音信息、寓意信息及意義信息。雖然姓名學屬於玄學範疇，但是所作預測及實踐並不是玄而不解，其中有部分預測及實踐結果有學術道理，並且可以作出合理的解釋。

例如：姓氏，所顯示的信息涉及父系的遺傳基因，關聯著姓氏的尋根溯源，與族氏分佈情況相關等。中國姓氏總稱百家姓是習慣性說法，實際上根據統計，中國的姓氏總共有 5000 多種（包括單姓和複姓）。姓氏是一個豐富的人體基因資料庫。例如：在 20 世紀 60 年代，中國有許多知識青年到農村去。曾經有知識青年在農村生活中，偶然發覺中國百家姓的特別之處，由此對百家姓產生好奇並且深入當地採訪，收集了許多資料。意想不到的是，有基因研究機構探知這件事，竟然尋求與這位百家姓的興趣者合作，期望從中收集更多人類基因的信息以供研究。由此可見，姓氏涉及遺傳學、民俗學、社會學等多方面學術。

名字所顯示的信息涉及數、形、聲、意、義，加上文字的陰陽五行及名主的四柱八字等，這令名字的信息量更加豐富。例如：名字的寓意，既是對名主的長期心理暗示又會促使名主的內心產生意念，因此對名主的內外互動帶來深遠的影響。如果名字與名主的本性及特徵相稱，則會起著增益放大的效應。名字的讀音，通過聲音不僅傳遞出含義的信息，而且從聲相中（音色音調）傳達出其他方面的信息。中國文字的發音以四聲五韻為法則，五音為宮、商、角、徵、羽，配上陰陽五行。《黃帝內經》指出：五音對應五臟，聽聲音可知道五臟健康情況。聲音嘹亮是陽剛之相，聲音圓潤是和諧圓滿之相。由此可見，名字涉及生理學、心理學等方面的學問。

姓名由姓和名組成，再結合各種玄學，因此姓名學必然會出現眾多的流派。自古至今，由於姓名學中的各流派對其原理未能作出符合科學邏輯意義的解釋，所以無論什麼流派的姓名學都屬於玄學。未來，姓名學應向知識和理論型的文化轉型。姓名學中的原理及玄學，都需要能夠用科學方法分析。

如果可以實現這個目標，無論什麼流派的姓名學都可以轉型為姓名科學。從前面的部分論述可充分說明，傳統姓名學中的原理及玄學均具有相當的科學性，只是沒有以科學角度去分析，並且缺乏科學理論支撐，所以傳統的姓名學才會長期被視為玄學。

傳統的姓名學屬於實踐和智慧型的文化，各種流派都經過實踐驗證有其實用性才得以流傳下來。在這些流派之中，五格姓名學是現代比較風行的流派之一。而實踐經驗證明，五格姓名學有相當的準確性，其基本操作的程式如下：

首先，列出姓、名、字之中每個字的筆畫數目（以康熙字典的筆畫數為準），然後分別列出天格、人格、地格、外格及總格。

其次，將五格的筆畫數目配上陰陽五行。依照每格的筆畫數目判斷凶吉，依照陰陽五行的相互作用分析其中的關係。

五格姓名學中，雖然測出的信息量不是太多，但是其結果基本上都很準確。以科學觀點看，五格姓名學的預測依據是數字和陰陽五行。其一，姓名中的筆畫數字反映出各種信息，具有一定的科學依據和道理。傳統玄學文化以象、數、理三方面來解釋事物，數是其中一個重要因素。數，與天體運動有密切關係。例如，七是個非常特殊的數字。宗教上，上帝創世、女禍創世、一星期等都是七天；地理上，地球七大板塊；天文上，北斗七星；人與動物的節律，人類懷孕 280 天（四十個七天）、老虎懷孕 105 天（十五個七天）、兔子懷孕 28 天（四個七天）、雞孵蛋 21 天（三個七天）等。還有，地球上每個月有四次潮汐（太陽與月亮的共同作用）；陰曆每個月 28 天（四個七天）；月亮在太陽和地球之間的前後左右，每七天改變一個位置；七天是月亮在太陽和地球之間，前後左右四個不同位置的變動週期。其二，五格姓名學，吸納了陰陽五行的科學性。關於陰陽五行，本文前面已經作出千年以來未有的科學論述：陰陽五行的本質是能量與信息轉換的五種形式，這是經過科學分析的論斷。從今開始，陰陽五行可以逐漸擺脫玄學範疇。

五格姓名學的依據是筆畫數字和陰陽五行，說明其預測的原理和方法具有科學性。姓名學中採用的筆畫數字從一至八十進行計算，大於八十則視作下個輪迴週期。由此推測，筆畫數字可能涉及未明的天體運行週期，這需要進一步深入研究。除此之外，其他流派的姓名學也可以採用科學方法進行分析和解讀，其中部分玄學已經可以用科學方法破解。相信隨著新科學的出現，不僅大部分玄學會得到科學破解，而且姓名學也會由玄學文化轉變為科學文化。

第八章 命運能夠改進

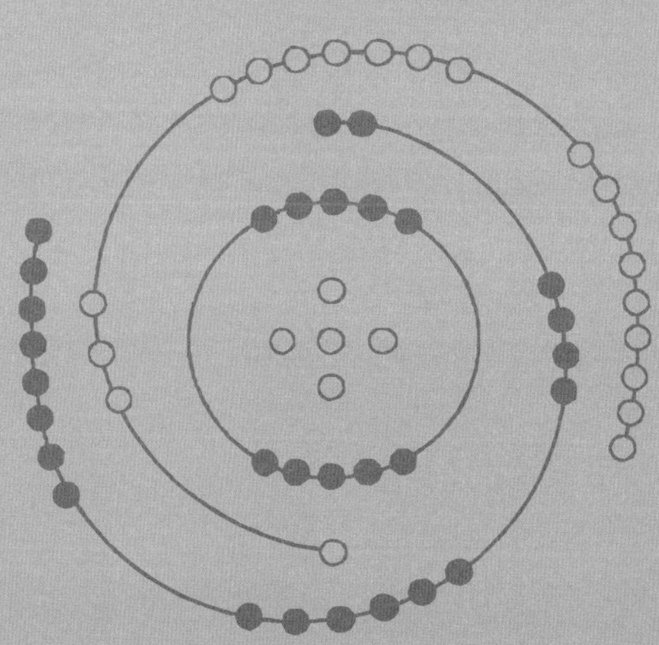

世界最強天眼，能否探明人類命運由誰主宰？

人的命運受誰掌控？歷來有不同觀點。

有觀點認為，自己能夠掌控命運並且可以改變命運，其代表性的言論是“人定勝天”論。另有觀點認為，自己無法掌控命運也無法改變命運，其代表性的言論是“聽天由命”論。還有觀點認為，保持命運意識及依循宇宙規律能夠調整命運，具代表性的論述是“人天和諧”論。

“人定勝天”論屬於偏執的觀念，是過度輕視與挑戰命運的精神表現。從科學理性的角度看，人是無法完全抗拒來自“天”——宇宙與大自然的感應及操控。“人定勝天”論，只能作為激勵意志及提升自信的精神力量。客觀的生活實踐證明：在“天”的操控之下，任何人不可能憑著主觀意願或盲目追求徹底改變命運。人類的能力有限，可施展才能的範圍也有局限，在某些方面能夠有所作為而不是任何方面均可有為。

“聽天由命”論也屬於偏執的觀念，是過度依賴與服從命運的意識體現。從客觀理性的角度看，人是可以迴避來自“天”的某些感應及操控。“聽天由命”論不僅放棄人的智慧和悟覺，而且否定人是萬物之靈的地位。客觀的生活實踐證明：在“天”的操控之下，低級生命體或者非生命體才是屬於完全被主宰的宿命者。人不只是生命體更是具有高智慧的生命體，有學習和創造的能力，可以通過知識智慧改變生存狀態以修改及調整自己的命運。

“人天和諧”論才是中庸正確的觀念，有高度命運意識的體現。持有這種觀點的人，既不會自視過高，也不會無所作為。“人天和諧”論，是以“天人一體”觀正確地定位自己和理性地面對命運，以宇宙的智慧看待人和宇宙的關係。有“人天和諧”的意識，才有可能駕馭命運之舟駛進最佳的航道。人的生命過程，有平靜也有風浪，有順流也有暗湧，有危機也有機遇。秉持“人天和諧”的觀念，可以為生命運行選擇最佳的路線。古人說“順天命，盡人事”，即是依循宇宙的法則（包括天體、大自然和人體規律），充分發揮人的既有能力。

應該相信，一個人只要擁有命運意識及通過正確途徑，都可以對自己命運作出更臻完美的改進和調整。而隨著人類在智慧上的演化與進步，生存能力與生存質量也在持續地增強與提高，這也意味著人類正在不斷地改善自己的命運。

要準確看待命運，就應該知道命運的成因及“命”和“運”的關係。命運是一個人的主體及內在因素（生理、遺傳），與客體及外在因素（遭遇、時空）互動的結果。一個人命運的形成過程，會同時呈現出其獨特的命格和命式。

命格，猶如一個人的行李箱內儲存著個人的特別物品，包括：相貌、性格、體質、能力、個性、興趣等，屬於每個人獨特的內在因素。命格可以修改嗎？應當說命格可以局部修改。例如，天生的外表是美是醜，會影響一個人的形象以及社交、職業等運程。外貌可以通過整容而局部修改，外形則無法重塑或改變；興趣可以培養或者因環境而改變，個性卻難以轉變改動。命格是天生具有的生命特徵，部分命格可以在後天作出修改。

命式，傳統的概念是命運中將擁有或者出現的事物，由這些事物而構成複雜的命運圖式稱為命式。而今的命式概念融入了新的內涵，是以某個人、時間和空間為三個維度，描繪的生命經歷、遭遇及狀態，稱為命運程式。這個命運程式所描繪的圖式，猶如旅行過程中所經歷的行程軌跡：旅行者在某個時間，對應地點將遇上相應的事物。命運不是筆直的直線也不是平坦的平面，而是一條充滿曲折離奇、起伏跌宕的曲線。

命運是否可以改變？在大運勢之下，命運的大走勢無法推翻重寫或做出大幅改變；但是在一定條件下，命運可以作出某些修改或調整。命運似漂流，當漂流者進入河道之時，漂流的行程已經無法停止，漂流的路線也無法大幅改變。從前面的命運程式中，得到的結論是命運可以修改或調整但是不可能改寫。歷來對於命運是否可以改變，有頗多的見解和爭論。改變命運的說法，意味著命運過程可以大幅地改動，與原有既定的命運程式完全不同。這種說法有些不妥，因為命運的大趨勢不可能被改動。改進命運的說法，才是比較客觀、合理的表述，意味著雖然命運的大趨勢不可能大幅改變，但是可以作有限的改進和調整。

（一）跨越命運制約：超出三界外，不在五行中

在地球上，所有的生命體包括人類都逃脫不了天體和大自然的制約。在生存過程中，人的一切行為猶如一部被遙控的電動車：表面上有自行決定行動的自由，實質上是受電磁波信息的操控，依照設定的指令而行動。在宇宙時空中，人的命運好像一艘依照指令行駛的航船：表面上有主觀能動性，實質上是受天體及大自然信息的操控，依循既定的航線而行駛。人的命運就像預定了航線的航船，始終無法過度地偏離既定的航線。

人類真的能夠跨越命運的制約，讓生命隨著自己的意願自由自在地運行嗎？回答這個問題，引用中國傳統流傳下來的一句老話："跳出三界外，不在五行中"。這句話不僅道出了改變命運的終極方法，而且透露了改變命運的科學道理。但是對普通人來說，以目前的科技水平而言，難度是巨大的。

"三界"是佛教的術語，簡稱慾界、色界和無色界。佛教認為，眾生是有物質性的身體，只存在於慾界與色界而不存在於無色界之中。佛教對三界的界定是：

（1）慾界：是由慾樂（kāma）與界二者形成的複合字，此界是由物質主導，以追求慾樂為主，故而得名。慾界為慾界天人、人、阿修羅、畜生、餓鬼、地獄等六種境界眾生（六道）雜居之地，皆有色身（物質身）、亦有男女飲食之慾樂，天人也不例外，但天層越高慾念越低。慾界天位於人道之上，分為地居天、空居天，慾界天相較於其他兩個等級的天——色界、無色界——為最低次元。

（2）色界：據佛典說法，此界位於慾界之上。此界天人，仍保有色身（物質身），而已無慾樂，故色界天人色身，無有男女相，有別於慾界眾生的色身樣貌。此界眾生，其衣自然而至，以光明為食物及語言。

（3）無色界：佛教術語，為天界之頂層，與慾界、色界共稱三界。此界超越色（物質）而存在，為厭離物質之色想而修禪定者死後所生。

根據佛家的理念，對三界的定義作簡明的表述如下：

（1）慾界，指慾念強烈的有情眾生所生活居息的地方，這種地方屬於慾界。

（2）色界，指有物質性身體但無慾望的眾生居息的地方，這個空間屬於色界。

（3）無色界，指身體不受物質束縛只有純粹的精神意識屬於無色界。

"五行"是道家的理論：在物質的宇宙中，萬事萬物離不開陰陽五行相生相剋的制約現象。換句話說，在物質宇宙之外的事物，沒有陰陽五行互相作用的現象。

佛家的"三界"論與道家的"五行"說，是科學的思維，符合科學原理與邏輯，可以與當今的科學思想相融合。如果能夠科學地解讀"三界"的概念和"五行"的現象，就可以從科學角度理解如何超越命運的制約。以現代的科學表述，三界的定義可稱為：生物界、物質界和非物質界（或稱暗物質界）；五行的相生相剋可以看做是：物質之間的能量轉換和信息交流的五種形式。人及所有生命體要跨越命運的制約，必須跨出這三個界限之外，離開物質之間五種能量信息轉換的範圍。

1. 跨出生物界

生物界，指自然界中的所有生命體。由於生命體皆由物質構成而且都有生理運動和循環，因此所有生物體便會有各種天生的慾望，所以一切生物體均應當視作為慾界的存在。所有生物體內部各種形式的生理運動和循環所構編而成的運動程式，操控著生命體的活動與行為。

生物界中，低級的生物體都有比較簡單的慾望，受本身天生慾望的驅動便會表現出相應的行為而沒有約束慾望的意識。例如，野獸獵殺其他動物的行為，純粹是受食慾的驅動；動物之間的交配行為，純粹是由性慾驅動等。

生物界中，人是高級的生命體而且有繁多複雜的慾望，既受自身天生慾望的驅使也有自我意識的約束力。人的慾望有多種多樣，簡單說有：物質慾望、精神慾望等。人的生理運動和循環會誘發出天生的慾望，進而影響生理、心理和精神，且衍生其他慾望並操控著個人的行為。人的生理、心理和精神活動所形成的運行程式，是操控個人行為的一種主要形式。人的行為若不想被自身的天生慾望所驅使，就必須要有自我約束的意識和能力。人的命運想要跨出生物界的制約界限，首先應有理性及意識擺脫天生慾望的制約。這意味著首先要跨出生物界，即是跳出“三界”之中的“慾界”。

2. 跨出物質界

物質界，是指人體五官能夠直接感知的所有物體，這一切皆由物質構成（包括一切生物、大自然、地球及天體中的所有星體）而且都有各種物質運動和循環，這個物質宇宙可以視為色界。地球上大氣圈、水圈和岩石圈的運動及循環，形成了大自然的運動程式，並通過各種形式的感應，制約及操控地球上的生命體。天體的恒星、行星等各類星體的運動和循環，形成了天體運行程式，並通過各種能量及信息的感應，制約及操控所有生命體。大自然及天體中的物質運動及循環所形成的運行程式，是操控生命體活動與行為的另一種主要形式。人在地球上，人體必然受到這些運行程式的制約。如果人的命運想要擺脫人體外部的制約，就必須擺脫人體與外部物質的互相作用。這意味著必須跨出物質界，即是跳出“三界”之中的“色界”。

3. 跨出暗物質界

暗物質界，是指物質宇宙之外還有更多人體無法直接感知的非物質性事物，可能是以暗物質、暗能量之類構成的暗物質宇宙。從佛教的定義看，我們可以將這個暗物質宇宙視為無色界。現代科學已經證實暗物質、暗能量的存在，而且推測出其物質總量佔全宇宙的絕大比例。這個以暗物質、暗能量之類形式存在的暗物質宇宙，至今對人類而言大部分還是屬於未知的範疇。也正是由於以目前的技術手段還難以捕捉、測算暗物質，因此對暗物質的性質猜測相當多元化。未知的暗物質宇宙與當下的物質宇宙之間，能否產生物質性的交流（包括能量交換與信息交流），目前還無絕對定論，也許只存在某種感應（量子糾纏之類或其他形式），但是真相需要更高的科技手段去發掘。那麼，人體的精神意識會否間接地受到暗物質界的感應及制約。如果人的命運要擺脫這些制約，也必須跨出暗物質宇宙，即是跳出“三界”之中的“無色界”。

以現代的科學思維，陰陽五行可以理解及解釋，其簡單的論述是：物質界之中，因為有物質之間的互相作用，才有陰陽變化的現象，也才會出現五種不同形式的能量轉換和信息交流。如果離開物質界，就沒有陰陽變化和物質的互相作用，也沒有能量轉換及信息交流，即沒有五行的表現形式。人體由物質構成，所以只能直接感知到物質性的事物；對非物質性的事物，人體只有藉助間接感知的方式才能獲得信息。當今的科學家們發現暗物質的存在，是通過間接感知而獲得的信息。由此或者說明，暗物質也會以間接的方式影響人類，即會以間接的方式制約人類的命運。但是想要準確瞭解究竟會有什麼間接性的影響，只能等待未來的科學新發現才可能實現。

（二）改進命運的必備條件

1. 保持高度的命運意識

生命的過程，多數人在大部分時間中都處於沒有命運意識的狀態，一切行為是受人體的內在慾望及外來能量與信息的驅動，因此命運由人體內外互感互動的運行程式所操控。當一個人沒有命運意識之時，一切行為都是在"身不由己"的狀態下產生，生命在無形力量的制約及操控之下運行。

少數人在某些時間中有命運意識，這時的行為是在自我意志支配之下而不受內外因素的驅使，此時的運程由自我意願與外部因素的互感互動的結果所決定。當一個人有命運意識之時，所做出的行為是在自我意識及自主意願的驅動下產生，命運在自我意識的操控之下運行。有命運意識的人，在一定條件下可以調整自己的命運，只是調整的範圍有多廣及幅度有多大，因人而異。對於大多數人來說，並不是所有時刻都能保持命運意識，所以不可能全天侯掌控自己的命運，因而只能改善或調整命運，而不可能徹底地改變命運。

有命運意識的人，還必須明白"命"與"運"的關係：

命，是指生命狀態，其中有先天的因果也有後天的因緣。一個人命中的某些先天因素可以從後天中得到改造，而有些先天因素卻無法在後天中作出改變。如：在生理上，體質孱弱可以經過後天鍛煉而改進；體格上，體型骨骼、膚色差別等屬於無法改造的先天因素；在智力上，記憶力強弱可以通過後天訓練得到改進，而智商高低卻是難以改變的先天因素。

運，是指生命歷程，運程隨時間及空間的變化而改變。其中有部分運程，通過人為地改變行事的時間或空間可以作出改動。如：時間上，選擇有利的時機而避開不利的時機行事，可以改變運程；空間上，選擇有利的地點及位置、迴避不利的地理及方位而行事，亦可以改進運程。但是也有部分運程，是任何的人為努力都無可改變的。

人生過程類似旅行。一個人的“命”，好比旅行者所具備的體魄、素質、精神等方面的生命狀態。“命”好的人才有精神和體魄走好人生旅程。一個人的“運”，好比旅程中經歷的時間與路線，“運”好的人才能避開風雨與險途順利地走好人生旅程。從人生經歷中，古人總結出調整“運程”的名言：“趨吉避凶，逢凶化吉”，這既是樸素的哲理，也是改善運程的有效方法。

2. 知命者才能改進命運

人生過程中，每個人都會遇上順境或逆境、危機或時機。知命者有命運意識，不但懂得如何保持心身強健的生命狀態，還要懂得如何化困境為順境、化危機為轉機以調整運程。一個知命者，必然是有高度的知識與智慧、意識與理性的人。這類人有兩方面的自知：

一是知命，即對自身的生命狀態有自我意識，對自己的生理、心理及精神等生命狀態心中有數；持有自知之明的思想意識，清楚自己的天賦與缺失、特長與短處、優點與缺點等。知命的人清楚地明白自己的命格，能為自己作出準確的人生定位；遇事懂得應該有所為或有所不為，因而人生過程必然更加容易發展順利與取得成功。

例如：命中遺傳有冒險基因的人，性格特徵富有冒險精神，其命運通常走向兩種極端。一種極端是：有命運意識的人，既有敢於冒險的精神又有善於調動智慧、秉持慎密行事的作風，結果往往能從冒險中成功地創出一番大事業。另一種極端是：沒有命運意識的人，生性有好於冒險的勇氣卻缺乏智

知命又擁有冒險基因的人，通常會有一番大作為甚至能夠創出奇跡

慧且魯莽行事，冒險的結果最終往往都以一敗塗地的結局收場。

就是說，知命又擁有冒險基因的人，既敢於發揮自身的冒險精神，又能夠保持自知之明的清醒意識；在條件不足時能抑制冒險的衝動，不作盲目的冒險而避免失敗的命運；在條件成熟時會毫不猶豫地出手，勝算在握的冒險不僅可贏得成功而且會帶來命運大轉折。這類人，通常會有一番大作為甚至能夠創出奇跡。古今歷史上，從許多傑出的軍事、政治人物身上都可以得到印證。

二是知運，即對自身的生命活動過程保持高度的自我意識，善於依據自身的生命狀態調節活動的時間與空間（地點或方位），令自己的運程進入最佳的狀態。知運的人善於為人生旅程作出最佳的規劃，能夠把握人生中關鍵的有利時機；知運的人懂得依循自己的運程，為自己選擇正確的人生道路；

知運的人能夠把握有利的時機與環境而有所作為，因此人生歷程順暢的機遇增多而阻滯的機會減少，避走彎路更免入歧途。

每個人的人生運程各有不同，有的人少年得志而有的人老有所成，有的人一生平穩而有的人大起大落……人生的運程似滑浪，必然會有起伏不定的歷程；依循起伏的浪潮前行，人生的運程既曲折且暢順；逆著起伏的浪潮而行，人生的運程必定危機四伏。命運，即是生命的運行過程。命與運兩者配合得當及協調得好，則命運的航船可以在大風大浪中乘風破浪地航行；相反，命運的航船則會在狂風巨浪中顛簸不停甚至傾覆沉淪。

3. 怎樣能獲得命運信息

希望改進命運就得掌握命運信息，缺乏命運信息就無從改進命運，獲取全面的命運信息是改進命運的必備條件。命運信息可以從兩方面的渠道取得：一方面可以通過傳統方法及經驗取得相關信息，另一方面是運用目前的科學方法與知識取得相關信息。這兩方面信息來源的結合，可以保證獲得更加全面的命運信息。

一是，以傳統方法取得命運信息，其中必將涉及各種預測術，如“第七章”中簡述的多種測命術，是獲得命運信息的重要途徑，是非常具有實用價值的方法。前面對這些測命術的科學性和局限性已經作出論述，此處不贅。雖然這些傳統方法存在一定的局限性，但是這些方法的科學性卻無可置疑。未來，這些傳統方法與科學方式相結合，可以得到更全面、更完整的命運信息。傳統的命運預測方法，可以為改進命運提供科學研究的依據。還有，傳統的世俗文化中，有很多與命運相關的思想經驗傳承下來，這些思想經驗的科學性值得繼承與發展。

例如，傳統的經驗中，每當嬰兒誕生時家中長輩會及時地記錄出生的時間，並在日後請測命師為其測算運程。這種行為，在今日看來會被一些不相信命運的人非議為陳舊思想或迷信行為。其實，測算命運的結果可以提供嬰兒未來的命運信息，如：天賦或缺陷、運程的起伏等等，日後可為具體的孩子發掘引導天賦、作出人生規劃及人生定位等方面，提供重要指引。

又如，傳統的婚嫁中，每當適齡結婚男女尋親時，家長會調查對方三代人的遺傳狀況。這種做法的目的，一是為了防止結婚對象有遺傳方面的缺陷而影響下一代，二是希望通過尋親選擇有優良遺傳的對象以傳宗接代。這種做法的用意，是既為下一代的命運考慮，又為將來家庭的命運著想。這種既通俗又科學的做法，是與命運信息相關的思想行為。

二是，以科學方法取得命運信息，其中必將涉及各種科學，如：遺傳學、生命科學、人體科學、天文學等。通過科學方法得到命運信息，可以為人們改善命運、規劃人生等方面提供重要依據。

例如：透過遺傳基因學可以獲得有關生命狀態的豐富信息，如：生理特徵、遺傳疾病等，這些信息可以為人們解決許多難題。歷史上曾經有個家族，其中成員往往活到四十歲時便出現某種怪病，而這種怪病經許多治療結果均無法治癒。這是屬於遺傳性的疾病，只有通過基因測試與療法，才有望得到根本治療。由此可見，將通過遺傳基因方法取得的生命信息用於疾病治療，不但能夠改善個人的命運，而且可能改變整個家族的命運。

又如：通過天文學可以取得與人類命運相關的大量信息。天文學及其他相關科學（如氣候學、地震學等）直接或間接關係著人類的命運，天文變化會引起自然環境變化，造成氣候、地震、瘟疫流行等一系列自然災害。天文變化影響著自然界、生物界及全人類，運用天文學及其他相關科學，能夠直接預測自然環境及自然災害信息，也可間接預測人類命運的信息。所以，從天文學取得的各種信息，用於預測自然災害、防禦自然災難、化解生存危機，可以大大地改善一個民族甚至全人類的命運。

無論是傳統經驗與智慧，還是科學方法與知識，都是人類在改善命運的過程中累積下來的智慧結晶。從中國歷史上人均壽命與人口總量的變化，可以印證人類社會演變的過程，就是不斷地改善自己的命運過程。

從下面的兩組資料變化，可看出人類命運在不斷地改進之中。中國的人均壽命：先秦 18 歲，兩漢 22 歲，唐朝 27 歲，宋朝 30 歲，清朝 33 歲，民國 35 歲，1949 年以來，1950 年 54 歲，1978 年 66 歲，2000 年 71.4 歲，2020 年 77.9 歲。中國的人口總量：秦朝（公元前 210 年）3000 萬，兩漢（公元 2 年）5767 萬，唐朝（726 年）4141 萬，宋朝（1200 年）1.36 億，元朝（1293 年）8700 萬，明朝（1600 年）1.5 億，清朝（1901 年）4.5 億，民國（1947）4.57 億，1949 年以來，1953 年 6.01 億，2000 年 12.95 億，2020 年 14.1 億。從這些資料看出：自秦朝以來，儘管中國歷史過程中發生許許多多天災、戰亂、瘟疫、社會動亂等，然而中國的人均壽命增長四倍多，人口總量增長近五十倍。

這些統計資料說明：中華民族生生不息地延續與興旺，命運狀態持續不斷地改善與優化，以豐沛的人力資源保障了中華文明作為四大古文明中唯一不間斷的文明流傳至今。這一切，歷代知命者對於命運的認知與把握，無疑對中華民族和中華文明的發展，產生了巨大的作用。

（三）改進命運的方法路徑

人類與其他生命體的命運不同，人類有調整自身命運的能力，而其他生命體的命運完全受自身狀態、大自然與天體的制約，兩者的根本差別在於人類有其他生命體所沒有的知識和智慧。雖然某些生命體有其高於人類的特殊本能，但是人類擁有其他生命體所沒有的智力和創造力。面對各種自然災害，許多動物有直接預知的本領。如英國開放大學的研究發現：地震發生前，地表會釋放氡氣和重力波並被大氣層發射回來，這些現象會被蟾蜍事先探知，並且提前五天預知地震將發生。雖然人類沒有這種直接預知的本領，然而人類能夠發明創造各種探測器，對各種災害形成間接預知的能力。

主宰人類命運的三大系統是人體系統、大自然系統和天體系統，人類無法調整大自然和天體系統的規律，然而可以調整自身的人體系統的規律。以人類的能力，目前還無法阻止來自大自然的災難，也無法抗拒來自天體引起的危機及衍生的災害，只能依循大自然與天體的規律行事。傳統理念中的“順天應命”，即是依循大自然和天體的規律，相應調整自己的生命狀態與運程，從而可以避開災難及化解危機，以達到“趨吉避凶”改善命運的效果。人有調動思想行為的自主能力，通過調整人體系統（如生理、心理、思想精神）局部地改變生命狀態，即能改善自身的“命”；通過調整自身活動的程式（如活動的時間和空間）適當地改變生命運程，即能改善自身的“運”。概括而言，調整命運的方法與路徑：一是調整“命”即生命狀態，二是調整“運”即生命運程。

1. 調整生命狀態

一個人的生命過程，類似漂流者在宇宙大洪流中漂流的歷程。宇宙萬物的運動疊加於一起，可以看作似無數支流匯聚在一起形成宇宙大洪流。在宇宙中的所有人都是漂流者，每個人的生命都受宇宙大洪流的無情擺佈，命運在宇宙大洪流中自然而然地形成。漂流者必須有健康的體魄和健全的精神，才能駕馭浮艇自如地在大洪流之中穿行。同樣，一個人必須有良好的生命狀態，才能承載生命在宇宙大洪流中自由自在地航行。

在這過程中，調整生命狀態即是改進命運之中的"命"。世俗觀念的"命"是指生存條件的優與劣，如：在世俗之中，人們認為出生於富裕的家庭屬於命好，出生於貧困的家庭則被稱為命差等。命運學中的"命"是指生命狀態的優與劣。如何調整生命狀態是改善命運的首要事情。構成生命狀態的三大因素是：生理、心理及精神狀態。

其一，生理狀態良好與否，是影響生命狀態的三大因素之一。這個道理容易被人所理解：良好的生命狀態首要的因素是身體的生理健康，有良好健康的生理狀態才會有好的命運。良好的生理狀態，不僅是指強健的身體、健康的五臟六腑，還包括協調的外形和五官，如體格、外表、相貌等。一個人的相貌直接影響人際關係，進而間接與命運相關。傳統文化中將外貌破損稱為破相，認為破相會影響一個人的命運。現代的美容、整容屬於調整生理狀態，其意義不僅是讓相貌變得更好，實際上有助於改善命運。

其二，心理狀態良好與否，是影響生命狀態的三大因素之一。這個事實卻容易被人忽視：有自我意識的人能經常保持良好的心態，而許多人缺乏這種自我意識。良好的心理狀態，首要的條件是心理健全，而心態良好、心理健全的人必然會有好的命運。如，心態陽光的人，不但自身充滿正面信息、正能量，而且散發予周圍的人也是正面信息、正能量。這種人，不但自己的運氣好，也會將好的運氣帶給他人。心態晦暗的人，不但自身充滿負面信息，而且與人相處的過程中傳遞給他人的，也多是負面信息和負能量，這種人必然會為自己和他人帶來差的運氣。心理狀態影響命運的事例普遍存在，例如：2019 年世界衛生組織的報告認為：心理問題會在世界上導致 12% 的疾病，其中 46% 與憂鬱症有關，而心理問題中憂鬱症成為致殘的最大誘因。由此可見，心理狀態影響到許多人的命運。

其三，精神狀況是影響生命狀態的三大因素之一，這是人們普遍都明白的事情。精神狀況良好表現在諸多方面，如：理性是精神狀況良好的表現。一個有理性的人，在為人處事中能夠理性待人因而有良好的人際關係，能夠理性處事因而避免挫敗且謀事順利，這樣則必然會為自己帶來好的命運。又如，信仰是精神狀態的一種表現。一個有信仰的人，能從信仰中獲得精神寄託及力量，生命活動會充滿自信和動力。還有，精神樂觀的人，做事不畏懼困難或失敗，敢於爭取成功與勝利；精神強大的人，具有常人沒有的意志和氣魄，善於做一番大事業。古往今來，有許多事例說明精神狀況影響人的命運。

綜上所述，生命狀態中的三大因素：生理、心理和精神狀態決定一個人的"命"。任何人的生命狀態都不可能完美無缺，所以沒有最好的"命"，只能爭取更好的"命"。每個人的"命"都有不同程度的不足或缺陷，所以都需要改進；而通過改進生命狀態，可以使自己的"命"更趨於完美。如果想要改善一個人的"命"，必須依據其具體的生命狀態作出分析和判斷，並在不足或缺陷的方面作出調整或改善。當一個人的"命"得到了改善，其命運也必然會得到相應的改進。調整生命狀態的過程中，將涉及多方面的科學知識，如生理狀態方面涉及中醫學、養生學、西醫學、營養學等；心理狀態方面涉及心理學等領域；精神狀態方面涉及信仰、哲學、知識等。

長期以來，古今中外曾經出現許多改變命運的觀點，如：知識改變命運、性格改變命運等。這些觀點，雖然有其正確性，但是也存在著偏面性，只是說出了改變命運中的諸多方式之一。實際上，一個人的命運好不好，問題既可能是出在"命"上，也可能是出在"運"上，兩者都可能產生關鍵作用。"命"不好的人，其生命狀態的三大因素之中必定有某個或某些因素存在缺失；"運"不好的人，其生命運程中應該是某個時間或空間發生了錯位才會遭遇阻滯或災難。所以，一個人想要有好的命運，既要有良好的生命狀態，也要有順暢的生命運程。

2. 調節生命運程

人體生命狀態是制約命運的內在因素，而大自然和天體是制約命運的外在因素。對命運不利的內在因素，人類能夠通過調整自身生命狀態而做出改善；對命運不利的外在因素，人類卻沒有能力阻止及改變而只能作出迴避。對此，古代先賢很早就深明其中的道理並提出"趨吉避凶"的生存思維，這是非常高明的智慧。"趨吉避凶"的方法是"擇時"和"擇地"，簡單地說就是選擇時空，本質上則是選擇有利生存的時間與環境，迴避不利的生存時間與方位。

人體生命的外部環境，時刻都在隨著大自然和天體的時空轉換而變化。一個人的生命歷程猶如在時空洪流之中漂流，漂流者既要有良好的體魄和精神，還要有正確和有利的漂流路線，才能有暢順的漂流歷程。同樣，一個人既要有良好的生命狀態，還要有最佳的生命運程，才能有美好的生命歷程。

調整生命運程，即是改善命運之中的"運"。世俗觀念的"運"一般是指幸運與否，如遇上有利或者美好的事稱為幸運，遇上挫折或者災難則稱為厄運等。命運學中的"運"，是指生命運行起伏波動的過程。生命運程主要涉及三個因素：人、時間及地點。若要改善生命運程，必須依照具體的人，調整其生命運動的時間和地點；即根據具體的人的不同，選擇最有利的時空。地球上的時間概念，實際已經含蓋事物在天體中的空間位置；地球上的不同時間之中的人與事，處於天體之中的相對空間位置也不一樣。

擇"時"，涉及三個要素：人、事、時。一個人做同樣的事，在恰當的時間中進行會因順利成功而走上好運；在錯誤的時間中進行，就會因挫折失敗而走入厄運。什麼人，做什麼事，應當選擇什麼時機才最為有利？是不會相同的。古人總結的名言“天時、地利、人和”是擇時智慧的體現。古人深知進行重要的事情之前，首要的事情是選擇良辰吉日，稱為：擇吉或擇時（選擇吉利的時間）。古人從實踐中得到經驗，依吉利的時間行事不僅事事順利而且事到功成；相反則會導致行事阻滯，甚至以失敗告終。傳統習慣中，上至國家大事下至民間活動，“擇吉”成為人們不可缺少的行為慣例；例如：出征（打仗、用兵），祭祀（祭祖、登基），動土（建屋、造墳），嫁娶，葬喪，遠行，開業（開張、開市），開市（交易、立約）等。傳統上，擇“吉”之中以選擇時辰、日子、月份最為普遍，而選擇年份則比較少見。傳統的擇時方法，經過漫長及大量的實踐驗證，已經成為重要的傳統文化習俗。

傳統的擇“時”文化是否科學，有何科學依據？傳統的擇“時”方法有非常豐富的方法和內涵，但是由於長期沒有系統的科學理論解釋，雖然經過大量的實踐已經證明有其實際效應，導致許多人對傳統的擇“時”結果未必全然盡信。在世俗活動中，傳統的擇“時”方法至今備受信賴與採用，但是在政府主導的公共活動中往往得不到重視，甚至長期被忽視。雖然受西方文化影響更多的現代社會在舉辦活動時也需要選擇時間，但是所用的方式與傳統的擇“時”方法明顯不同，並且相對比較簡單。傳統的擇“時”結果，不僅具有科學性，而且隱含著高明的智慧。實際上，擇“時”對人的生命活動及運程非常重要。擇“時”屬於科學行為，是運用時間的科學，選擇恰當的時間做適合的事，使所做的事能夠進展順利；選擇有利的時間做重要的事，使所進行的事更容易取得成功。傳統的擇“時”文化，已經經過大量的事例證明確有實際應用的價值，應當成為專門的學問深入研究。傳統的擇“時”方法如果與現代科學融合，不僅具有廣闊的應用前景，而且可望成為改善命運的科學。以下從三方面簡單闡述擇“時”的科學意義：

第一，選擇恰當的時間契合人體生理運動規律，是改善命運的科學方法之一。人體有各種生理運動，依循生理時鐘週期地循環。當人體的體力、情緒、智力三個生理週期都處在高峰期，是身體狀態最好的時間。一個人做事時，如果選擇在這三個生理週期都處在高峰期時付之行動，會有得心應手、事半功倍的效果。在日常生活中每個人都會有這樣的體驗，在某個時間做起事來特別順利，而且有心想事成的感覺。這就是選擇正確時間、契合人體生理循環的結果。

第二，選擇恰當的時間契合大自然運動規律，也是改善命運的科學方法之一。大自然有各種運動，依循地質鐘週期地循環。運用氣候的變化規律於修生養息，對人體健康、農事作業等方面都具有極大的好處。例如：在生活上根據氣候變化選擇正確的時間養生、治病等，能達到最理想的保健效果；選擇在特定的季節，治療某些疾病會獲得最好的療效；選擇在不同季節，食用應節的食物最有益於健康。還有，在農事上根據氣候變化選擇正確的時間播種、種植、耕作等，農作物才會有豐碩的收穫。

第三，選擇的時間契合宇宙天體運行規律，亦是改進命運的科學方之一。宇宙有各種星體在運行，並且依照天文時鐘週期地循環。一個新生事物誕生的時辰，可視為該新生事物以這個時間為起點切入宇宙大循環，並意味著該新生事物從這個時間起點開啟了自己獨有的命運程式。例如，一個新生嬰兒誕生、一個新機構設立、一個新國家成立等，以誕生的時間為起點開啟其先天設定的運程。誕生時間確定一個人未來的命運大走勢，是不爭的事實。例如：在生育上，根據天體運行的年份、月份選擇嬰兒出生的時間（如：母體選擇怀胎的時間），會有優良的特質與健康的身體。同時間出生的人，命運有很大的相似性也有一定的差異性。命運走勢相似性的原因，是因為同時間出生的人切入宇宙大循環的起點相同；而命運走勢有差異的原因，是由於出生地點與遺傳基因不同，經歷的大自然循環及人體自身的循環有所不同。

擇“時”對某個人的生命活動，有重要的科學意義及實際意義是無可否認的事實。無論處理日常事務還是處理重要事情，擇“時”往往會產生重要作用，所以應當得到重視。傳統的擇“時”方法很多，有些方法已經得到普遍接受與理解，而有些方法因為涉及玄學而難以被人理解與認同。傳統的擇“時”方法，概括起來可分為兩類：

一是簡單擇時法：目的單純的擇時，是日常生活中人們通常採用的擇時方法。這類擇時的目的明確，擇時的過程也相對簡單，如：依照黃曆擇時。歷史悠久的黃曆是普羅大眾廣為使用的擇時日曆，黃曆之中所示的擇時內容都是通用、簡單的擇時根據，其中有各式各樣的擇時目的、適宜或避忌的日子等內容方便查閱。黃曆之中，擇時所依據的是二十八星宿、節氣、生肖等等之類的古代天文知識，即是以天體運行規律與大自然運動規律為擇時的依據。

二是綜合擇時法：多種因素相關聯的擇時，是為專題事項採用的綜合擇時方法（涉及多個綜合條件如：指定的人、地點方位、具體的事）。這類綜合擇時是將多種因素相結合的擇時方法，如依據什麼人、在什麼地點、做什麼事情而作出擇時。其做法是：依據具體人的出生時間、行事地點、事情的性質，列出四柱八字，配合易經的河圖洛書、陰陽五行等進行推演，作出擇時。當然，也有前人採用其他的擇時方法，依據星相學原理（如黃道二十八宿和黃道十二宮的星體分佈）、玄學原理（九宮飛星）或者易經卜卦原理等進行擇時。以科學的角度看，這些綜合擇時法潛藏著複雜、高深的科學思維，不僅依據天體、大自然的運行規律而且涉及時空變化、信息能量轉換等方面的原理。這些傳統的擇時方法值得進行深入的科學研究，應當與現代科

子在川上，曰："逝者如斯夫！不捨晝夜。"

學特別是與天文學結合，相信其中有著巨大的科學意義和現實意義。

以命運的角度看，時間流像一條流淌不息的長河。在時間流之中，人的生命歷程雖然曲折但時刻不息地向前流逝，從而描繪出因人而異的命運曲線。不同的時間段之中，人的生命所經歷的環境與遭遇均不相同。人在生命活動中，選擇有利的時間是調整命運的有效方法之一。如，行事之時迴避不利的時間而把握有利的時間，選擇有利的時間做重要的事情等，都是選擇及運用時間的方法。選擇時間的依據是什麼？傳統擇時法的依據是依據大自然運行規律與天體運行規律，而這些擇時法在本質上是科學的思想方法。傳統的擇時法，經過漫長且大量的生活實踐驗證，所以有其相當的準確性和實用價值，否則不可能經歷幾千年尚能傳承至今。傳統的擇時法並非完美無缺，還需要在繼承中發展；不僅應當與現代科學相結合令擇時結果更加精準，還應當融入科學理論使傳統的擇時方法在理論解析方面更加完滿。擇時文化是命運學中的重要組成部分，建構一套更加精準的擇時方法對人們改善命運具有重大的現實意義。

除了擇“時”之外，還有擇“地”也是改善命運的方法。

擇“地”，即選擇空間（包括地點或方位）。所有生命體，在不同的時間中，其生命狀態有差異；處於不同的空間中，其生命狀態也不一樣。

以植物為例：同樣的植物，生長在不同的地點其性質往往不一樣。古代有一句成語：“橘生淮南則為橘，生於淮北則為枳。”有不少植物，即使枝葉相似但味道不同，古人認為是水土差別的原因，其實這與空間（包括地點或方位）有關。還有，生長於不同地方的中草藥，即使外表依然一樣而藥性卻大不相同。

以人體為例：同一個人，由出生地遷移至異地生活，往往會出現身體不適甚至病態的現象。這種現象，傳統的觀點也認為是水土不服的原因。這裏所說的水土不服是指，生命體對地理條件或周圍環境不能適應而引起的身體不適，也就是與空間（包括地點或方位）有關。

無論植物界或動物界，改變原有的生長或生活的地理位置，會產生“水土不服”的現象是正常的。造成水土不服的原因是多方面的，不同地理位置的地質、氣溫、濕度等差別是其中的部分原因，而地球經緯度的差別是地理位置遷移引致“水土不服”的主要原因。按照天文學的知識，由於地球的自轉，不同緯度上的物體在天體運動中的線速度與周長不一樣。以太陽做參照體，越是靠近赤道的人每天運動的行程越長，而越是遠離赤道的人每天運動的行程越短。地球赤道的周長大約四萬公里，生活在赤道上的人每天在天體運動中的行程約四萬公里，而生活靠近北極的人每天在天體運動中的行程幾乎為零。從科學的角度分析，地理位置上的緯度差別，才是引起人體“水土不服”的最大原因，而多數人可能對此都不明白。由此可見，地理位置對所有生命體的意義非比一般，因此擇“地”即選擇地點或方位，是調整生命狀態的有效方法。

擇“地”不僅對調整生命狀態有重要的作用，而且對改進命運亦有深遠的影響。擇“地”不僅選擇地點，尤其重要的是選擇方位，所選擇的結果深深地影響一個人的命運。例如：以出生地為準，有的人適合在出生地生活工作及謀事創業，而有的人如果離開出生地到外地發展應該更為有利；有的人往南方生活工作及謀事創業較為有利，而有的人適宜往北方發展才會順利；有的人往東的方向對生活工作及事業有利，而有的人適宜往西的方向才會順利。

傳統玄學文化中，風水學與奇門遁甲術是選擇地點或方位的獨特學術。有關風水學，前面第七章中已經作出簡述，此處不贅。關於奇門遁甲術，歷來被視為帝王之術而不是平民百姓可以隨便認識的秘術。奇門遁甲術也稱為兵家之術，運用於戰爭之中有其神奇妙用。《三國志 · 蜀書 · 諸葛亮傳》中稱：“亮性長於巧思，損益連弩，木牛流馬，皆出其意；推演兵法，作八陣圖，咸得其要云。”《三國演義》中諸葛亮神機妙算、用兵如神，將奇門遁甲術應用得出神入化以至屢戰屢勝，其中的奧秘就是用兵過程中選擇最佳的地點和方位。這說明奇門遁甲術在應用於擇“地”（地點與方位）方面，確實有玄妙的效果。由此可見，風水學主要應用於選擇地點，奇門遁甲術主要應用於選擇方位。

3. 調理生命信息

人體的生命運動週期種類繁多、形式複雜，人體的能量與信息驅動著體內的生命運動程式。人體之內，生命信息和諧則生命狀態良好，因而帶動命運順暢運行；生命信息紊亂則生命狀態惡劣，必然導致命運阻滯不順。因此，調理生命信息，可以調整生命狀態進而能夠改善命運。一個人的生命信息，來自於先天生命信息與後天生命信息兩個方面：

（1）先天生命信息，即是來自於前生信息與遺傳信息。這裏所說的“前生信息”話題，由於涉及是否有生命輪迴，可能會引起不少非議；然而令人不能避開這個話題的理由，是因為有很多客觀的事實說明人的生命信息與前生信息相關。這些事實有來自於宗教、民間的實例，也有來自於科學案例。來自宗教與民間的實例未必令人十足信服，但是來自於科學研究的案例確實存在且足以令人相信。例如，美國弗吉尼亞大學精神病學系教授兼系主任伊恩·史蒂文森，1960 年在美國心靈協會上發表《往世回憶的證據》。他在著作中闡述，他曾經調查過 3000 個兒童的案例，這些案例向他暗示了人有前世的可能性。又如，美國耶魯大學醫學博士、精神科主治醫師布萊恩·魏斯，在其著作《前世今生》中講述了他用催眠回溯前世的療法為病人凱瑟琳治癒奇怪疾病的離奇過程，以及通過催眠回溯前世的療法為其他人治病的許多事例。他以這些事例向世人表明，人的生命不僅有輪迴，甚至能有多次輪迴。本書第一章中的許多實例，對這個議題已經做過詳細的論述，此處不贅。至今，雖然生命科學還不能準確地用實證科學的方式展示人類存在著生命輪迴以及確有前生這回事，但是不能迴避的是，許多實例已經證明存在著前生記憶的事實。

先天生命信息另有部分來自遺傳信息，相信人們對於這個觀點不會有什麼異議。人們從遺傳科學中知道：人體生命信息不僅在外貌、性格、疾病、壽命方面會有遺傳，而且在知識、智慧等方面也會有遺傳。有很多科學研究結果說明生命信息存在遺傳的事實，如美國科學家研究認為：人的記憶在遺傳基因中而非在大腦。美國亞特蘭大靈長類動物研究中心賴恩與克里經過研究指出：一些記憶可以從一代傳承至另一代。這些相關事例均可說明，上一代人的經歷、知識甚至道德都可以透過基因，遺傳予下一代。

當今生命科學家對遺傳基因的認識不斷深化，有助於人們深入地瞭解命運的成因及遺傳，甚至有望通過調整先天生命信息以改善命運。命運的成因，其中有部分來自遺傳，這是有科學研究案例可做證明的。例如，瑞典斯德哥爾摩的卡羅林斯卡醫學院的科學家宣佈，根據他們的研究得出結論：後天的生活習慣、環境等多方面的條件，對人類的基因會產生迅速而直接的影響。瑞典科學家經過長期研究發現，在極端的條件下（如，瀕臨餓死）的經歷，會在人類的精子和卵子的遺傳物質上深深地留下"印痕"。這種基因標記會在短時間之內將新特性傳遞給下一代。

（2）後天生命信息，即是在後天生活經驗與學習的過程中所累積與儲存的信息。一個人誕生之時，便帶著先天生命信息來到世上，與後天生命信息交匯並且融合在一起，形成自己獨有的生命信息。一個人誕生之後，便開始不停地與人體外部進行信息交流，不斷地接受人體外部事物的影響與感應；後天生命信息逐步地累積與儲存下來，生命狀態（生理、心理及精神）逐漸地形成。一個人成長的過程，是先天生命信息與後天生命信息交感的過程，也是後天生命信息的累積與儲存過程。後天生命信息不僅參與制約及操控命運，而且還會將信息傳遞予下一代。後天生命信息儲存的早期，即是童年時代從經歷與學習中所接收的信息。這些早期的生命信息，奠定人生的底色並且感染每個人的下半生。所以，童年時期形成的習慣、性格及記憶等，深刻地影響人的命運。例如，童年如果經歷飢餓的年代，長大之後仍然會保持珍惜食物的習慣。童年經歷不幸的事情，長大之後仍然會留下難以抹去的陰影。後天生命信息會感應及傳遞予下一代，即以交流的形式感應下一代或者以遺傳的形式傳輸予下一代。

（3）調理生命信息，即調理先天生命信息與後天生命信息。生命信息潛藏在人體基因中，無形地操控著人的思想行為，主導著人的命運。正面的生命信息能引導人走向好的命運，而負面的信息則會驅使人走向厄的命運。那麼，如何調整生命信息？

① 清除先天生命信息之中的負面信息。在民間，人們生活中遇上不幸的事，總會將其中的緣由歸咎於前生因果或者前世造孽。在今天，這種觀點很容易被人認為是迷信思想行為。事實上，這種觀點純粹是從生活經驗中感悟而產生，未必是出於迷信思想的盲目臆想；某些現象有可能的確是前世信息發揮作用的因果，未必是迷信思想從中作祟的緣故。從生命科學的角度看，前生信息是值得探索的課題，而不應當輕率地下結論或加以否定。在遺傳基因理論出現之前，雖然人們知道有生命遺傳的現象，但是很長時間裏都錯誤地認為是通過血脈遺傳；而在遺傳基因理論出現之後，人們才明白生命遺傳是通過遺傳基因而實現，人類通過科學進步對遺傳進行了全新的解釋。先天生命信息影響人的命運過程，有可能涉及前生信息和遺傳信息，相信隨著實證科學的進步，很多現在不能解析的事情將可以得到證實。就改善命運而言，如果想清除先天生命信息之中的負面信息，就必須清除前生信息與遺傳信息中的負面信息。前面所述的布萊恩 · 魏斯的催眠回溯前世的療法，實質上是清理前生信息的做法。

② 淨化先天生命信息中的不良信息。先天生命信息中存有輕重不同的負面信息。例如：有的家族在遺傳基因中潛藏著暴力信息，遺傳基因會將這些信息傳遞予幾代後人，成為後人的先天生命信息，而這些人有很大機率會因為暴力而惹事或犯罪。又如，有的家族在遺傳基因中潛藏著某種疾病信息，受遺傳的後代大多數人會惹上難以治癒的先天性疾病。這類性質嚴重的負面信息，若是沒有受到淨化就必然會滲透到後天生命信息之中，並且會如

影隨形地糾纏著人的一生。如果先天生命信息中的主要負面信息得到清理，那麼其影響程度必然大幅減到最少；後天累積和儲存的生命信息也會更加容易進入良性循環，人的生命運行過程必然因此而一帆風順。

③ 禪修是調整人體生命信息的方法。禪修不僅可以過濾及清洗前生信息和遺傳信息之中的負面信息，而且能夠淨化後天生命信息之中的不良信息。禪修的本質是利用意念調控呼吸及內循環，透過出入息調節人體內循環、內分泌等一系列生理、心理及精神活動，進而調整人體生命信息，所以禪修是一種科學的方法。人體通過禪修，可以調整生理、心理和精神系統。人體生理循環的波動與漲落，牽動體力與智力的起伏與漲落。人體各種內分泌影響人的性格、脾氣、情緒、行為等，從而操縱人的行動及操控人的命運。內分泌失衡的人，往往會出現精神變化及行為異常的現象。例如，雄性荷爾蒙過多的人，會引致性情暴躁並容易與人衝突；雌性荷爾蒙過多的人，會引致情緒低落及憂鬱。由此可見，人的生理循環、內分泌、思想行為及活動軌跡之間，是一條命運的因果鏈。

禪修還能夠開發人體超常的感知能力，即是超越五官的感知能力。如超越時空感知，與心靈感應之類的超常能力。經過禪修獲得超常能力的人，能跨越時間感知過去或未來發生的事情，能跨越空間感知距離遙遠的事物。歷來的禪修者都明白，禪修能夠獲得超常的感知能力。事實上，人體具有許多超常的潛能，而絕大多數人的大部分潛能都沒有被激發及發揮出來，所發揮出來的功能只是其中的極少部分而已。極少數人天生就能展現出某種超常潛能，而大部分人的超常潛能都被封存起來。個別的人，天生就具有超常的感知能力，無需特別修練也能夠做到超越時空而感知事物。例如，美國有兩個出生於 1955 年，名字叫琳達和傑米森的雙胞胎姐妹，早在 1999 年 11 月 2 日，兩人就曾經斷言恐怖分子將在 2001 年襲擊世界貿易中心。這種超越時間的感知能力是天生就有的，不是隨便猜想或不幸言中的事情。

禪修能夠開發出人體的超常潛力，不僅從許多傳統禪修者的經驗中得到印證，而且現代科學研究及實踐的結果，也同樣給予了證明。有個有趣的例子：越南禪宗高僧一行禪師曾經造訪美國谷歌這個全球馳名的高科技公司，促成谷歌在公司辦公室舉辦禪修會。經過調查證實：參與禪修的員工在心理、情緒及工作效率上都得到提升。而由於禪修被認為能夠激發人體釋放生產力與創造力，禪修此後便成為該公司的一項企業文化。在硅谷，谷歌是許多高科技公司之中堅定提倡禪修的先行者，由此引來硅谷的很多精英加入到禪修的行列中來。禪修已被歐美學府證明：可以提高免疫力、降低血壓、減少癌症、增加幸福感、提高工作效率，還可以增加創意、執行力等。

上述現象還只是禪修的初級階段。禪修至較高階段能夠管理情緒、增加情商、減少煩惱，而達到更高的禪修階段能夠提升認知高度、呈現無上智慧以及體悟生命真相。美國哈佛大學醫學院心理學教授莎拉·蘭扎表示：禪修的修行者，經歷大腦結構的改變，不只是身體大放鬆，而且對身心健康大有好處。美國主流研究單位如哈佛大學、耶魯大學、斯坦福大學及國家醫藥衛生院，每年都投入大量的經費用於研究禪修。這一切說明，以實證科學為主流的西方科學界，已經認同及重視源於東方、目前還往往被視為帶有“玄學”意味的禪修。

調整生命信息，不僅有傳統上的禪修方法，還有基因技術之類的科學方法。隨著遺傳學的高速發展，人類對遺傳基因的研究和認識不斷地深化。如今，我們明白：基因技術在調整生命信息中可以發揮的作用非常廣泛，其中重要的作用是可以調整先天及後天的遺傳信息。例如，基因療法能夠治療智力、生理有先天缺陷的患者，即是調整人的先天遺傳信息。基因檢測能夠查出是否有遺傳性疾病，即是檢查人體的先天遺傳信息，並試圖防止這種負面信息繼續遺傳。還有，通過基因編輯可以改寫遺傳基因，去除有缺陷或不利的遺傳信息。這種技術運用於生育，即是預先改造嬰兒的先天遺傳信息，可以培育出更加健康優秀的嬰兒。隨著基因技術的深化與發展，其在調整人體生命信息方面將有更多意想不到的應用。這一切都是調整或改編先天生命信息的做法。這些預見並非天馬行空，而是完全可能做到的事。除了遺傳學之外，其他生命科學也能夠從不同的方向調整人體生命信息。

無論是傳統的禪修方法還是現代的生命科學方法，目的都是通過調整人體生命信息，達到改善人的命運的目的。雖然兩者的方法有很大差異，但是目標卻是殊途同歸，都是朝著更加和諧與完美的方向，調整人體的先天生命信息與後天生命信息。

第九章 簡論國家命運

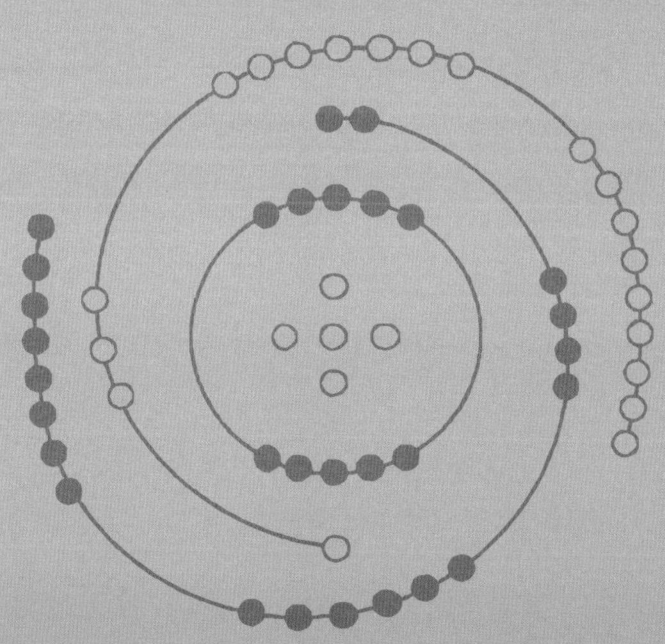

地理的多樣性影響命運

國家，由廣大的國民所組成，由國民佔有的疆域所界定。廣義上，國家是巨型的類生命體，也可以說國家是一個由國民、國土、政府及各種機構、組織集成的生命體。每個國民類似單細胞，而國家類似無數的細胞組成的生命體。國家的機構與人體的生理結構相類似：中央政權類似大腦中樞，地方機構類似器官組織，交通系統與通信網絡類似經脈和經絡，經濟系統猶如五臟六腑，國土猶如軀體，軍隊猶如抗體……由於國家是類生命體，所以國家也有命運。

一個人的生命非常有限，運程會有起伏。一個國家的壽命也是有限的，國運也會有動盪。放眼全球，中國是世界上歷史最悠久的國家。以整體觀看，中國從漢代至今的兩千多年中，朝代雖有更迭但國家形態沒有徹底變更，在大多數時間裏維持統一的局面。中國即使經歷多次改朝換代，國家始終以整體的形式存在。之所以中國能夠如此長壽，與中華民族的遺傳基因有關，與五千年的歷史文化密切相關。歷史上，中國的國家命運經歷了多次的盛衰循環週期，雖然有戰亂、內亂與外患的動盪時期，始終都能夠從衰亡的邊沿實現復興。國家就像一個人，有健康或病患，有禍亂或太平，有劫難或安定……這一切就是國家的命和運。

從歷史的角度看，世界上所有國家都存在壽命長短的問題，具體國家的壽命與民族特性、地理環境和天體運行有密切關聯。當一個國家解體，意味著這個國家的生命已經終結；當這個國家分裂為多個國家，意味著新國家生命的誕生與開始。從這個角度看，這就展現了一個國家的命運。

（一）國家的命和運

國家的“命”是怎樣形成的？是民族特性、地理環境和天體運行三大因素塑造一個國家的“命”，即國家的生命體系統。國家的“運”是怎樣形成的？是國民活動、大自然運動和天體運行三大潮流匯合的過程形成國家的“運”，即國家的運行歷程。雖然所有國家系統都同樣在天體運行的感應之下運行，但是不同的民族特性和地理環境所形成的國家生命體系統與運行歷程均不相同，由此也決定了每個國家的命運並不相同。從以下簡單的闡述可以清楚地說明：民族特性、地理環境和天體運行這三大要素決定一個國家的命運。

1. 民族特性是主要因素

民族特性是操控國家命運的三大要素之一。每個民族有共同的、獨特的狀態，如生理狀態（民族特質）、心理狀態（民族共性）和思想精神狀態（民族文化等）。這三方面構建了一個國家的“命”，即構成了國家民族的“生命狀態”。不同的民族，其生理、心理及思想精神都存在著差異。一個民族有相同的生理狀態，具體表現在遺傳基因、身體特徵等方面。共同的遺傳基因不止體現在膚色、體態方面，而且表現在智商等多個方面。例如；上世紀六十年代，世界曾經有過智商測驗實驗，全世界使用約三百套方法進行綜合檢測實驗。以西歐白人的智商為基準，平均智商最高的民族是中國人和猶太人。1996 年，美國心理學協會資助的智商檢測結果顯示，不同種族之間的智商差距很明顯。除了生理狀態之外，心理狀態不僅影響具體個人，而且影響一個民族的命運。性格反映出一個民族共同的生活經歷與民族本性：例如日本民族生活在資源匱乏及地震多發的生存環境中，塑造了該民族的善用資源、精益求精的工作精神，也促成了該民族強烈的憂患意識和對外擴張的企圖。性格是影響命運的重要因素，但不是決定命運的唯一原因。

中國自古就是多民族共存的國家。雖然各個民族各有其獨特性，但是也有共同性，整體的民族特性有高度的統一性和包容性。為什麼中華民族長期以來能夠保持強大的凝聚力，歸根結底是中華文化強大的親和力與向心力，起到了關鍵作用。儘管中華民族包含眾多民族，民族特性也存在某些差異，然而中華文化的和諧性及包容性促進了各個民族的融合。

2. 地理環境是重要因素

地理環境是操控國家命運的三大要素之一。地理環境包括地理位置、地理環境、氣候條件等自然因素。地理位置塑造了所在地的民族特性，並且透過民族特性左右著國家命運。不同的地理環境塑造起不同的民族特性：如，草原環境易於塑造遊牧民族豪邁彪悍的性格，高山地區易於造就山地民族堅韌不拔的精神，海島環境易於造成島國民族的狹隘心性，平原地帶易於形成民族的包容心態，江南和風細雨的環境易於養成民族的平和性格等等。除地理位置之外，不同的氣候條件也塑造了獨特的民族特性：生活於熱帶地區的民族，由於氣侯溫暖、食物豐富因而容易缺少生存危機意識；也因為缺乏危機感的緣故，所以普遍地養成了惰性的性格。生活於寒帶地區的民族，由於氣溫寒冷、食物匱乏因而容易養成生存危機意識；而由於有強烈危機感的緣故，所以普遍地造就了積極的性格與求生毅力。從這些事例說明，地理環境能夠塑造一個民族的特性、性格、思想及精神意識等，從而主導民族行為，決定國家命運。

地理條件直接操縱著國家民族命運，如上世紀六十年代之前，中東地區由於地處沙漠及地表資源貧瘠，決定了該地區的國家民族必然處於貧窮落後的狀態。上世紀六十年代之後，中東地區發現了豐富的石油資源，該地區國家民族的困境因而轉向繁榮富裕的狀態。可以說，這種資源發現是地理條件操縱國家民族命運的完美體現。也正因為有了豐富的石油資源，這個工業革命的生命血液引來了世界強權的覬覦與爭奪，中東地區引來了無休止的戰亂。正所謂“哪裏有財富哪裏就有災禍”，印證了道家智慧所說“禍福相依，福禍相存”的哲理。還有，日本的地質環境處於地震帶上，注定該國家民族必須經受頻發的地震災難和由此引致的一系列因果。強烈的地震、火山噴發等嚴重的自然事件，如同傳說中的大洪水時代一樣，必然影響國家民族的命運。1923 年，日本發生了關東大地震，由此延伸出一連串的因果事件：大地震事件→經濟危機加劇→社會發生動亂→軍國勢力掌權→確定向外擴張→佔領中國東北→發動侵略戰爭→入侵東南亞→偷襲美國珍珠港→太平洋戰爭→美國原子彈轟炸廣島→日本戰敗投降等。從這條因果鏈中可以看出：正是關東大地震開啟了這一系列的因果。如果日本國土不在這條地震帶上，便不會發生關東大地震，也不會出現之後一連串的因果，則日本的國家命運必然另當重寫。很明顯，這是地理環境直接決定國家命運的現實寫照。

3. 天體運行是主導因素

天體運行在操控國家命運的三大要素之中，處於主導因素的地位。天體運行過程中，發出各種形式的信息和能量包括：天體運轉（星體引力與感應……）、天體輻射（太陽與超新星輻射……）等，牽動地質運動（地殼、地震、海嘯、火山噴發……），引發大自然變化（大氣圈、水圈、生物圈……）；上述自然力量，直接或間接地操控著個人、國家民族及全人類的命運。

天體運行中，太陽系及系內的星體對人類命運的制約最顯著。太陽全方位地制約著人類的生存活動，既為人類創造了無限的生機，也帶來了許多的災難。太陽為人類生存活動提供各種生機的例子，在人們日常生活之中隨處可見。太陽帶給人類的災難，可以列出的例子也有很多：

例子一，太陽的活動與地震相關。從天文學的研究成果可知，太陽的活動週期有 11 年的黑子活動週期和 22 年的磁場週期。根據相關歷史統計：中國歷史上大洪水的週期與 22 年的磁場週期相吻合，而黃河流域降雨量變化與 11 年的黑子週期相吻合。中國（西藏、新疆、華北等地區）和日本的地震活動，均有 11 年的週期特徵。中國的地震記錄中，表明可能存在 11 年及 22.5 年的週期性規律，這也許是受太陽 11 年的黑子活動週期和 22 年的磁場週期所制約。1923 年日本關東大地震至 2011 年福島大地震相距的時間是 88 年，經歷了太陽的 8 個黑子週期及 4 個磁場週期，且剛好在這兩個太陽活動高峰期相重疊的時段，發生了里氏 9.0 級的福島大地震。

例子二，太陽的活動與流行疾病相關。從歷史記載可知，每逢太陽黑子出現谷值，會引起大自然的氣候異常，進而導致人類社會的糧食危機、瘟疫流行、經濟危機、發生戰爭以至更朝換代。1633 年至 1644 年期間，是中國歷史上極度黑暗的明朝崇禎年間。這個時期，太陽黑子長時間處於低谷期，全中國持續經歷了歷史上最長的瘟疫。由於 11 年的瘟疫導致嚴重的糧食危機與經濟危機，民不聊生導致大量民眾為了生存而反抗朝廷，加上清軍的進攻，最終在 1644 年北京城破明朝滅亡。這個事件既印證了太陽活動與流行疾病相關，也證實了屬於太陽活動的太陽黑子能夠導致更朝換代。

例子三，1918 年，太陽黑子活躍處於谷底時期，這年爆發了西班牙大流感。2019 年，太陽黑子長時間沒有出現，爆發了世界範圍長達三年的新冠肺炎。

天體運行中，太陽系之外的其他星體也對人類命運產生各種感應及制約。這些星體如何感應人體及怎樣制約人類，是古今人們不斷猜想和追究的話題。面對天人關係，至今人們有所認知的天人現象還是極少的，而更多的是人們還未認知的範疇。例如，古人觀察天象發現黃道二十八宿星體與人體、大自然有著各種關聯，並且將之運用於生活實踐之中。古人認為二十八宿星體與人體生理運動相對應，因此有秉持傳統中醫理論與經驗的針灸師，為人實施針灸時會參照二十八宿星體運行的方位行針。從這個例子可見，雖然古人還不明白天人之間緊密相聯的根本原因，但是懂得透過實踐結果印證天人之間存在密切的關係。

雖然說天體運行是操控一個國家命運的終極原因，一個國家民族目前還無法抗拒來自天體運行及地理環境的制約，但是可以在明白天人關係的理性思維之下創造更佳的生機，進而改善國家的命運。

（二）國運興衰與朝代更替

有史以來，國家有興衰，朝代有更迭，盛衰交替在農耕時代是無可阻止的國家命運，朝代更替亦是農耕時代無法改變的歷史規律。從歷史的角度看，一個家庭的家運有起伏，一個國家的國運有興衰；一代人的壽命有限，一個朝代也有一定年限。中國歷史上，每個朝代的平均歷史壽命大約三百年，沒有哪個朝代能夠走出盛衰的週期律。

對於這種農耕時代的朝代更迭現象，多數歷史學家總是將其歸咎於人為的內因或外因。歷史學家所說的內因是：由於統治者的腐敗與無能，導致民不聊生與社會動盪，引起國家內亂及更朝換代。中國歷史上，每次更朝換代都是因農民起義和戰爭而引起。對此歷史學家的評論是：封建社會的官僚腐敗對農民進行殘酷壓迫和剝削，才迫使農民起來反抗與鬥爭並推翻舊政權建立新政權。新的統治者為了維護其政權，不得不對被統治者作出讓步；所以每次農民起義和戰爭，都成為推動歷史前進的動力。除此之外，很多歷史學家認為：由於統治者的腐敗與無能，造成國力衰落和國庫空虛，才會招致外敵乘虛入侵並最終導致更朝換代，這是歷史學家對更朝換代所認知的人為外因。歷史學家的結論是：人為衝突是起因，國運衰弱是結果；又因為國運衰弱的原因，才有更朝換代的結果。無論是內因或外因，歷史學家都將起因全部歸咎於人為的原因。

然而，又是什麼根源使人為的因素成為內因與外因？其實，最深層的根源是天體變動引起天災，而天災又是誘發階級衝突、社會動亂及內憂外患的根本原因。

中國歷史上，每逢社會大動亂或戰爭之前都有天災發生（主要有水災、旱災、瘟疫），追究其根源實則是由天體運動引起自然環境變化的原因。每

每逢天災發生之前，都出現天體大變動

逢天災發生之前，都出現天體大變動。很久以來，古人就用“變天”一詞來表達更朝換代。“變天”意味著天體變動、天災人禍、社會動亂，而變天的最後結局就是更朝換代。每次天體大變動，其後都會出現一系列連鎖性的事件；而從一連串事件中，可以看到一條清晰的因果鏈。中國歷史上，每次更朝換代所呈現的因果鏈，大多是與太陽活動相關。如太陽黑子活動週期處於高峰或低谷期，會引起氣候劇變及自然災害（風災、旱災、水災、地震或火山爆發），引致農業歉收及大饑荒，瘟疫流行及民不聊生，社會矛盾加劇而爆發動亂，進而發生戰爭導致更朝換代。這是一條環環相扣、節節相連的因果鏈。這裏所述只是其中部分的關鍵環節。過去，歷史學家將人為的因素當作是更朝換代的關鍵原因，其實人為矛盾與衝突的因素，只是其中的部分環節而已。有統計顯示：在太陽黑子的極值（高峰或谷底）期間，均相應發生了社會大事件或大變動。中國歷史上總共出現 24 次朝代更替，其過程均發生在地球變冷期，只有西夏王朝建立時是例外。地球變暖或變冷時期，明顯影響氣候與農業。地球變冷期間，氣候乾旱及農業歉收，往往會導致饑荒蔓延及疾病流行，從而引起社會動亂並最終造成更朝換代。

世界歷史上，在社會大動亂或戰爭之前往往都發生嚴重的自然災害，究其根源實則都是由天體運行引起。特殊的國家如日本和印度尼西亞，其國土都處於地震帶上，日本地理位置處於歐亞板塊與太平洋板塊交界，印尼地理位置處於歐亞大陸板塊、太平洋板塊與印度-澳洲板塊之間，因此成為地震及火山頻發的國家。每當大地震及火山大爆發，不僅這兩個國家會遭受嚴重的災難，而且災禍可能波及全球。近代，世界上發生的幾起大事件都與此相關。

與火山噴發相關的事例，如 1815 年印尼坦博拉火山的噴發被視為有歷史記錄以來最大規模的火山噴發，最後演變成為改變世界的重大事件：火山噴發之後全球氣候異常，1816 年被稱為無夏之年。在此期間，歐洲及美洲農業大受影響，北半球農業歉收導致 19 世紀最嚴重的饑荒，中國清朝嘉慶年間雲南也出現了大饑荒。還有 1883 年的印尼喀拉喀托火山大爆發，也是人類歷史有記錄以來最大的火山噴發之一。此後 4 年全球異常寒冷並且進入火山冬天，火山大爆發形成的海嘯、火山灰對該地區與全球都造成災難性的影響，更導致 1888 年冬天全球各地發生強烈的暴風雪。顯然，大型火山爆發所引起的嚴重後果，不僅即時地造成地區性的自然災害，還會演變成全球性的生存危機。其後二十年間，歐洲國家衝突不斷，社會矛盾重重，終於在 1914 年引發了第一次世界大戰。此期間正處中國清朝末期，當時戰亂頻頻發生，社會動盪不安，列強紛紛入侵，最終在 1912 年發生更朝換代的事件。清朝滅亡和第一次世界大戰這兩個大事件幾乎是同時發生，間接與印尼火山大噴發的誘因息息相關。其中的因果關係是：天體運行牽動地殼板塊運動→引發火山噴發→全球氣候劇變→農業歉收→糧食饑荒→通貨膨脹→經濟危機→社會動亂→發生戰爭。

與地震爆發相關的事例還有關東大地震。1923 年日本關東地區發生了 8.3 級的大地震，造成約 14.3 萬人遇難，經濟損失 56 億美元。這場大地震的衝擊，導致日本經濟大衰退，引起社會大動亂。為了平息社會動亂，日本社會實行軍事管制，從而促使軍國主義勢力形成；1927 年為了擺脫經濟危機，日本軍政府制定了對外擴張政策；1929 年美國發生了經濟大蕭條，經濟危機的浪潮席捲全球；不利的國際大背景，加劇了日本經濟危機並且催化軍國主義勢力膨脹；日本的自然資源匱乏，從中國東北掠奪自然資源成為化解經濟危機的捷徑，1931 年日本軍隊侵佔中國東北三省；1937 年日本軍隊發動了全面對華的侵略戰爭，目標是為了持續地擴張並佔領整個中國；隨後為了進一步掠奪資源，日本軍隊又向東南亞多個國家發起侵略戰爭；1941 年日本海軍偷襲美國珍珠港，美國正式宣戰而爆發了太平洋戰爭；1945 年美國在日本廣島和長崎投放原子彈，之後一星期日本政府宣佈無條件投降。

若論國家命運，這次日本關東大地震引起的連鎖反應全過程，既是一段事關日本民族存亡的近代史，也是一條牽動日本國家命運的因果鏈。大地震不僅釋放出強大的能量摧毀了日本民族在關東地區的生存環境，而且釋放了震撼的信息重挫整個民族的心靈與神經。這次大地震不僅對日本的經濟與社會造成嚴重衝擊，而且對整個民族的心理和精神造成沉重打擊。大地震之後日本向外瘋狂地發動一系列戰爭，反映了此時日本民族因為生存危機而出現反常的心態。這場大地震及其後的一系列事件說明：如果一個人或者國家民族如果沒有命運意識，其命運只能依照注定的命運程式運行，無法逃避完全受天體運行所主宰的命運與最終的宿命。日本是島國且位於地震帶上，天體運行塑造了日本獨特的地理環境，而地理環境塑造了日本人獨特的民族特性；是天體運行、地理狀態及民族特性這三大因素，制約、操控著日本的國家命運。這段歷史好像一支命運交響樂，天體運行是主旋律，大地震奏響序曲，其他事件加入並展開新的一篇篇樂章，使整個民族奏響起這支展現國家命運的交響樂。

第十章 命運真相探究

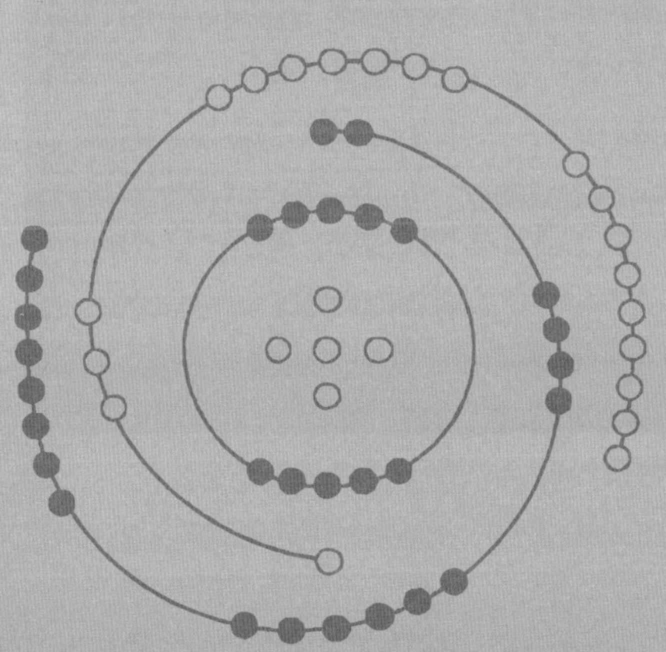

洞見命運，把握未來，人類才不會躺平

“命運”是古今人們最為關切的話題，又是未能解說清楚的議題。從古到今，不僅很多古代聖賢和現代的哲學家、思想家樂於探索與命運有關的議題，平民百姓也對命運深為關注。迄今為止，出現了各種各樣見解獨特的命運觀。這些命運觀之中，雖然存在著神秘性和局限性，但是其中也隱藏著超前的科學思維。從古代傳承下來的命理學與命運學中，可以看到古人是通過長期、反覆的實踐、歸納與總結，才能創造出如此精妙的文化成果。更令人驚歎的是在科技水平有限的古代，古人竟然擁有如此高深的智慧和無以倫比的想像力。

現代科學的磅礴發展，為探索命運真相拓開了廣闊的大道。相信命運玄秘的面紗必定能夠逐步被揭開，命運的真相將會逐漸地呈現於世人眼前。命運並非不可解說的議題，也不是破解不了的奧秘。命運之中有許多未能解釋的現象，以古代的知識水平無法理解，現代的科學知識也不可能全部解釋，相信未來科學能夠逐步破解其中的奧秘。命運的議題是涉及人體小宇宙與天體大宇宙的科學，至今人類對這兩個宇宙的瞭解還是非常有限；因此只有更深入地瞭解這兩個宇宙，人類才能夠更透徹地認知命運的真相。命運研究是一項巨大的工程，命運學是一門系統性、綜合性的學問。只有真正、正確地瞭解命運，才能準確、有效地改善命運。這對一個人、一個國家而言具有非常重要的意義。

（一）命運學包含綜合科學

命運學應當成為一門系統性、綜合性的科學。命運科學的研究與應用，不僅會令一個人的生存狀態提升至更高的層次，而且能夠指引一個國家朝著最為有利的方向運行與發展，甚至能夠為人類未來的生存發展作出科學的啟示。命運學的研究與應用，將會象其他科學成果一樣造福於人類；其現實意義是能夠提高全人類的生存能力、生存質量和生命價值，所以命運學屬於科學範疇的觀點應當得到正視。

樹立正確的命運觀及保持清醒的命運意識，對任何人而言都是人生重中之重的大事。日常生活中，不少人都缺乏清醒的命運意識，所持的命運觀都存在著主觀性。有些人雖然主觀上有改變命運的意願，但卻沒有正確的命運觀和命運意識，所以只是純粹在意於算命、星相之類的預測，卻沒有通過合理的方式去達到改善命運的結果。且由於社會上很多不相信命運的人，將命運學視為玄學而非學術範疇，因此無法以科學的維度認識及對待自己的命運。由此可見，推進命運的研究並使之成為一門科學，是非常必要的事情。至今，學術界沒有設立與命運相關的專業性、系統性的學術機構，缺乏專業機構或人士從事及推動命運研究工作，因此至今命運學還未能正式成為綜合性、系統性的科學。命運學至今未能納入現代科學的範疇是件令人遺憾的事情，不僅貽誤了繼承與發展命運學這個重要的傳統文化的進度，而且疏忽了事關人類生存與國家民族發展的非常值得重視的大事。

命運學之所以未能以科學的名義正式登入科學的殿堂，有其長期的社會和歷史原因：

其一，傳統的各門算命術、命理學之類的學術，是前人從生活實踐中經過統計、總結、歸納及創造而成的文化成果。在生活實踐中，這些成果雖然有其實用性及有效性，但是由於長久以來缺乏以科學思維的高度去認識，而實證科學作為現當代科學思維的主流至今也還難以清楚解釋各門算命術、命理學之類的成果，所以這些成果很容易被視為神秘未解的玄學。

其二，傳統的算命術、預測術之類的學術，因為沒有嚴謹的實證科學論證，所以在今天很容易被人誤以為是非科學的神秘之術。尤其是古今文化中，所採用的術語及表達的方式有很大的差異，致使這些傳統的學術令人無法理解而且充滿神秘感。基於這些原因，這類傳統學術與現代科學非但難以融合反而互不相容。

其三，傳統的預測術、命理學中的觀點，雖然已經有少部分可以透過現代科學知識作出合理的解讀，但是大部分還無法通過當前科學知識作出令人信服的解釋。如何看待這些目前還無法作出令人信服的解釋的觀點？並非是這些觀點不正確，而是有些觀點以當前的科學知識還未能破解，所以對此不應輕易下結論。應當肯定的是：科學知識的發展永遠沒有盡頭，新的科學發現還在不斷地湧現，人類對自身的認知也在不斷加深。某些傳統的實踐成果及觀點，正逐漸得到現代科學的新知識、新理論的認同和解釋。有些例子可以幫助理解及說明一二：

例一：卜卦，從表面上看這種古老文化似乎並非科學的預測方式，但是以人體科學的角度看，卜卦預測術是有其科學依據的。卜卦的原理，是藉助卜卦方法調動人體的"念力"達到預測的目的。人體天生有許多超常的特異能力，意念力是其中的一種。古人發現人體"意念力"並利用於預測，發明了"卜卦"的方法，正是人體科學的應用與實踐。隨著人體科學的研究與發展，人們對"念力"之類的人體特異能力，已經有所認知，未來必定將有更多的發現及認識。相信卜卦現象之謎，也將會在未來得到科學證實與破解。

例二：起卦，是預測事物發生與變化所採用的既簡單又神奇的方式。古人發明了許多的起卦方法，如依時間起卦、依聲音起卦等。這些起卦方法經過漫長的實踐，已經證實的確有實際效用。由於這些起卦方法缺乏實證科學理論的解釋，所以長久以來被人視為迷信行為或當作玄學看待。但是從現代科學的認知來看，我們所在的宇宙是全息的宇宙、互聯的宇宙，這兩點認知正是起卦方法的科學原理及依據。全息宇宙的概念，簡單表述即是宇宙中極小的部分都包含著全宇宙的資訊；互聯宇宙的概念，簡單表述即是宇宙中的任何事物之間都存在互聯互動的關係。在古代，古人已經有全息宇宙和互聯宇宙的意識及應用，著實令人驚歎。從這個角度看，應該承認這些起卦方法有其科學依據。而今天如何利用當代科學解說古人的起卦方法，還需要具體地作出慎密、詳細的科學研究與論證。

傳統文化中與命運相關的各門學術，集成起來是一部內容龐大、分支眾多的古代命運學；其中含蓋宗教、文化、天文、地理、中醫、哲學、玄學等。這些傳統的學術成果是研究命運學的巨大的資源寶庫，這些豐富的傳統文化資源與現代科學結合，足以構建一門既有實踐依據又有科學理論的命運科學。

（二）命運學的繼承與發展

傳統智慧、實踐成果與現代思維、科學知識相結合，是推進命運學研究的最佳途徑與方式。傳統智慧重視整體觀的思維，體現出實踐、統計、歸納和總結的思維模式（或稱為“朦朧思維”）。古人即使受活動範圍與感知空間的局限，仍然通過漫長的實踐積累了無窮的經驗與無限的想像力，創造出各種精彩絕倫的傳統文化。其中與命運有關的學術文化，如：命運觀、命理學、相命學、預測學、星相學等，這些屬於智慧型、實踐型的文化，經過幾千年的生活檢驗已經被證實是正確、真實的結論。只是大部分的結論，還未能經過現代科學作出令人信服的解釋，而科學發展水平的不斷提高正為更加合理與明晰的解釋做理論準備。

例一：有關“太歲”的文化現象。古人從長期的反覆實踐經驗中歸納出，任何人，每六年或十二年均會遇上沖太歲或犯太歲（或稱謂：本命年）

命運阻滯的年份，而犯太歲的不利結果已有大量事實給予證明。古人從經驗總結、歸納與推理中，認定這種現象與木星有關。而現代的生活實踐中，也有很多事例證明了這種現象的存在。每年有不少世界性或地區性的大事故發生，從長期的統計結果可以看出，涉及這些大事故的當事人，大多數是當年遇上沖太歲（生肖與年份相沖）或犯太歲（生肖與年份相同）的年份。由此看來，無論古今的實踐經驗及結果都證實了"太歲"的現象真實可信。那麼，為什麼木星會造成這種現象，現代科學知識還未能夠解釋其中的道理。

例二：有關"擇吉"的文化現象。古人從大量的實踐經驗中得到證實，選擇做事的日子是否吉利，與所做的事情能否順利有關；什麼日子適合做什麼事情，與所做的事情是否有利相關。應該說，"擇吉"文化是古人高明的生存智慧。現代的生活實踐也證實，"擇吉"文化應用得當，不僅在日常生活中具有實在的效用，而且在處理重要事務時有實際的功效。前面對"擇吉"文化的科學性已經作出某些論述，此處不贅。"擇吉"文化之中，其中一部分文化成果用現代科學知識已經可以作出合理的解釋，而大部分文化成果用目前的科學知識還是無法解釋清楚。而由於"擇吉"文化中許多方面用目前的科學知識還是無法解釋，往往被歸類於玄學，所以目前這類文化仍然未能在科學意義上獲得充分的肯定。

例三：有關"熒惑守心"的天文現象。即火星停留在星宿之內的現象稱為"熒惑守心"。古代星相家經過對天象的長期觀察發現：每逢火星停留在星宿之內的期間，社會上所發生的大事往往與戰爭或君主厄運相關，所以古人將"熒惑守心"視為大凶之兆。還有"五星連珠"的天文現象：古人將五大行星在太陽的同一側並且近乎在同一條直線上的現象，稱為"五星連珠"。古代星相家在觀察天象中發現：每當出現"五星連珠"（或者七星連珠、九星連珠）的天象之時，中國歷史上往往會迎來新開端，所以古人將這種天象認為是大吉之兆。這類觀察、實踐及統計的結果，雖然不是絕對準確，但是有相當大的概率而且有頗多的歷史記載及典故。對於這種從古代經由歷史記錄流傳下來的證據，當今的人類有必要通過不斷進步的科學理論和科技手段，進行研究和求證。

還有更多的例子未能逐一列出。從以上這些例子可以說明：這類傳統的智慧型、實踐型文化，都是經受了漫長的生活實踐的檢驗才能成為文化成果積澱下來，乃是既有實踐依據又有科學意識的文化。然而，至今其中大部分的成果，卻還是未能用現代科學知識作出解釋。這也說明，如果將這些傳統文化成果與現代科學方法相結合，不僅能促使傳統文化成果轉化為科學成果，而且可以為科學研究提供可靠的實踐依據。就是說，將這些傳統文化成果透過科學方法深入研究，相信能夠衍生出豐富的科學碩果。

現代科學著重於局部觀的思維，體現在分科、邏輯思維的模式（或稱謂：分割思維）。今日，人類的活動及觸覺範圍已經遍及全球甚至展向太空，認知範疇既有微觀的粒子世界也有宏觀的天體宇宙，已經認識的科學知識領域既廣泛且精細，由此創造出分支眾多、分科精細的現代科學文化。這些屬於知識型、推理型的文化，均經過嚴謹的科學實驗及理論論證，是可理解和解釋的科學文化成果。科學文化與傳統文化的差別之處，從某個角度看，恰恰體現了這兩種文化的各自優勢。所有現代科學文化，歸根到底都是人類在力圖改善命運的過程中取得的科學成果；其中與命運相關的科學文化，可以分為直接相關或間接相關的科學文化兩方面。

與命運直接相關的科學就有很多，如天文學、地球學、生命科學、人體科學等。其中：

與天體相關的科學：包括宇宙學、天體物理學等。隨著人類對天體宇宙探索的擴大與加深，與天體相關的嶄新科學成果相繼出現，其廣度及深度大大超越了傳統文化中的星相學範圍。這些現代天文科學知識的湧現，令人們更加瞭解天體運行是如何直接與間接地制約著人類的命運，也令人們更加瞭解了星體運動的短、中、長的週期如何制約所有生命體。以年為週期的星體運動，如地球繞太陽公轉的運動結果所形成的四季（一年週期），間接地制約大自然中許多動植物的生存規律與生命週期。不少動物的生命週期不超過一年或一月甚至一日，明顯是受日地運轉、月地運轉及地球自轉週期的制約。同樣，許多季節性的植物其生命週期明顯受四季的制約。日地運轉的年週期或四季，只是間接地制約人類的生活規律與行為，並不會直接制約人類的壽命長短。由此推測，人類壽命可能是受其他星體運動的百年週期所制約，而人類的最長壽命大約在百年左右。

與地球相關的科學：包括地理學、氣象學、生物學、地質學、地震學、火山學等，這些地球科學知識令人們得以理解地球運動是如何直接或間接地制約人的命運。地球運動也有各種短、中、長的週期，其制約著大自然的所有生命體。以年或月為週期，如地球運動引起的氣象或氣候變化，操控著人類的生活規律和活動行為。較長的週期，如地殼運動引發地震或火山爆發及連鎖反應，是地球運動直接制約人類命運的方式。更長的週期，如漫長的地殼運動造成獨特的地理位置以及由此構成特殊的生態環境，間接地制約著生活在該地理位置上的民族特性、生活模式等。由此可見，地球運動透過地理環境，間接地制約一個人及一個民族的命運。

與人體相關的科學：包括生理學、心理學、遺傳學、人體科學等。現代生命科學不僅令人們更精確地瞭解人體生命運動的過程，而且理解人體生理、心理、精神及遺傳基因等如何制約每個人的命運。例如：從人體的科學知識所知，人體的體內有許許多多的生理循環週期，當今科學上已知的生理週期超過百種。這些生理運動週期疊合在一起，形成每個人獨特的生命運行

智能科技的發展正快速地揭開神秘的面紗，使人類能夠洞見內裏

程式，直接地操控著人的生活規律，思想行為，因而制約著每個人的命運。與人體相關科學的應用，可令人們懂得如何更精準地調節生命活動及改造生命缺陷，從而改進生命狀態（生理、心理、精神及遺傳等）進而改善命運。

例一：運用生理週期改善命運。從人體生理學可知，人體器官有各種各樣的生理循環週期。眾所周知的週期如：呼吸週期為每分鐘 12 至 20 次，心跳週期為每分鐘 60 至 100 次，睡眠週期為 90 至 110 分鐘，消化週期為 24 至 72 小時等等。還有，古代中醫聖賢發現 24 小時的“子午流注”週期，即十二時辰對應十二條經脈的血液流注規律。在生命活動中，這些規律運用於作息或醫療，不僅可以養生保健，而且能夠疾病治療。由此可見，科學地運用人體生理運行規律，可以改進生命狀態進而改善命運。

例二：運用遺傳科技改善命運。從遺傳學所知，人體生命中有各自的遺傳基因，這些遺傳基因關係到一個人的生命狀態及命運。有的人患有某種遺傳性疾病導致生命狀態有缺陷，即“命”不好，必然也不會有好的命運。遺傳性的疾病只有通過基因檢測及基因療法才能得到根治，而只有治癒遺傳性疾病才能改進生命狀態的缺陷，即“命”變好，如此才能夠從根本上改善命運。

以上的例子充分說明，現代科學知識中的許多學科與命運直接相關。當今，人們利用各種科學知識可以全方位地認識命運，運用這些科學方法可以有效、準確地改善命運。現代科學正在高速、全面、深入地發展，新的科學知識及方法不斷地湧現，為人們改善命運提供更多的科學依據與方法。當今，人們的生存能力、生存質量大幅提高，人均壽命也持續增長，說明科學知識在人類改善命運的過程中起著關鍵性的作用。

綜合而言，無論是傳統文化中的成果或者是科學發展目前已經獲得的成就，都是人類改善命運的智慧結晶。傳統文化中的命學與現代文化中的相關科學結合，可以建立起一門系統性、綜合性的命運科學，為探索命運真相鋪開一條光明廣闊的道路，也能夠為改善個人、國家、民族的命運提供準確的指引。

責任編輯　席若菲
書籍設計　a_kun
書籍排版　陳先英

書　　名　命運學新論——以中華傳統文化與前沿科學的視角解讀
著　　者　黃偉哲
出　　版　南粵出版社
香港北角英皇道 499 號北角工業大廈 20 樓
South China Press
20/F., North Point Industrial Building,
499 King's Road, North Point, Hong Kong
香港發行　香港聯合書刊物流有限公司
香港新界荃灣德士古道 220-248 號 16 樓
印　　刷　美雅印刷製本有限公司
香港九龍觀塘榮業街 6 號 4 樓 A 室
版　　次　2025 年 7 月香港第 1 版第 1 次印刷
規　　格　16 開（170 mm × 240 mm）320 面
國際書號　ISBN 978-962-04-5745-6

Published & Printed in Hong Kong, China